Dr. Horst Walther et al.

China versus USA

Kampf um die Vorherrschaft

Dr. Horst Walther et al.

China versus USA

Kampf um die Vorherrschaft

Diplomatic Council Publishing

1. Auflage 2022

Bücher von Diplomatic Council Publishing werden sorgfältig erarbeitet. Dennoch übernehmen Autoren, Herausgeber und Verlag in keinem Fall einschließlich des vorliegenden Werkes, für die Richtigkeit von Angaben, Hinweisen und Ratschlägen sowie für eventuelle Druckfehler irgendeine Haftung.

© 2022 Verlag Diplomatic Council (DC) Publishing, Mühlhohle 2, 65205 Wiesbaden, Germany

Alle Rechte, insbesondere die der Übersetzung in andere Sprachen, vorbehalten. Kein Teil dieses Buches darf ohne schriftliche Genehmigung des Verlages in irgendeiner Form – durch Fotokopie, Mikroverfilmung oder irgendein anderes Verfahren – reproduziert oder in eine von Maschinen, insbesondere von Datenverarbeitungsmaschinen, verwendbare Sprache übertragen oder übersetzt werden. Die Wiedergabe von Warenbezeichnungen, Handelsnamen oder sonstigen Kennzeichen in diesem Buch berechtigt nicht zu der Annahme, dass diese von jedermann frei benutzt werden dürfen. Vielmehr kann es sich auch dann um eingetragene Warenzeichen oder sonstige gesetzlich geschützte Kennzeichen handeln, wenn sie nicht eigens als solche markiert sind.

Sämtliche Inhalte in diesem Buch geben die Ansichten und Meinungen der Autoren wieder. Diese müssen nicht zwangsläufig den Meinungen und/oder Ansichten des Diplomatic Council und/oder seiner Mitglieder entsprechen.

Die bibliografische Information der Deutschen Nationalbibliothek

Die Deutsche Nationalbibliothek verzeichnet diese Publikation in der Deutschen Nationalbibliografie; detaillierte bibliografische Daten sind im Internet über http://dnb.d-nb.de abrufbar.

Gedruckt in Deutschland. Printed in the Federal Republic of Germany.

Gestaltung, Layout, Satz: IMS International Media Services, Wiesbaden

Print ISBN: 978-3-947818-63-1

E-Book ISBN: 978-3-947818-64-8

Inhalt

„Die Ära der westlichen Dominanz endet… Die Pandemie könnte den Startpunkt für das asiatische Jahrhundert markieren… Die neue Weltordnung kann paradoxerweise sogar eine demokratischere sein… China will sein Modell nicht exportieren. Es kann sehr gut mit einer multipolaren Welt leben. Das anbrechende asiatische Jahrhundert muss nicht notwendigerweise unangenehm für den Westen oder den Rest der Welt sein.“

Kishore Mahbubani

Ehem. Präsident des Sicherheitsrats der Vereinten Nationen

Vorwort

Am 1. Oktober 2049 wird in China gefeiert: Genau 100 Jahre zuvor hatte Mao Zedong die Volksrepublik China ausgerufen. Sein Nachnachnachnachnachnachnachnachnachnachnachfolger Xi Jinping[1] ist entschlossen, das Land, das zu den ältesten Hochkulturen der Menschheit gehört (schriftliche Aufzeichnungen der chinesischen Kultur reichen 3.500 Jahre zurück), bis dahin an die Weltspitze zu bringen.

Diesem Plan, das kommunistische China bis 2049 zur „Weltmacht Nummer 1" zu machen, steht im Wesentlichen „nur" *ein* anderes Land im Wege: die Vereinigten Staaten von Amerika, die heutige „Weltmacht Nummer 1". Es ist ein Wettlauf um die globale Vorherrschaft entbrannt, dem sich kein anderes Land – auch in Europa nicht – entziehen kann. Der Kampf um die Spitze findet auf allen Ebenen statt: politisch, wirtschaftlich, technologisch und möglicherweise auch militärisch. Und er findet überall und auf allen Wegen statt: zu Lande (mit den Staaten Europas als „Spielball"), auf und unter dem Meer, in der Luft und zunehmend in einer Art Wettlauf im Weltall.

Beide Länder sind mit 9.596.960 (China) bzw. 9.833.517 (USA) Quadratkilometer Fläche ungefähr gleich groß, aber das Bruttosozialprodukt als Gradmesser von Größe und Bedeutung der USA liegt mit 21,43 Billionen Dollar rund 50 Prozent über dem Chinas (14,34 Billionen). Mit 1,4 Milliarden Einwohnern ist China den USA (328 Millionen) bei der Bevölkerung etwa um das Vierfache überlegen. Doch es geht beim Wettlauf zwischen den beiden Supermächten weniger um Zahlen als vielmehr um Einfluss und Dominanz – und zwar weit über das eigene Land hinaus.

Die Frage, wer die Welt in die Zukunft führt

Es geht um die Frage, wer die Welt in Zukunft führen wird. Da eine „friedlich Einigung" darüber wohl ausgeschlossen werden kann, ist es nicht übertrieben, von einem neuen „Kalten Krieg" zwischen China und den USA zu sprechen. Im Grunde können wir nur hoffen, dass dieser Krieg tatsächlich „kalt" bleibt – sicher ist das nicht. Immerhin stand der letzte Kalte Krieg zwischen dem westlichen Block unter der Führung der USA auf der einen Seite und dem Ostblock unter Führung der Sowjetunion auf der anderen Seite mehrmals kurz davor, die halbe oder sogar die ganze Welt zu vernichten, wenn man sich das atomare Vernichtungspotential beider Seiten vor Augen hält. Diesen Machtkampf „USA versus UdSSR" haben die Vereinigten Staaten von Amerika eindeutig gewonnen (manche sagen, vorläufig). Der Sowjetblock ist im Grunde implodiert, er hat sich von innen heraus aufgelöst – und dadurch die USA als Siegermacht zurückgelassen (mit dem Versuch eines „Comebacks" seit 2022). Das bedeutet keineswegs, dass die USA aus dem „Kampf um die Welt" mit China ebenfalls als Sieger hervorgehen werden. Der „Kalte Krieg 2.0" hat bereits begonnen.

Der amerikanische Wissenschaftler John Mearsheimer vergleicht die aktuelle Situation in seinem Buch *The Tragedy of Great Power Politics*[2] (*Die Tragödie der Großmachtpolitik*) mit der Situation vor dem Ersten Weltkrieg. Damals stieg Deutschland wirtschaftlich und politisch auf. Das wurde von Großbritannien, der damals dominierenden Weltmacht, frühzeitig als Bedrohung angesehen, der militärisch zu begegnen sei.

Tatsächlich bieten sich verblüffende Parallelen der Ausgangssituation, nur hoffentlich nicht auch im daraus folgenden Verlauf der Schlussfolgerungen. Auf der vorletzten Seite seines Werkes warnt Mearsheimer:

„Weder das wilhelminische Deutschland noch das kaiserliche Japan, noch Nazideutschland, noch die Sowjetunion hatten auch nur annähernd so viel latente Macht wie die Vereinigten Staaten während ihrer Konfrontationen ... Aber wenn China sich zu einem riesigen Hongkong entwickeln würde, hätte es wahrscheinlich etwa viermal so viel latente Macht wie die Vereinigten Staaten, was China einen entscheidenden militärischen Vorteil gegenüber den Vereinigten Staaten verschaffen würde.“

Entsprechend erklärte US-Außenminister Anthony J. Blinken in seiner Antrittsrede im März 2021: *„China ist das einzige Land, das über die wirtschaftliche, diplomatische, militärische und technologische Macht verfügt, um das stabile und offene internationale System ernsthaft in Frage zu stellen – all die Regeln, Werte und Beziehungen, die dafür sorgen, dass die Welt so funktioniert, wie wir es wollen, weil es letztlich den Interessen und Werten des amerikanischen Volkes dient.*

Unsere Beziehung zu China wird wettbewerbsorientiert sein, wenn sie es sein sollte, kooperativ, wenn sie es sein kann, und feindselig, wenn sie es sein muss.“[3]

Damit griff er eine Warnung von Richard Nixon auf, der in seinen Erinnerungen warnte: Die USA müssten sich China *„in* *den nächsten Jahrzehnten widmen, es fördern und entwickeln, noch während es seine Stärke und sein Potenzial als Nation entfaltete. Anderenfalls wären wir eines Tages mit dem beachtlichsten Gegner konfrontiert, den es in der Weltgeschichte je gab.*“ [4]

Dieses Buch erhebt keinen Anspruch auf Vollständigkeit. Es umfasst ausdrücklich nicht die über jahrtausendalte Hochkultur, die ihre Anfänge in der heutigen Provinz Henan unter der Xia-Dynastie (ca. 2000 v. Chr.) hat und die ersten Piktogramme auf Orakelknochen als Vorläufer der heutigen chinesischen Schriftzeichen hervorgebracht hat. Es beleuchtet nicht den Mythos der drei Urkaiser: Fuxi, Shennong und schließlich den Gelben Kaiser Huang Di als eigentlichen Kulturschöpfer, und auch nicht die ihnen vorangegangenen 16 irdischen sowie himmlischen Kaiser. Die bis über 3.500 Jahre zurückreichenden schriftlichen Aufzeichnungen über die chinesische Kultur haben keinen Eingang in das vorliegende Buch gefunden. Es dreht sich weder um das Kaiserreich noch um die Mao-Revolution und die Gründung der Volksrepublik China im Jahr 1949.

Vielmehr ist das vorliegende Buch ganz der Zukunft Chinas auf dem Weg zum 100-jährigen Jubiläum der Volksrepublik China im Jahr 2049 gewidmet. Historische Bezüge werden nur genommen, soweit sie für die heutige und vor allem die künftige Entwicklung von unmittelbarer Bedeutung erscheinen. Das gilt insbesondere für den verstärkten Multilateralismus nach 1945 und den Niedergang eben dieser staatenübergreifenden Verständigungsform in den letzten zehn oder mehr Jahren.

Wollte man die Geschichte Chinas vollumfänglich erzählen, wäre das vorliegende Buch mindestens fünf- bis zehnmal dicker geworden. Doch dabei wären die Kernaussagen dieses Werkes möglicherweise untergegangen.

Daher konzentrieren sich die Autoren des vorliegenden Werkes bewusst auf die Analyse der heutigen geopolitischen Lage, die wirtschaftlichen, technologischen, gesellschaftlichen und militärischen Optionen der heutigen Volksrepublik China und die mutmaßlichen Aussichten bis zum Jahr 2049.

Dr. Horst Walther

et al.

An diesem Werk haben zahlreiche namhafte Mitglieder der UNO-Denkfabrik Diplomatic Council mitgewirkt, vornehmlich durch fachliche, technische, visionäre, wissenschaftliche, gesellschaftliche und politische Beiträge. Das vorliegende Buch stellt in diesem Sinne ein Gemeinschaftswerk „et alii“ bzw. „et aliae“ dar. Diesen Gemeinsinn will die Autorengemeinschaft mit dem bibliografischen Kürzel „et al.“, also „und andere“, ausdrücken

Erster Oktober 2049

Über Jahrzehnte hinweg ist das Handeln der chinesischen Regierung auf einen Stichtag ausgerichtet: den 1. Oktober 2049. An diesem Tag feiert die Volksrepublik China ihren 100. Geburtstag. Staatspräsident Xi Jinping ist entschlossen, sein Land bis dahin zur Nummer 1 auf der Welt zu machen: wirtschaftlich, technologisch und militärisch. Um sein Ziel zu erreichen, bleiben ihm also knapp 30 Jahre, in denen es ihm gelingen muss, die USA zu überrunden, um den Sieg davonzutragen. Angesichts des historischen Datums vor Augen wird China keine Maßnahmen scheuen, seinen Weltmachtanspruch durchzusetzen. Wer die chinesische Entwicklung analysiert, muss sich stets über diese unbeugsame Zielsetzung, der sich in China alles unterzuordnen hat, im Klaren sein.

Die Feierlichkeiten zum 70. Jahrestag der Volksrepublik China am 1. Oktober 2019 zeigten je nach Blickwinkel eindrucksvoll die Strategie: Niemand könne „das chinesische Volk und die chinesische Nation auf dem Weg nach vorne stoppen", deklamierte Staatschef Xi Jinping auf seiner Festrede am Tiananmen-Platz in Peking. Keine Macht könne den Fortschritt des chinesischen Volks und der Nation aufhalten. Um den Anspruch zu untermauern, verband er die 70-Jahr-Feier mit der bis dato größten Waffenschau in der Geschichte.

Mit dem Hinweis, die militärische Ausrüstung sei „komplett selbst produziert", stellte das chinesische Militär klar, dass man nicht auf technologische Unterstützung aus dem Ausland angewiesen ist. Es sollte die „unabhängige Innovationsfähigkeit" der chinesischen Verteidigungsindustrie demonstrieren. Vor allem: „Das chinesische Militär wird resolut die nationale Souveränität, Sicherheit und Entwicklungsinteressen verteidigen."[5]

G2 auf allen Ebenen

G20, G8, G7 – faktisch läuft es bereits seit einiger Zeit auf G2 zu, die Vereinigte Staaten von Amerika gegen China – bis sich 2022 Russland als „Dritter im Bunde" zurückmeldete. Indes ist unübersehbar, dass vor allem China und die USA auf einen Zweikampf zusteuern – politisch, wirtschaftlich und letztlich wohl auch militärisch. Beispielhaft für das Potenzial eines bewaffneten Konflikts steht ein Vorfall aus dem Dezember 2018.

Kurz vor Weihnachten 2018 kreuzte ein Zerstörer der US Navy, die „Decatur" im Südchinesischen Meer, wenige Meilen von einem Riff entfernt, das China als sein Territorium beansprucht und einem waffenstarrenden Stützpunkt ausgebaut hat. Auf einmal näherte sich ein Lenkwaffenzerstörer der chinesischen Marine, die „Lanzhou", auf Kollisionskurs. Die Chinesen funkten „Sie sind auf gefährlichem Kurs. Wenn Sie den Kurs nicht ändern, haben Sie die Folgen zu tragen". Die Amerikaner antworteten „Wir sind auf friedlicher Durchfahrt". Die beiden Kriegsschiffe hielten Kurs und die chinesische Besatzung begann, Fender über die Reling zu hängen, um ihr Schiff auf einen Zusammenprall vorzubereiten. Bei nur noch rund 40 Metern Abstand gab der amerikanische Kapitän klein bei und wich in letzter Minute nach Steuerbord aus. Hätte er Kurs gehalten, geschossen oder die US-Luftwaffe zu Hilfe gerufen, hätte dies der Anfang des nächsten Weltkriegs sein können. Die in Hongkong erscheinende *South China Morning Post*, die als seriöse Zeitung gilt, schrieb: „Wenn das letzte Stadium der geopolitischen Rivalität eine militärische Konfrontation ist, dann könnte der Startschuss bereits gefallen sein." Denn der Beinahezusammenstoß auf halber Strecke zwischen Vietnam und den Philippinen war kein Einzelfall – allein zwischen 2016 und 2018 wies das US-Verteidigungsministerium insgesamt 18 „gefährliche Zwischenfälle" aus. Das Ausweichen durch den Kapitän der „Decatur" im Dezember 2018 mag ein Akt der Vernunft gewesen sein, vielleicht auch der Wunsch, nicht ausgerechnet zur Weihnachtszeit den Dritten Weltkrieg zu beginnen. Aber für die geopolitische und damit auch militärische Haltung der USA war das Ausweichmanöver nicht exemplarisch. „Die USA werden weiterhin kreuzen, fliegen und navigieren, wo immer es das internationale Recht erlaubt", stellte der damalige US-Verteidigungsminister James Mattis angesichts des „Decatur"-Vorfalls klar. Und US-Vizepräsident Mike Pence ließ bereits einen Monat zuvor auf dem Weg zu einer Konferenz in Singapur die „Air Force Two" 50 Meilen an den Spratley-Inseln vorbeifliegen, die von China beansprucht werden. Dazu kommentierte er: „Imperiales Verhalten und Aggression haben keinen Platz im indopazifischen Raum. Wir werden nicht nachgeben." Prompt konterte Chinas Staatschef Xi Jinping, er werde „keinen Zoll" chinesischen Territoriums aufgeben. Seinen Offizieren befahl er, sich darauf vorzubereiten, „einen Krieg zu führen. Hierzu gab er Anweisung „alle komplexen Situationen" in Betracht zu ziehen, „Notfallpläne" auszuarbeiten und die „Kampfbereitschaft" der Truppe zu verstärken. Was er damit meinte, wurde drei Jahre später deutlich.

Den Haag spricht China Hoheit in der Region ab

Am 12. Juli 2021 teilte Chinas Militär mit, man habe ein US-Kriegsschiff am Montag aus den Gewässern nahe den Paracel-Inseln im Südchinesischen Meer „vertrieben“. Der Zerstörer „USS Benfold“ sei ohne Erlaubnis in das Gebiet gefahren. Die USA hätten damit die Souveränität Chinas verletzt und die Stabilität im Südchinesischen Meer gefährdet. „Wir rufen die Vereinigten Staaten dazu auf, solche provokativen Aktionen umgehend zu stoppen“, teilte ein Kommando der chinesischen Streitkräfte mit. [6] Der Zeitpunkt des Vorfalls war wohl kein Zufall – der 12. Juli 2021 markierte den fünften Jahrestag eines Urteils zu Chinas Gebietsansprüchen in der Region. Der Ständige Schiedshof in Den Haag hatte 2016 befunden, dass die Volksrepublik keine Hoheitsansprüche in der Region hat. China fordert mehr als 80 Prozent des drei Millionen Quadratkilometer großen Gebietes für sich – obwohl die Inseln und Riffe teils deutlich dichter vor den Küsten anderer Staaten liegen. Die Volksrepublik begründet das mit der sogenannten „Neun-Striche-Linie“, einer Markierung auf einer Karte aus den 1940ern, die bis weit gen Süden reicht. Peking hatte den Schiedsspruch bereits 2016 nicht akzeptiert und das Urteil für „null und nichtig“ erklärt.[7] Unter dem Meer werden reiche Öl- und Gasvorkommen vermutet. Außerdem ist es für den Fischfang wichtig. Die chinesischen Gebietsansprüche bereiten anderen Ländern auch Sorge, weil wichtige Schifffahrtsrouten durch das Südchinesische Meer verlaufen. Doch weit über diese rationalen Überlegungen hinaus geht es vor allem den USA zweifelsohne darum, China und der Staatengemeinschaft klarzumachen, dass es nur eine einzige Weltmacht gibt, die überall praktisch alles tun darf: die Vereinigten Staaten von Amerika. Das sieht die Volksrepublik China indes völlig anders.

Die Falle des Thukydides

Wenn eine Großmacht zu einer anderen aufgeschlossen hat, kam es häufig in der Geschichte zum Krieg. Der Harvard-Politologe Graham Allison nennt diese Konstellation die „Falle des Thukydides" in Anspielung auf den großen Geschichtsschreiber der griechischen Antike. Es reicht vom Widerstand Spartas gegen das aufstrebende Athen bis zum Aufeinanderprallen des Britischen Empire und des Deutschen Reichs vor 1914.

Ob die Falle zwischen der Weltmacht Nummer 1 und dem erstarkenden China wirklich zuschnappt, ist nicht zwangsläufig ausgemacht. Im Unterschied zu früheren Zeiten sind heutzutage nämlich alle Weltwirtschaften derart eng miteinander vernetzt, dass jede politische Konfrontation etwa durch Sanktionen oder gar militärische Maßnahmen zwangsläufig zur direkten Rückkopplung auf das eigene Land führen.

Doch wie stark sich China darauf vorbereitet, die Führung der Welt von den USA zu übernehmen, verdeutlichte Staatschef Xi Jinping in seiner Rede auf dem wegen der Corona-Pandemie virtuell abgehaltenen Weltwirtschaftsforum 2021. Dabei präsentierte er sich als globaler Verteidiger des Rechts, der Freiheit und der Demokratie. Während US-Präsident Joe Biden 2021 mit den Worten *„Ich denke, dass wenn wir in einem Krieg enden werden – einem echten Krieg mit einer Großmacht – dass es wahrscheinlich als Folge eines Cyberangriffs von großer Tragweite sein wird, und die Wahrscheinlichkeit nimmt expo-*

nentiell zu“[8] ernsthaft mit Krieg drohte, erklärte Xi Jinping *„Wir sollten uns dem Völkerrecht verpflichtet fühlen, anstatt die eigene Vormachtstellung anzustreben*“. Das war ein zentraler und aus dem Mund des chinesischen Staatschefs bemerkenswerter Satz. Im alten China, sagte Xi Jinping, sei *„das Recht die wahre Grundlage des Regierens*“ gewesen. Das habe auch heute und in der Weltpolitik zu gelten. Nicht das *„Recht des Dschungels“* dürfe die Beziehungen zwischen Staaten bestimmen, sondern Regeln und Konsens. *„Der Starke soll nicht den Schwachen schikanieren“*, so Xi Jinping. Und weiter: Nicht das *„Winken mit einer großen Faust“* darf den Ausschlag geben. Die Charta der Vereinten Nationen sei die Basis der internationalen Gemeinschaft, deklamierte der chinesische Staatschef auf dem Weltwirtschaftsforum 2021. US-Präsident Biden stand also als Kriegstreiber dar, während sich Xi als Bewahrer des Friedens auf Grundlage des Völkerrechts und Verfechter des Multilateralismus positionierte.

Damit war klar, dass China keineswegs bereit ist, sich von den USA in die „Rolle des Schurken“ drängen zu lassen. Vielmehr will es seine globale Ausbreitung als eine mit dem internationalen Völkerrecht übereinstimmende Entwicklung verstanden wissen. Es ist einerseits eine Absage an die Vorstellung vom „Kalten Krieg 2.0“ und andererseits der Versuch, in genau dieser Blockbildung („China versus USA“) möglichst viele Staaten und insbesondere Europa auf die eigene Seite zu ziehen oder jedenfalls äquidistant zu beiden Polen zu halten.

Exemplarisch dafür stand ein Telefonat Chinas Präsident Xi Jinping mit dem deutschen Bundeskanzler Olaf Scholz im Mai 2022, in dem der Chinese seine wachsende Besorgnis über die europäische Annäherung an die USA im Zuge des Krieges in der Ukraine äußerte. Europa „soll seine Sicherheit in die eigenen Hände nehmen“ und „China unterstützt Europas strategische Autonomie“ soll Xi Jinping gesagt haben.

Eine maßgebliche Rolle spielen dabei die Internationalen Institutionen, allerdings nicht als Friedensstifter, sondern als Machtmanipulatoren, wie im folgenden Kapitel erläutert wird.

Die Internationalen Institutionen

Zwischenstaatliche Konflikte sind älter als das Konzept der Nationalstaaten – früher waren es Stammesfehden, religiöse Obsessionen oder Machtkämpfe zwischen Herrscherhäusern. Aus diesen häufig blutigen Auseinandersetzungen hat sich über mehrere Jahrhunderte hinweg die Idee einer friedlichen Zusammenarbeit entwickelt, um Konflikte sozusagen geordnet beizulegen, bevor sie zum Krieg führen. Heute spricht man von „Internationalen Institutionen“, in denen die Staaten bei strittigen Fragen nach Lösungen suchen, die von allen Parteien akzeptiert werden können. Lange Zeit galt der Multilateralismus, also die Kooperation in einer Staatengemeinschaft – über den Bilateralismus zwischen nur zwei Ländern hinausgehend – als Weg in eine friedliche Welt. Die Vereinten Nationen, die United Nations Organisation (UNO), stehen für diesen globalen multilateralen Ansatz wie keine andere Weltorganisation.

Auch in der Auseinandersetzung zwischen China und den USA spielen die Internationalen Institutionen eine Rolle – allerdings nur eine kleine, keineswegs die Hauptrolle. Die Geschehnisse nach dem Zweiten Weltkrieg haben gezeigt, dass sowohl die USA als auch China die UNO eher als Spielball für eigene Intrigen denn als moralische oder gar machtpolitische Instanz akzeptieren.

Wer die heutige Auseinandersetzung zwischen den beiden Weltmächten verstehen will, muss um die Ereignisse rund um die Vereinten Nationen nach dem Ende des Zweiten Weltkriegs wissen und das Schwächeln des Multilateralismus seit 2015 berücksichtigen.

Das Recht der Völker

Der Gedanke einer Staatengemeinschaft ist nicht neu. Der Begriff „Völkerrecht“ fand erstmals 1625 in dem Buch „Über das Recht des Krieges und des Friedens“ des niederländischen Rechtsgelehrten Hugo Grotius Erwähnung. Der Philosoph Immanuel Kant beschrieb 1795 in seinem Buch „Zum ewigen Frieden“ ausführlich die Idee einer „durchgängig friedlichen Gemeinschaft der Völker“. Die Aufklärung brachte im 19. Jahrhundert eine erste internationale Friedensbewegung hervor, die zu den Haager Friedenskonferenzen 1899 und 1907 führte.

Ziel war die Entwicklung von Grundsätzen für die friedliche Regelung internationaler Konflikte. Die Idee dahinter ist großartig: die Abschaffung des Krieges als Mittel der Auseinandersetzung zwischen Völkern und stattdessen die Etablierung eines Rechtsweges zur Lösung von Konflikten.

Es ist damals nicht gelungen, es ist mit dem Völkerbund nicht gelungen und mit derzeit rund 20 Kriegen jährlich lässt sich nur schwerlich argumentieren, dass die UNO heute erfolgreicher sei. Der „Kalte Krieg 2.0“ zwischen China und den USA lässt eine friedliche Einigung in einer Abstimmung mit der internationalen Staatengemeinschaft und im Sinne des Multilateralismus nicht einmal am Horizont auftauchen.

Multilateralismus am Ende

Man muss wohl feststellen, dass der Multilateralismus nicht erst seit 2022 und nicht nur in der EU auf der Kippe steht und im Grunde versagt hat. Seitdem die USA 2016 mit einer rigorosen America-First-Politik das Primat des Nationalstaats ausgerufen haben, waren viele andere Länder gefolgt. In Europa hat die seit dem Jahr 2015 schwelende Flüchtlingskrise schon lange die Einheit der EU gefährdet. Der Austritt Großbritanniens Anfang 2020 nach 47 Jahren EU-Mitgliedschaft war eine Zäsur, die zuvor kaum jemand für möglich hielt. Die Pandemie 2020/21 hätte ein heilsamer Schock sein können, doch stattdessen hat sie zu Zerwürfnissen allenthalben geführt.

Der Antritt der US-Regierung unter Präsident Joe Biden Anfang 2021 ließ immerhin die Hoffnung aufkeimen, dass es bei der vermutlich nächsten großen Herausforderung für die Menschheit, der Abwendung der Klimakatastrophe, mehr internationalen Zusammenhalt geben wird. Doch ob es dabei über die Hoffnung hinausgeht, scheint fraglich. In der Pandemie haben die USA jedenfalls unter Biden über Monate hinweg ein striktes Exportverbot für Impfstoffe aufrecht erhalten, auch für solche Impfstoffe, für die in den USA selbst gar keine Zulassung vorlag.[9] China bot hingegen weltweit Impfstoff an – den allerdings viele Länder aufgrund von Zweifeln an der Wirksamkeit ablehnten.[10] Diese Situation aus dem Jahr 2021 verdeutlichte einmal mehr, wie sich China als Global Player darstellte, der beinahe der ganzen Welt mit viel Verantwortungsgefühl helfen will – der Beginn einer neuen Weltordnung.

Eine neue Weltordnung

Schon auf dem Weltwirtschaftsforum 2019 in Davos plädierte die damalige deutsche Bundeskanzlerin Angela Merkel für eine neue Weltordnung.[11] Ihr Appell ließ an Deutlichkeit nichts zu wünschen übrig: Die Fragmentierung der Weltordnung lasse sich nur verhindern, wenn Reformen dafür sorgten, dass die Institutionen die aktuellen Kräfteverhältnisse widerspiegelten, nicht mehr nur die des Zweiten Weltkriegs. Viele Institutionen hätten sich als sehr schwerfällig erwiesen. So sei etwa die 2018 beschlossene Kapitalerhöhung der Weltbank längst überfällig gewesen, weil sich die wirtschaftlichen Gewichte verschoben haben.

„Wenn ein bestehendes System zu langsam darauf reagiert, ist die natürliche Folge, dass sich andere mit neuen Institutionen bemerkbar machen", sagte Angela Merkel in Davos. Sie verwies auf die Asiatische Investitionsbank und andere neue Formate mit China im Zentrum. So etwas verstehe sie als „Warnschuss". Die Notwendigkeit einer neuen Ordnung ergebe sich auch aus ganz neuen Aufgabenstellungen. Als besondere Herausforderungen nannte sie die Digitalisierung, besonders die Künstliche Intelligenz, und den Umgang mit privaten Daten, aber auch Gentechnik und Bioethik. Darauf fehlten bisher Antworten. Es gehe jetzt darum, eine neue Architektur zu entwickeln, um diesen neuen Entwicklungen gemeinsam begegnen zu können. „Das setzt aber voraus, dass wir die bestehende Ordnung nicht so weit ruinieren, dass kein Mensch mehr an neue Leitplanken glaubt", sagte Angela Merkel. Es gebe zu einer multilateralen Ordnung keine gute Alternative. Die Bundeskanzlerin sprach 2019 an, was schon zu dieser Zeit längst keine

Neuigkeit mehr war, aber sich in der Pandemie 2020/21 deutlicher als je zuvor gezeigt hatte: Es gibt seit Jahrzehnten eine Krise des Multilateralismus.

Bereits 2018 hatte der deutsche Außenminister eine „Allianz der Multilateristen" ausgerufen. Im Herbst 2019 war die rund 50 Staaten zählende Runde am Rande der UNO-Generalversammlung in New York erstmals zusammengekommen. Es war der verzweifelte Versuch, durch einen informellen Kreis dem schwindenden Einfluss internationaler Organisation sowie der bröckelnden Geltung weltweiter Regeln etwa im Handelsbereich entgegenzuwirken. Es war zugleich ein Eingeständnis, dass multilaterale Institutionen wie die Vereinten Nationen an Bedeutung verlieren. Der 2021 ins Amt gekommene US-Präsident Joe Biden hat zwar zügig den Wiedereintritt seines Landes in die internationalen Institutionen, die sein Vorgänger Donald Trump verlassen hatte, bewirkt, aber gleichzeitig unmissverständlich die Führungsrolle der USA betont.[12] Man könnte es so formulieren: Während Trump den Tisch des Multilateralismus schlichtweg verlassen hatte, nahm Biden wieder Platz, allerdings am Kopfende, um klarzustellen, wer am Tisch das Sagen hat.

In der letzten Dekade wurde der Multilateralismus schwer beschädigt. Manche sagen mit Blick auf die jahrzehntelangen Schwächen der UNO, er sei nie ernsthaft Wirklichkeit geworden. Die Welt ist heute nationaler, egoistischer und gefährlicher als zuvor. In der Dekade der 2020er und mutmaßlich darüber hinaus gilt das Recht des Stärkeren. Ein Blick in die Vergangenheit zeigt, dass das trotz aller Versuche, eine friedliche Welt zu erschaffen, im Grunde nichts Neues ist.

Niemand hat den Dritten Weltkrieg ausgerufen

Nach dem ersten Weltkrieg mit 20 Millionen Toten gründete die internationale Staatengemeinschaft den Völkerbund mit dem einzigen Ziel, den Zweiten Weltkrieg zu verhindern. Der Völkerbund versagte. Rund 20 Jahre später begannen die Vorbereitungen für den Zweiten Weltkrieg, der weit über 50 Millionen Menschenleben kostete. Die Organisation der Vereinten Nationen (United Nations Organisation) wurde ins Leben gerufen, um einen Dritten Weltkrieg zu verhindern. Ist ihr das bislang gelungen? Darüber mag man streiten. Tatsächlich hat bisher niemand einen Dritten Weltkrieg ausgerufen.

Aber Krieg herrscht schon seit Jahren und er ist, schlimmer noch, sogar eher auf dem Vormarsch. Heute toben weltweit mehr Kriege als je zuvor. Auf fünf von sieben Kontinenten herrscht Krieg. Die Zahl der militärischen Konflikte steigt weltweit seit Jahren stetig an, ebenso wie die Zahl der Opfer und der Flüchtlinge, die den Kriegen entkommen und ihr Leben retten wollen. Selbst in der bislang größten globalen Katastrophe des 21. Jahrhunderts, der weltweiten Ausbreitung des Coronavirus, ist es der UNO über mehrere Monate hinweg nicht gelungen, auch nur eine verbindliche Resolution über einen weltweiten Waffenstillstand zu verabschieden. Ganz im Gegenteil steht die Idee des Multilateralismus, also das abgestimmte gemeinsame Handeln der Staatengemeinschaft, seit Beginn der 2020er Jahre stärker in Frage als zu Zeiten des Kalten Krieges – oder sollte man sagen zu Zeiten des „Ersten Kalten Krieges", wenn man die Front zwischen China und den USA als den „Zweiten Kalten Krieg" einordnet? Zur Begriffsklärung: Der Angriff Russlands auf die Ukraine 2022 ist kaum als „kalt" zu bezeichnen, obgleich auch hieraus eine Verhärtung der Fronten zwischen dem US-geführten Westen einerseits und Russland andererseits abzuleiten ist, die einmal die Bezeichnung „Zweiter Kalter Krieg“ für sich beanspruchen könnte. Die Kriegsfront zu China wäre laut dieser Zählweise der „Dritte Kalte Krieg“.

Dabei ist bei der Bewertung der Internationalen Institutionen im „Kalten Krieg 2.0 oder 3.0“ zu berücksichtigen, wie geradezu schamlos die Vereinigten Staaten von Amerika nach dem Zweiten Weltkrieg mit den Vereinten Nationen umgegangen sind und wie fintenreich sie dabei den damaligen Sowjetblock und auch China ausgetrickst haben, wie es im nächsten Kapitel erläutert wird.

Die UNO als Spielball der Weltmächte

Ausgenutzt, missachtet, missbraucht – so lässt sich der Umgang der Vereinigten Staaten von Amerika mit den Vereinten Nationen über Jahre hinweg beschrieben. Die UNO wurde aus gutem Grund, man kann sagen dem Besten aller Gründe, aus der Taufe gehoben, nämlich um Menschenleben zu retten. Doch sie wurde schnell zum „Spielball" der Weltmächte: den USA, der Sowjetunion und nicht zuletzt China. Man muss die Motive hinter der Gründung der Vereinten Nationen und die Ränke um die vermeintliche mächtigste Organisation der Welt verstehen, um zu begreifen, warum die UNO im Konflikt „China versus USA" im Grunde keine Rolle spielt. Dabei ist sie eigentlich genau für diese Art von Krisen ins Leben gerufen worden.

Knapp 20 Millionen Menschen verloren im Ersten Weltkrieg ihr Leben, darunter circa 9,7 Millionen Soldaten und etwa 10 Millionen Zivilisten. Im Zweiten Weltkrieg wurde alles noch schlimmer, viel schlimmer. Die Kampfhandlungen begannen, abgesehen von einzelnen Scharmützeln an der deutsch-polnischen Grenze, am 1. September 1939, als das Linienschiff „MS Schleswig-Holstein" das Feuer auf die Westerplatte bei Danzig eröffnete. Sie endeten am 8. Mai 1945 um 23.01 Uhr. Das sind 2077 Tage oder 49.842 Stunden und 16 Minuten. In dieser Zeitspanne starben in jeder Stunde rund 1.000 Menschen. Insgesamt forderte der Zweite Weltkrieg das Leben von 66 Millionen Menschen, darunter 27 Millionen Soldaten und etwa 39 Millionen Zivilisten. Andere Schätzungen gehen sogar von bis 80 Millionen Toten im Zweiten Weltkrieg aus.[13]

Weit mehr als 100 Millionen Tote und Verletzte in zwei Weltkriegen binnen rund 30 Jahren. Soldaten, Zivilisten, Männer, Frauen, Kinder, zerstörte Leben, verlöschte Hoffnungen, unbeschreibbare Gräuel, unendliches Leid – im Angesicht dieser gigantischen Zerstörungswut wollte die Weltgemeinschaft mit einer „weltweiten Friedensorganisation“ alles daransetzen, um ein weiteres Töten zu verhindern oder zumindest einzudämmen. Schon nach dem Ersten Weltkrieg gründete die internationale Staatengemeinschaft den Völkerbund mit einem einzigen Ziel: einen Zweiten Weltkrieg zu verhindern. Der Völkerbund versagte leider. Rund 20 Jahre später begannen die Vorbereitungen für den Zweiten Weltkrieg.

Die Organisation der Vereinten Nationen (United Nations Organisation) wurde ins Leben gerufen, um einen Dritten Weltkrieg zu verhindern.

Die Anfänge der UNO

„Mr. chairman and delegates to the United Nations conference on international organisation: Oh what a great day this can be in history!” Mit diesen Worten eröffnete US-Präsident Harry S. Truman die Konferenz zur Gründung der Vereinten Nationen.[14]

Hierzu hatten sich am 24. April 1945 in San Francisco Diplomaten aus 50 Ländern zur Gründungskonferenz getroffen. Mit 850 Delegierten, Beratern und sonstigem Personal – insgesamt 3.500 Personen – galt sie als die bis dato größte internationale Konferenz ihrer Zeit. Die Gigantomanie des Multilateralismus nahm ihren Lauf.

Grundlage für eine bessere Welt

Am 26. Juni 1945 wurde die Charta der Vereinten Nationen von den 50 Gründungsstaaten feierlich unterzeichnet. US-Präsident Harry S. Truman sagte auf der Schlussversammlung: „Die Charta der Vereinten Nationen, die Sie soeben unterzeichnet haben, ist eine solide Grundlage, auf der wir eine bessere Welt errichten können. Die Geschichte wird Sie dafür ehren. Zwischen dem Sieg in Europa und dem letzten Sieg in diesem zerstörerischsten aller Kriege haben Sie einen Sieg gegen den Krieg selbst erzielt... Mit dieser Charta kann die Welt einer Zeit entgegenblicken, in der es allen würdigen Menschen offensteht, ein anständiges Leben als freie Menschen zu führen.“[15]

Die Worte drückten die Hoffnungen der damaligen Zeit nach mehr als 60 Millionen Toten im Zweiten Weltkrieg aus. Ein solches Massaker sollte sich nie mehr wiederholen. Allerdings wies Truman darauf hin, dass es nicht nur auf die schönen Worte in der Charta ankäme, sondern vor allem auf die Umsetzung, also die Anwendung der Charta: „Wenn wir sie ungenutzt lassen, verraten wir all jene, die dafür gestorben sind, dass wir uns hier in Freiheit und Sicherheit versammeln können, um sie auszuarbeiten. Wenn wir versuchen, sie eigennützig, zum Vorteil eines einzelnen Staates oder einer kleinen Gruppe von Staaten einzusetzen, machen wir uns ebenfalls des Verrats schuldig.“[16] Mehr als 75 Jahre später klingen diese Worte wie eine düstere Prophezeiung, denn genau daran, an der Umsetzung, ist die UNO über all diese Jahrzehnte hinweg wieder und wieder gescheitert – maßgeblich auch am Eigennutz einzelner Staaten, nämlich der Vetomächte, allen voran die USA, die Sowjetunion und China.

China kommt in den Sicherheitsrat

Die „Gründungsväter“ der Vereinten Nationen – Roosevelt, Churchill und Stalin – bildeten gelinde gesagt nicht gerade einen „Freundschaftsbund“, sondern wollten die Weltordnung der Nachkriegszeit nach ihren machtpolitischen Vorstellungen gestalten und einen zweiten „Fall Deutschland“, wo auch immer auf der Welt, unter allen denkbaren Umständen verhindern.

Die Aufnahme des damals noch recht unbedeutenden Chinas in den Sicherheitsrat geschah kaum aus Anerkennung, sondern schlicht als Gegengewicht zu dem sehr starken Japan, das zu diesem Zeitpunkt 1945 noch nicht kapituliert hatte.

Der Sicherheitsrat gilt als das mächtigste Gremium der Vereinten Nationen, weil er völkerrechtlich verbindliche Resolutionen beschließen kann. Er gilt paradoxerweise gleichzeitig als das schwächste Gremium, weil er durch das Vetorecht seiner ständigen Mitglieder oftmals in wichtigen Fragen blockiert ist. Wie verheerend diese Kombination ist, zeigte sich schon bald nach der Gründung der UNO im Koreakrieg. Im aktuellen Konflikt „China versus USA“ dürften sich die Vereinten Nationen als ebenso machtlos erweisen, weil sich wiederum beide Kontrahenten im UNO-Sicherheitsrat mit Vetorecht gegenüberstehen.

Der Sicherheitsrat

Als einziges UNO-Gremium kann der Sicherheitsrat völkerrechtlich bindende Resolutionen verabschieden und ist damit das mächtigste Organ. Laut Artikel 24 der UNO-Charta trägt er

„die Hauptverantwortung für die Wahrung des Weltfriedens und der internationalen Sicherheit“ und er kann dazu auch Zwangsmaßnahmen wie Sanktionen oder Gewaltanwendung legitimieren. Insgesamt sind im Sicherheitsrat 15 Staaten vertreten, darunter die fünf ständigen Mitglieder China, Frankreich, Großbritannien, Russland und die USA. Die restlichen Mitglieder werden von der Generalversammlung für jeweils zwei Jahre gewählt, wobei ein regionaler Proporz eingehalten wird. Entscheidungen des Sicherheitsrats bedürfen einer Mehrheit von neun Stimmen, einschließlich der fünf ständigen Mitglieder. Diese verfügen damit faktisch über ein Vetorecht.[17]

Die Vetofalle

Die Unfähigkeit der Vereinten Nationen, ihr einziges Gremium, das überhaupt völkerrechtlich bindende Resolutionen verabschieden kann, den Sicherheitsrat, zu einem starken Kämpfer für Frieden, Gerechtigkeit und Menschlichkeit zu machen, ist eine unmittelbare Folge des Vetoprinzips dieses Gremiums. Die fünf ständigen Mitglieder des Sicherheitsrates – die Vereinigten Staaten von Amerika, die Russische Föderation (seit 1991, zuvor die Sowjetunion), die Volksrepublik China (seit 1971, zuvor Taiwan), Großbritannien und Frankreich – wollten unter allen Umständen sicherstellen, dass es keine Entscheidungen gegen ihre Interessen geben kann. Sie legten daher in Artikel 27 der UNO-Charta fest, dass kein Beschluss zustande kommt, wenn nur eines der Mitglieder im Sicherheitsrat widerspricht. Dieses Vetorecht war den damaligen Umständen geschuldet. Bei den Gründungsmitgliedern handelt es sich im Wesentlichen um die Siegermächte des Zweiten Weltkriegs.

Der am Ende siegreiche Kampf gegen das Dritte Reich hatte sie geeint – und nach den Schrecken des Krieges waren sie weiterhin geeint in dem Wunsch, dass sich so etwas niemals mehr wiederholen sollte. China galt zwar nicht als Siegermacht, wurde aber in erster Linie als Gegengewicht zu Japan in den Rat einbezogen. Schließlich hatten die Japaner im Zweiten Weltkrieg Seite an Seite mit Hitler-Deutschland und Mussolini-Italien gekämpft.

Die Einigkeit der fünf permanenten Mitglieder im Sicherheitsrat schmolz schnell dahin. In den Jahrzehnten des (Ersten) Kalten Krieges standen sich mit den USA und der Sowjetunion zwei Erzfeinde gegenüber. Damit war die Handlungsunfähigkeit der UNO im Grunde schon in ihrem Erbgut angelegt. Immerhin sieht Artikel 27 der UNO-Charta vor, dass sich ein Land der Stimme enthalten muss, wenn es selbst in den Konflikt involviert ist, der zu Abstimmung kommt. Das bedeutet, es kann in diesem Fall kein Vetorecht ausüben. Das setzt allerdings voraus, dass sich die permanenten Mitglieder des UNO-Sicherheitsrates an diese in der Charta eindeutig formulierte Regel halten müssten. Das aber tun sie nicht. So hat die UdSSR bei der Resolution über die Invasion in der Tschechoslowakei 1968 ihr Veto eingelegt, Frankreich bei der Annexion von Mayotte 1976 und die USA 1986 bei der Verurteilung der Bombardierung Libyens, obgleich alle drei Staaten jeweils unzweifelhaft selbst betroffen waren. Selbst der Versuch, angesichts der weltweit grassierenden Coronavirus-Pandemie 2020 eine Resolution zu verabschieden, die zur Waffenruhe in Konfliktgebieten aufruft, scheiterte über Monate hinweg am Widerstand der USA, bevor es endlich zu einer Einigung kam.[18]

Mit anderen Worten: Die Gründungsmitglieder des höchsten und einzig wirksamen Gremiums der Vereinten Nationen halten sich selbst nicht an die Regeln, die sie aufgestellt haben. Vielmehr stellten sie selbst angesichts einer der größten globalen Katastrophen seit Gründung der Vereinten Nationen, der Pandemie 2020/21, für jedermann sichtbar ihre eigenen nationalen Interessen vor die der Staatengemeinschaft. Das Recht des Stärkeren schlägt die Rechte der Gemeinschaft. So ist es wenig verwunderlich, wenn sich der Respekt vor den Vereinten Nationen in vielen Ländern rund um den Globus in Grenzen hält. Zu diesen Ländern gehören sicherlich auch die USA und China.

Nagelprobe Koreakrieg

Im Kampf gegen Hitler-Deutschland waren Westeuropa, Nordamerika und die Sowjetunion in einem Zweckbündnis vereint. Doch schon kurz nach dem Ende des Zweiten Weltkrieges entstand der globale Ost-West-Konflikt, in dem sich die kommunistische Sowjetunion mit den Staaten unter ihrer Kontrolle, der Ostblock genannt, und die von US-Amerika angeführte westliche Welt feindselig gegenüberstanden. Angesichts der gewaltigen Herausforderung, Europa und Teile Asiens neu aufzuteilen und zu gestalten, entwickelte sich eine grundlegende Front zwischen dem kommunistischen Block und der kapitalistischen Welt.[19]

Dieser Ost-West-Konflikt bildete die fundamentale Basis für die gesamte Weltpolitik in der zweiten Hälfte des 20. Jahrhunderts – vergleichbar mit der China-USA-Konfrontation in der ersten Hälfte des 21. Jahrhundert.

Bereits im Jahr 1949 wurde die Ernsthaftigkeit der damaligen Trennlinie offensichtlich, als die Sowjetunion mit einem Atombombentest das Monopol der USA bei Nuklearwaffen für immer beendete.[20] Es begann ein Wettrüsten, das die Welt zeitweise an den Rand des Abgrunds brachte und das bis heute nicht wirklich beendet ist. Im gleichen Jahr, 1949, rief Mao Zedong die Volksrepublik China aus. Der letzte Staatspräsident Chinas, von den USA unterstützt, floh nach Taiwan, das zuvor noch den Portugiesischen Namen Formosa trug, und gründete die Republik China. Beide Entwicklungen spielten für die Weltpolitik und besonders die UNO über Jahrzehnte hinweg bis heute eine maßgebliche Rolle.

Das geteilte Weltbild – die selbsternannte „freie" Welt gegen den Kommunismus – war von Anfang an die Ursache für die grundlegende Achillesverse der Vereinten Nationen. Die UNO wurde gegründet, um den Frieden in der Welt zu sichern, aber in dem entscheidenden Gremium, dem Sicherheitsrat, standen sich die damals unversöhnlichen Feinde, die Vereinigten Staaten von Amerika und die Sowjetunion, gegenüber – beide mit Vetorecht ausgestattet. Die Analogie zur heutigen Situation „USA versus China" ist unübersehbar.

Die Koreafrage stellte damals die erste große Herausforderung für die neu gegründete UNO dar. Hier sollte sich zeigen, ob die UNO in der Lage sein würde, das Land Korea in friedlicher Einheit zu erhalten. Der Koreakrieg und die Tatsache, dass das Land bis heute in zwei Nationen geteilt ist, legen den Schluss nahe, dass die Vereinten Nationen bereits bei dieser ersten großen Nagelprobe versagt haben. Dafür gab es einen einfachen Grund. Im Koreakrieg gab die UNO ihre moralische

Autorität und Neutralität auf, um sich auf die Seite des Westens im Kampf gegen den sowjetischen Ostblock zu stellen.

Diese einseitige Stellungnahme wirkt bis heute fort. Obgleich der Ostblock längst Geschichte ist, hat China gelernt, dass die internationalen Institutionen, allen voran die UNO, im Zweifel auf der Seite des Westens und damit der USA stehen. China hat daraus zwei Strategien abgeleitet. Erstens die Institutionen so stark wie möglich mit eigenem chinesischem Personal zu durchdringen. Das ist beispielsweise bei der Weltgesundheitsorganisation WHO gelungen, wie sich in der Pandemie 2020/21 gezeigt hat. Zweitens „eigene" Internationale Institutionen aufzubauen. Beispielhaft hierfür steht die Asiatische Infrastrukturinvestmentbank (*Asian Infrastructure Investment Bank, AIIB*), eine multilaterale Entwicklungsbank unter chinesischer Führung, die 2015 von 57 Staaten gegründet wurde und im Wettbewerb zur Weltbank und zum Internationalen Währungsfonds steht. Anlass zur Initiative der Gründung 2015 war die Unzufriedenheit Chinas über eine Dominanz der US-Amerikaner im Internationalen Währungsfonds und in der Weltbank, der aus Sicht Chinas keine faire Verteilung der globalen Machtverhältnisse widerspiegelte.[21]

Von interessierter Seite wird der AIIB-Beitritt Deutschlands, Großbritanniens und Italiens gern als Kotau vor China interpretiert. Auf jeden Fall stellt es eine offizielle Anerkennung der „Internationalen Institutionen unter chinesischer Führung" dar.

Zurück zu Korea und der Frage, warum gerade Korea? Im Zweiten Weltkrieg hatte Deutschland zwei maßgebliche Verbündete: Italien und Japan. Zu Japan gehörte damals Korea als

Protektorat. Nach der japanischen Kapitulation wurde daher auch das von Japan beherrschte Korea von amerikanischen und sowjetischen Truppen erobert. Die US-Soldaten besetzten das Land südlich des 38. Breitengrades, die Sowjetunion übernahm die Verwaltung des nördlichen Territoriums. Eine Teilung des Landes stand zunächst bei keiner der beiden Besatzungsmächte auf der Agenda. Vielmehr sah die Politik beider Seiten vor, die Staatsgewalt allmählich wieder an das Land zurückzugeben. Dabei achteten allerdings schon frühzeitig sowohl die USA als auch die Sowjetunion darauf, den Einfluss von ihnen freundlich gesinnten Kräften im Land zu fördern. Dann kam es zum großen Zerwürfnis. Als es darum ging, das Land wieder zu vereinigen, blieben die Verhandlungen erfolglos, es kam zur Teilung in Nord- und Südkorea.

Dabei spielten die Vereinten Nationen eine entscheidende Rolle. Die USA übergaben die Lösung der Koreafrage an die Generalversammlung der Vereinten Nationen, die mit Resolution 112 (II) die Einrichtung einer „United Nations Temporary Commission on Korea" initiierte. Der Auftrag lautete „allgemeine Wahlen in ganz Korea zu beobachten und danach bei der Konstituierung eines vereinten Koreas unter einer nationalen Regierung zu helfen." Schon die Beobachtung der Wahlen ging schief: die Sowjetunion und die nordkoreanische Verwaltung verweigerten der UNO-Kommission schlichtweg die Einreise.

So konnte die UNO nur die Wahlen im Süden beobachten und im August 1948 etablierte sich die südliche Republik Korea, die von den Vereinten Nationen mit der Resolution 195 (III) als „rechtmäßige und einzige demokratisch gewählte Regierung in Korea" anerkannt wurde. Dasselbe geschah im Norden: Es konstituierte sich die Demokratische Volksrepublik Korea, die zwar nicht von der UNO, aber von den sozialistischen Staaten völkerrechtlich anerkannt wurde. Beide koreanischen Staaten waren sich nur in einem Punkt einig, in ihrem jeweiligen Alleinvertretungsanspruch für ganz Korea.

So wie sich die Sowjetunion und die westlichen Staaten auf der Weltbühne gegenüberstanden, so verhärtet waren die Fronten zwischen Nord- und Südkorea. Ebenso wie im Großen wurde auch „im Kleinen" kräftig aufgerüstet und nach diversen Grenzstreitigkeiten am 38. Breitengrad drangen nordkoreanische Truppen auf südkoreanischen Boden vor. Dass die UdSSR dahintersteckten, blieb ubestätigt, aber es gilt als sicher, dass sie zumindest darüber informiert waren. Am 25. Juni 1950 riefen die Vereinten Nationen auf Initiative der USA den UNO-Sicherheitsrat ein. Die USA legten den Entwurf einer Resolution vor, die Nordkorea als „Aggressor" verurteilte („Act of unprovocated Aggression"). Verabschiedet wurde die gemäßigte Formulierung eines „Friedensbruch" („Breach of Peace") mit der Aufforderung an Nordkorea, die Kampfhandlungen einzustellen und seine Streitkräfte zurückzuziehen.

Die Resolution wurde mit 9:0 Stimmen angenommen, wobei sich Jugoslawien der Stimme enthielt. Bemerkenswert war allerdings eine völlig andere Tatsache. Die Sowjetunion war bei dieser Abstimmung überhaupt nicht anwesend. Sie startete damit den Versuch, die Vereinten Nationen durch Abwesenheit schlichtweg zu ignorieren, man kann auch sagen zu diskreditieren.

Der Hintergrund war offensichtlich: Die USA hatten im UNO-Sicherheitsrat eine Vormachtstellung erreicht, weil sich alle im

Rat vertretenen Siegermächte des Zweiten Weltkriegs mit Ausnahme der UdSSR und Chinas auf die Seite der Vereinigten Staaten von Amerika geschlagen hatten. Das heutige China und das heutige Russland mögen keine „besten Freunde" sein, aber ihre historische Verbundenheit im Sicherheitsrat der Vereinten Nationen hält bis heute an – und sei es nur, weil sie in den USA einen gemeinsamen Gegner sehen. Damals hätten die Sowjetunion und China die Verurteilung Nordkoreas mit ihrem Vetorecht ablehnen können, aber sie zogen es vor, die UNO stattdessen zu boykottieren. Genau dieser Fall war in der UNO-Charta indes überhaupt nicht vorgesehen.

Hierzu heißt es in Artikel 27 III der UN-Charta: „Beschlüsse des Sicherheitsrats über alle sonstigen Fragen bedürfen der Zustimmung von neun Mitgliedern einschließlich sämtlicher ständiger Mitglieder, jedoch mit der Maßgabe, dass sich bei Beschlüssen auf Grund des Kapitels VI und des Artikels 52 Absatz 3 die Streitparteien der Stimme enthalten." Gar nicht mit dabei sein, war einfach nicht vorgesehen. Immerhin wurde die Frage diskutiert, ob die Abwesenheit der UdSSR eventuell als Veto oder als Stimmenthaltung gewertet werden sollte.

Am 27. Juni 1950, also zwei Tage nach der ersten fand eine zweite Sitzung des UNO-Sicherheitsrates zu Korea statt, in der festgestellt wurde, dass Nordkorea der Resolution vom 25. Juni 1950 nicht nachgekommen war. Konsequenterweise brachten die USA einen erneuten Entwurf ein, der ihnen erlauben sollte, in Korea militärisch einzugreifen. Die UNO-Mitglieder wurden aufgefordert, „Hilfe für die Republik Korea bereitzustellen, um die bewaffneten Angriffe abzuwehren und den internationalen Frieden und die Sicherheit in der Region wiederherzustellen."

Zu diesem Zeitpunkt war mit der „Region" allem Anschein nach Südkorea gemeint, aber später sollte es sich als fatal erweisen, dass genau dies in dem Text nicht ausformuliert war und daher auch die Interpretation zuließ, es könnte Gesamt-Korea gemeint sein. Unabhängig davon hatte der damalige US-Präsident Harry S. Truman zum Zeitpunkt der UNO-Resolution längst die Luft- und Seestreitkräfte in Richtung Korea in Bewegung gesetzt. Die US-Regierung wollte sich ihren nicht nur geplanten, sondern bereits in Vorbereitung befindlichen Militäreinsatz in Korea also im Grunde im Nachhinein von den Vereinten Nationen genehmigen lassen. Und genau so kam es auch.

Wie ernst es der US-Regierung mit dem militärischen Vorgehen war, lässt sich daraus ableiten, dass die 7. Flotte zum Schutz Taiwans vor dem kommunistischen China ebenfalls bereits Einsatzbefehl erhalten hatte. Mit dem „Segen" der UNO wollten die USA offensichtlich sowohl das Eingreifen sowjetischer als auch chinesischer Truppen verhindern. Es war ein aus US-Sicht politisch geschickter Schachzug, die UNO sozusagen als Marionette der US-amerikanischen Militärintervention zu gebrauchen.

Aber für die Glaubwürdigkeit der Vereinten Nationen als unabhängige Instanz war dieses Vorgehen natürlich verheerend. Das gilt umso mehr, als die entsprechende Resolution tatsächlich den UNO-Sicherheitsrat passierte – schließlich befolgte die UdSSR damals weiterhin ihre Strategie, die Vereinten Nationen durch Abwesenheit zu ignorieren.

Der gemeinsame US/UNO-Krieg

Was danach geschah, lässt sich wohl nur als eine Art gemeinsamer US/UNO-Krieg bewerten. Die Vereinigten Staaten von Amerika gaben die Strategie vor, befehligten die Streitkräfte, brachen die UNO-Charta, soweit ihnen dies zweckmäßig erschien, und missbrauchten die Vereinten Nationen immer und immer wieder, um ihr eigenes Vorgehen mit dem Deckmantel der Neutralität, dem von der Weltgemeinschaft gemeinsam gewünschten Handeln und der Herstellung und Sicherung des Friedens zu umhüllen. Nie zuvor und niemals danach wurden die Vereinten Nationen von einer einzigen Nation derart dreist missbraucht wie durch die USA im Koreakonflikt.

Eines muss man den USA wohl zugutehalten: Sie sahen sich zu dieser Zeit offenbar als Anführer der „freien Welt" und damit in der Pflicht, sich mit allen Mitteln gegen einen militärisch erstarkenden kommunistischen Block wehren zu müssen. Es war wohl die Angst, der in der Sowjetunion und China herrschende Kommunismus könnte so stark werden, dass er die „freie Welt" unterjocht. Um das zu verhindern, war den USA offenbar jedes Mittel recht – auch der Missbrauch der UNO. Bei der Bewertung der damaligen Situation ist allerdings zu bedenken, dass die Angst vor einer von Moskau und Peking aus gesteuerten aggressiven kommunistischen Expansionsstrategie keineswegs auf die USA allein begrenzt war, sondern praktisch die gesamte westliche Welt beherrschte und damit auch die Vereinten Nationen, in denen die westlichen Verbündeten der USA dominant vertreten waren. Der Angriff Nordkoreas auf den Süden des Landes schien genau in dieses Denkmuster zu passen und wurde dementsprechend bewertet. Getreu dem Motto „wehret den Anfängen“ herrschte wohl der Eindruck vor, wenn man die Kommunisten in Nordkorea nicht aufhalten würde, könnte sich der kommunistische Block ermuntert sehen, sich weltweit auszudehnen.

Man darf unterstellen, dass dieselbe Front heute noch (oder wieder) in den Vereinten Nationen besteht. Die USA und der Westen auf der einen Seite, China und Russland auf der anderen. Bei aller vor allem wirtschaftlicher Annäherung Europas an China in den letzten Jahrzehnten werden sich die europäischen Staaten in der UNO auch heute noch sicherlich nicht gegen die USA stellen und für China aussprechen. Das wäre wohl nicht einmal unter dem America-first-Präsidenten Donald Trump passiert und wird vermutlich nicht unter seinem Nachfolger Joe Biden geschehen, der die Annäherung an Europa vorantreibt.

Damals wurde am 7. Juli 1950 mit der Resolution 84 des UNO-Sicherheitsrates klargestellt, dass alle in Korea eingesetzten Truppen zwar die UNO-Fahne tragen sollten, aber noch bemerkenswerter war, dass die Resolution überhaupt kein konkretes Ziel festlegte. Sollten die nordkoreanischen Gruppen etwa über den 38. Breitengrad zurückgedrängt werden, sollte Südkorea vor neuerlichen Angriffen geschützt werden, sollte Nordkorea eingenommen werden oder sollte das ganze Land wiedervereinigt werden? Es gab schlichtweg keine Beschlusslage dazu, aber die UNO verfolgte alle diese Punkte in dieser Reihenfolge.

Die Frage, ob die Vereinten Nationen überhaupt eine Berechtigung hätten, zwei Staaten zusammenzuführen, blieb unbeantwortet. Sie war auch für den militärischen Vorstoß der USA unter dem Oberkommandierenden der amerikanischen Streitkräfte in Fernost, General Douglas MacArthur, mit Unterstützung der Truppen von 16 Staaten einschließlich Südkoreas, letztlich unerheblich. Die Befehlskette sprach indes für sich. MacArthur erhielt seine Anweisungen von der US-Regierung, an die er umgekehrt auch ständig seine Lageberichtete sendete. Die UNO wurde im zweiten Schritt von der US-Regierung auf dem Laufenden gehalten.[22]

Zunächst deutete alles darauf hin, dass die US/UNO-Truppen den Sieg erringen würden. Sieg bedeutete dabei, dass die Nordkoreanischen Truppen in den Norden zurückgedrängt würden und die Grenze gesichert würde. Damit wäre die Situation wieder genauso hergestellt gewesen, wie sie sich vor dem Einmarsch der Nordkoreaner in den Süden des Landes dargestellt hatte.

Doch General Douglas MacArthur entschied anders. Er wählte natürlich mit Unterstützung weiter Teile der US-Regierung die Wiedervereinigung Koreas zum Ziel und beschloss in Nordkorea einzumarschieren. Das Überschreiten des 38. Breitengrades in Richtung Norden war durch keine UNO-Resolution gedeckt, allerdings gab es auch keine Beschlusslage bei den Vereinten Nationen, die diesem Ziel ausdrücklich widersprach. Man hatte eine UNO-Mission genehmigt, aber die Zielsetzung schlicht offengelassen. Ob dies mangelnder Professionalität geschuldet war, oder ob etwa von Anfang an dem Hintergedanken, die Mission für einen Angriff auf Nordkorea zu nutzen, ließ sich nie feststellen. Möglicherweise trifft beides zu.

Die Einschätzung, dass weder die Sowjetunion noch China dem US/UNO-Vorstoß entgegentreten würden, erwies sich auf jeden Fall als fataler Irrtum, der in Korea einen brutalen Stellvertreterkrieg der beiden großen politisch-militärischen Blöcke auslöste, wie er sich später in einem noch grausameren Krieg in Vietnam wiederholte.

In Sachen Korea schätzte der US/UNO-Komplex vor allem das Verhalten der Volksrepublik China völlig falsch ein. Chinas Außenminister Chou En-lai hatte zwar schon vorab Warnungen ausgesprochen, aber die US-Regierung nahm diese nicht ernst genug. Sie ging von einem Bluff aus. Da China nicht gleich von Anfang an interveniert hatte, schätzte man ein nachträgliches Eingreifen Chinas als äußerst unwahrscheinlich ein. Warum sollte China mit einer Intervention in gewisser Weise die UdSSR unterstützen? Zudem herrschte die Meinung vor, dass sich die Volksrepublik China nicht mit der UNO anlegen würde, da diese auch über die Frage nach dem Status Taiwans – also des aus Sicht der VR China alten und verhassten Chinas – zu entscheiden hatte. Die Einschätzung, China eine Art naiven Respekts vor der Vereinten Nationen zuzuschreiben, war damals also schon falsch. Sie dürfte sich heute im Wettlauf um die Dominanz im Jahr 2049 als ebenso falsch herausstellen.

Damals schien indes für das Überqueren des 38. Breitengrades durch die US/UNO-Truppen eine weitere UNO-Resolution angemessen. Ein Problem war nur, dass zu diesem Zeitpunkt die Sowjetunion ihren UNO-Boykott aufgegeben hatte und in den Sicherheitsrat zurückgekehrt war. Es lag auf der Hand, dass die UdSSR jedwedem Beschluss zum Einmarsch westlicher Soldaten in Nordkorea mit ihrem Vetorecht (gemeinsam mit China) eine Absage erteilen würden. Angesichts dieser vorhersehbaren Situation griff die US-amerikanische Regierung in die

„Trickkiste“: Da sie wusste, dass sie im Sicherheitsrat nicht durchkommen würde, verlagerte sie die Entscheidung über Nordkorea kurzerhand in die Generalversammlung, die zu dieser Zeit von US-freundlichen Staaten dominiert wurde, und in der es kein Vetorecht gab. Einmal mehr spielten die Vereinigten Staaten von Amerika mit den Vereinten Nationen, als ob sie ihnen gehörten – und die UNO ließ es geschehen.

Im September 1950 brachten die USA den Entwurf einer Resolution in die UNO-Generalversammlung ein, der dem UNO-Militär indirekt das Einrücken in Nordkorea erlaubte mit dem Ziel der Vereinigung des Landes und der Sicherung des Friedens in ganz Korea. Zur Erreichung dieses Ziels sollten die „notwendigen Maßnahmen“ ergriffen werden, was sich als Einmarscherlaubnis interpretieren ließ. Mit einigen wenigen Veränderungen wurde diese Resolution 376 (V) tatsächlich am 7. Oktober 1950 mit 45:5 Stimmen bei 7 Enthaltungen von der UNO-Generalversammlung verabschiedet. Die Resolution sah im Anschluss an den siegreichen Einsatz der US/UNO-Truppen die Schaffung eines vereinten, unabhängigen und demokratischen Koreas vor.[23]

Diese Vorgehensweise war mit der UNO-Charta in keiner Weise vereinbar, man könnte also von einer illegalen UNO-Resolution als Startschuss für den Koreakrieg sprechen. Laut Charta obliegen alle Entscheidungen bei Friedensbrüchen ausschließlich dem Sicherheitsrat. Die Generalversammlung darf dazu nur Resolutionen verabschieden, wenn sich der Sicherheitsrat nicht damit befasst. Vor allem sind die Resolutionen der Generalversammlung unter keinen Umständen verbindlich. Es handelt sich lediglich um Handlungsempfehlungen.

Aber selbst gesetzt den Fall, bei der UNO-Resolution vom 7. Oktober 1950 wäre alles mit rechten Dingen zugegangen, hätte sie dennoch nur eine nachträgliche Legitimierung der US/UNO-Maßnahmen dargestellt. General MacArthur wurde nämlich bereits am 27. September 1950 von der US-Regierung ermächtigt, „den 38. Breitengrad zu überschreiten und die nordkoreanische Armee zu zerstören".[24]

China versus US/UNO-Pakt

Die Volksrepublik China machte dem siegesgewissen Vorgehen des US/UNO-Komplexes einen dicken Strich durch die Rechnung. Sobald General MacArthur den 38. Breitengrad überschritten hatte, ließ China seine Truppen aus der Mandschurei nach Nordkorea einmarschieren. Nachdem China zuvor offene Warnungen ausgesprochen hatte, konnte der militärische Vorstoß MacArthurs nur als ebenso offene Provokation eingestuft werden. Zudem befürchtete Chinas Staatspräsident Mao Zedong augenscheinlich, dass „die Reaktionäre bei uns und im Ausland übermütig werden, wenn die feindlichen Truppen auf den Jalu zumarschieren". Der 813 Kilometer lange Jalu ist der Grenzfluss zwischen China und Nordkorea.[25]

Mit der Mobilisierung Chinas entwuchs der Koreakonflikt der regionalen Begrenzung und drohte auf das asiatische Festland überzugreifen. Vor diesem Hintergrund lud der UNO-Sicherheitsrat China zu einer Diskussion ein. Die fand am 28. November 1950 in New York statt. Die gegenseitigen Vorwürfe der Großmächte nahmen dabei kein Ende. China beschuldigte die USA der Aggression, die Sowjetunion wollte die amerikanische Aggression gegen China verurteilt sehen, die USA forderten

China auf, sich aus Korea zurückzuziehen. Jeder Vorschlag scheiterte im UNO-Sicherheitsrat am Veto der anderen Seite.

Da der Sicherheitsrat mit dem erneuten Engagement der Sowjetunion handlungsunfähig geworden war, verlegten sich die USA einmal mehr auf die Strategie, UNO-Entscheidungen in der Generalversammlung herbeizuführen. Hierzu wurde am 3. November 1950 die Resolution 377 (V) „Uniting for Peace" (mit 52:5 Stimmen bei zwei Enthaltungen verabschiedet).[26] Sie führte fünf Neuerungen ein:

1. Falls der Sicherheitsrat durch ein Veto blockiert ist, kann eine Entscheidung an die Generalversammlung delegiert werden. Diese ist daraufhin berechtigt, bei Friedensbrüchen „... Empfehlungen für Kollektivmaßnahmen, darunter auch für den Gebrauch bewaffneter Kräfte, abgeben zu können..."

2. Mit einer Mehrheit im Sicherheitsrat oder in der Generalversammlung kann innerhalb von 24 Stunden eine Notstandssitzung einberufen werden.

3. Für Regionen, von denen eine Gefahr für den internationalen Frieden ausgeht, kann eine Beobachtungsgruppe eingerichtet werden.

4. Jeder Mitgliedsstaat der Vereinten Nationen soll einen Teil seiner Streitkräfte für internationale Missionen bereithalten.

5. Es soll ein beratender Ausschuss eingerichtet werden, der Maßnahmen zur Wahrung des internationalen Friedens und der Sicherheit vorschlägt.

Doch es half alles nichts, die USA konnten auch mit Hilfe der Vereinten Nationen keinen Sieg in Korea erringen. Nachdem dies immer offensichtlicher wurde, legten die USA wie auch die UNO in Korea einen Schwerpunkt auf die humanitäre Hilfe. Am 1. Dezember 1950 wurde schließlich die „United Nations Reconstruction Agency“ eingerichtet, um der vor der nordkoreanischen Invasion geflüchteten und von der chinesischen Invasion bedrohten Bevölkerung Hilfe zu gewähren. Doch selbst diese Hilfsleistungen konnten aufgrund der militärischen Erfolge Chinas kaum erbracht werden, so dass ab Frühjahr 1951 die Soldaten dazu angehalten waren, Hilfsgüter und Nahrung an die Zivilbevölkerung abzugeben.

Kurz nach dem Ausbruch des Koreakrieges verkündete US-Präsident Harry S. Truman, dass der Einsatz von Atombomben gegen China nicht mehr auszuschließen sei. Wer glaubte, dass die USA nach den Atombombenabwürfen über Hiroshima und Nagasaki Abstand von diesen Vernichtungswaffen genommen hätten, sah sich getäuscht. Vor allem die britische Regierung widersetzte sich diesen Überlegungen aufs Schärfste. Indien schlug vor, China in den UNO-Sicherheitsrat aufzunehmen, was jedoch damals an der US-Regierung scheiterte.

In der so genannten „Ceasefire Group“ der UNO versuchten Indien, Kanada und der Iran Bedingungen für einen Waffenstillstand auszuloten. Die Gruppe erarbeitete einen Vorschlag, der „einen Waffenstillstand, den Rückzug aller ausländischen Truppen, die Bildung einer koreanischen Regierung nach UNO-Prinzipien sowie die Bildung eines Gremiums unter Beteiligung der USA, der UdSSR, Großbritanniens und Chinas zur Lösung aller Probleme des Fernen Ostens inklusive der Vertretung von

Taiwan und China in der UNO“ vorsah. Das Konzept stellte sich vielversprechend dar, scheiterte jedoch, als die UNO auf Initiative der USA die Volksrepublik China als Aggressor verurteilte und sogar Sanktionen androhte.

Das Chaos war groß, bis General Douglas MacArthur – wieder einmal – das Zepter des Handelns in die Hand nahm. Im März 1951 gab er völlig eigenmächtig eine Erklärung ab, in der er China mit der Zerstörung ihrer Industrie- und Militäranlagen sowie dem Einsatz von Atomwaffen drohte. Der General wurde daraufhin zwar schleunigst von der US-Regierung abberufen. Es war aber deutlich geworden, wie nah die Welt am Abgrund stand.[27]

Die USA hätten in dieser Lage kaum auf die Unterstützung anderer Länder zählen können. Insbesondere die europäischen Länder hätten mutmaßlich keine weiteren Truppen nach Asien entsandt, weil sie befürchten mussten, dadurch ihre eigene Verteidigungskraft gegenüber der UdSSR zu schwächen.

Die chinesische Führung wird die damalige Atomdrohung der USA bis heute nicht vergessen haben. Sie dürfte daher äußerst vorsichtig sein, ein Szenario entstehen zu lassen, das auch nur die Androhung eines nuklearen Militäreinsatzes von Seiten der USA provozieren könnte. Doch zugleich hat China längst damit begonnen, sich auf eine neuerliche militärische Auseinandersetzung mit den USA einzustellen. Damals ist China gegen seinen Willen durch die mächtige damalige UdSSR in den Koreakonflikt gezogen worden, um anschließend nach einigem Zögern allerdings mit Waffenlieferungen unterstützt zu werden. Heute hat sich das Kräfteverhältnis in der komplizierten Beziehung zwischen Russland und China zugunsten Chinas verschoben.

Russland ist weitgehend von China abhängig geworden. Ein Trend, der sich fortsetzen dürfte. Daher darf die chinesische Regierung heute auf eine Unterstützung von Seiten Russlands hoffen – nicht nur am Verhandlungstisch der UNO, wie das historische Beispiel des Koreakonflikts zeigt.

Der längste Krieg auf Erden

Angesichts der Stagnation des Koreakrieges ohne Aussicht auf einen Sieg für eine der beiden Seiten wurden ab Sommer 1951 erste Verhandlungen über einen Waffenstillstand geführt. Spätestens zu dieser Zeit hätte die große Stunde der Vereinten Nationen schlagen können. Indes, die Stunde blieb aus. Die UNO erhielt nicht einmal ein ernsthaftes Verhandlungsmandat. Das sollte sie allerdings nicht daran hindern, sich selbst rund zwei Jahre später ein besonders gutes Zeugnis auszustellen: In der Resolution 711 (VIII) der UNO-Generalversammlung vom 28. August 1953 wurde prompt die „aktive Beteiligung der Vereinten Nationen am Koreakrieg als Beitrag zum Weltfrieden gewürdigt."

Tatsächlich standen sich die Großmächte jedoch in den Verhandlungen bis zum Sommer 1953 unversöhnlich gegenüber. Zu den strittigen Fragen über die Festlegung der Demarkationslinie, die Einrichtung einer demilitarisierten Zone und den Abzug der fremden Streitkräfte leisteten die Vereinten Nationen keinen nennenswerten Beitrag. Einzig bei der wichtigen Frage nach der Zurückführung der Kriegsgefangenen verabschiedete die UNO-Generalversammlung im Dezember 1952 die Resolution 610 (VII) über die Einrichtung einer Kommission neutraler Staaten, die jedoch weitgehend wirkungslos blieb.[28]

Erst als der russische Diktator Josef Stalin starb und in den USA Dwight D. Eisenhower zum Präsidenten gewählt wurde, kamen die Friedensverhandlungen endlich zügig voran. So wurde am 27. Juli 1953 ein Waffenstillstandsabkommen geschlossen, das den Status quo vor Kriegsbeginn weitgehend wiederherstellte. Bis dahin hatten fast vier Millionen Menschen ihr Leben im Koreakrieg verloren, etwa drei Viertel davon Zivilisten. Die Generalversammlung der Vereinten Nationen stellte in ihrer Resolution 711 (VIII) am 28. August 1953 fest, das Abkommen über den Waffenstillstand sei wesentlich für die Wiederherstellung des internationalen Friedens und empfahl allen Beteiligten die Teilnahme an der Friedenskonferenz.[29]

Der Koreakrieg ist bis heute – trotz des Waffenstillstands – formal nicht beendet. Der Norden und der Süden sind weiterhin getrennt. Seit 2018 versuchen der südkoreanische Präsident Moon Jae-in und der nordkoreanische Regierungsführer Kim Jong-Un den in gewisser Hinsicht längsten Krieg auf Erden offiziell zu beenden.

Dabei stehen neben weiteren Herausforderungen wieder einmal die USA im Wege. Strittig ist zum einen die Frage nach dem Abzug der US-Truppen aus Südkorea, zum anderen die Forderung der USA nach militärischer und vor allem atomarer Abrüstung in Nordkorea. Südkorea setzt vorranging auf Annäherung und Aussöhnung, den USA liegt in erster Linie an ihrer militärischen Dominanz. Und die Volksrepublik China steht im Grunde als der einzige de-facto Verbündete auch heute noch zu dem unbequemen Nachbarn Nordkorea, etwa wenn es um den Cyber War geht, wie an anderer Stelle in diesem Buch beschrieben.

Auf Korea folgte Vietnam

Auf den Koreakrieg der 1950er folgte der Vietnamkrieg als der bedeutendste militärische Schauplatz in den 1960er Jahren. Die Rolle der UNO lässt sich mit knappen Worten beschreiben. Die Vereinten Nationen hatten im Vietnamkrieg keine aktive Rolle, weil erstens die Großmächte den Konflikt unter sich austrugen und zweitens weder Nord- noch Südvietnam in der UNO vertreten waren.

Der Vietnamkrieg hatte seine Wurzeln im 19. Jahrhundert, als Frankreich das Land als Teil von Französisch-Indochina unter seine Kolonialherrschaft stellte. Im Zweiten Weltkrieg besetzte Japan das Gebiet. Direkt im Anschluss daran versuchte Frankreich im Ersten Indochinakrieg von 1946 bis 1954 seine Kolonialherrschaft wiederherzustellen, blieb dabei jedoch erfolglos. In Folge der französischen Niederlage wurde Vietnam 1954 in das kommunistische Nordvietnam mit der Hauptstadt Hanoi und das von den Westmächten unterstützte Südvietnam mit der Hauptstadt Saigon geteilt. Das war die Ausgangslage für den Vietnamkrieg, der auch als Zweiter Indochinakrieg bezeichnet wurde. Er begann nach der Teilung zunächst als Bürgerkrieg, weitete sich jedoch ab 1964 zum Stellvertreterkrieg zwischen dem Kommunismus und dem US-dominierten Westen aus.

Ab Februar 1965 ließ US-Präsident Lyndon B. Johnson Nordvietnam bombardieren, einen Monat später entsandte er immer mehr Bodentruppen ins Land. Im Gegenzug unterstützten die Sowjetunion und die Volksrepublik China Nordvietnam. Damit standen sich die Vetomächte im UNO-Sicherheitsrat im Krieg gegenüber und machten die UNO machtlos. Ein grausames Gemetzel nahm über Jahre hinweg seinen Lauf.

Die USA setzten im Kampf gegen die von Nordvietnam gesteuerte Nationale Front für die Befreiung Südvietnams (NFB, besser bekannt als Vietcong) das chemische Entlaubungsmittel Agent Orange ein, um den feindlichen Kämpfern die Tarnung durch den dichten Dschungel zu erschweren. Agent Orange wurde von Flugzeugen aus derart großflächig versprüht, dass Hunderttausende von Menschen daran erkrankten. Eine Schätzung des Roten Kreuzes von 2002 ging von einer Million Vietnamesen mit gesundheitlichen Schäden durch die Spätfolgen von Agent Orange aus, darunter etwa 100.000 Kinder mit angeborenen Fehlbildungen. Die Schädigung des Kindes im Mutterleib, Krebs und Immunschwächen sind typische Folgen von Dioxinen, dessen besonders giftige Form TCDD (Tetrachlordibenzodioxin) Bestandteil von Agent Orange war.

Erst ab 1968 stellte Johnson die Bombardements ein, sein Nachfolger im Amt des US-Präsidenten, Richard Nixon, zog die US-Truppen von 1969 an schrittweise ab und stimmte sogar im Januar 1973 einem Waffenstillstand mit Nordvietnam zu. Bis zum 1. Mai 1975 eroberten nordvietnamesische Soldaten den Süden vollständig, beendeten den Krieg und vereinten das Land. Bis es dazu kam, fanden 1,3 Millionen vietnamesische Kämpfer den Tod. Die getöteten Zivilisten werden auf zwei bis fünf Millionen Menschen geschätzt.

UNO-Generalsekretär Sithu U Thant sprach von einem der „barbarischsten Kriege in der Geschichte“, bezeichnete diese Situation als „sehr dringend, sehr kritisch“ und unternahm zwischen 1961 und 1971 mehrere Versuche, einen Frieden herbeizuführen.[30] Mit Reisediplomatie – Genf, Kairo, London, Moskau, Washington – versuchte U Thant eine gemeinsame Festlegung der Kriegsparteien auf das Genfer Abkommen von 1954 herbeizuführen.[31] Dieses hätte zwar einen Frieden im Land herbeigeführt, gleichzeitig aber auch die Teilung der Nation in den kommunistischen Norden und den eher westlich geprägten Süden unter der Regentschaft von Kaiser Bảo Đại, dem 13. und letzten Kaiser der vietnamesischen Nguyễn-Dynastie, akzeptiert.[32] Das Genfer Abkommen hatte allerdings vor allem die Entkolonialisierung der Region Vietnam / Laos / Kambodscha von französischer Herrschaft zum Ziel und war daher von Anfang an unpassend für den Stellvertreterkrieg zwischen dem Kommunismus und den Westmächten in Vietnam. Es entstand der Eindruck, die UNO hinke der Zeit hinterher. Sie hatte aber eben auch angesichts der Pattsituation im Sicherheitsrat nichts Besseres zu bieten.

Die Friedensversuche Sithu U Thants waren ehrenhaft und sicherlich auch seiner Position angemessen, führten aber die Hilfslosigkeit der Vereinten Nationen besonders deutlich vor Augen. Schließlich musste der UNO-Generalsekretär selbst einräumen, der Vietnamkonflikt läge außerhalb eines „UNO-Mandates", weil Nord- und Südvietnam keine Mitgliedsländer seien. Es kam einer Bankrotterklärung der Vereinten Nationen gleich.

Wenn man das Wiedererstarken Chinas in den 2020er Jahren auf dem Weg zum 100. Jubiläum der Volksrepublik 2049 analysiert, so sollte man sich die Stellvertreterkriege in Korea und in Vietnam und die unrühmliche Rolle der Vereinten Nationen dabei stets vor Augen halten. Das moderne China wird eine erneute Instrumentalisierung der UNO durch die USA nicht noch einmal zulassen. Umgekehrt dürfte China allerdings auch wenig Chancen haben, die UNO vor den eigenen Karren spannen zu können.

Allerdings ist China seit Jahren dabei, die Vereinten Nationen und viele andere Institutionen mit eigenem Personal zu durchdringen. In der Coronakrise 2020/21 hat dies die Rolle der zur UNO gehörenden Weltgesundheitsorganisation WHO bereits maßgeblich beeinflusst, wie in einem eigenen Kapitel in diesem Buch analysiert wird. Diese Strategie wird China vermutlich über möglichst viele weitere internationale Institutionen hinweg fortsetzen.

Kampf der Kulturen

Gelegentlich ist die Vorstellung zu hören, Europa sitze zwischen den Stühlen – die USA auf der einen Seite, China auf der anderen Seite. Tatsächlich hat Europa im Jahr 2021 Waren und Dienstleistungen im Wert von rund 272 Milliarden Dollar von den USA bezogen und im gleichen Zeitraum im Wert von 491 Milliarden Dollar geliefert, also einen Exportüberschuss von etwa 220 Milliarden Dollar erwirtschaftet[33]. Im Jahr 2021 war China mit 223 Milliarden Euro der drittgrößte Partner für EU-Warenausfuhren (10 Prozent) und mit 472 Milliarden Euro der größte Partner für EU-Wareneinfuhren (22 Prozent). Das Handelsbilanzdefizit der EU gegenüber China erreichte im Jahr 2021 damit 249 Milliarden Euro[34]. Aus Sicht der wirtschaftlichen Interessen sollte sich Europa also mit beiden Seiten gleichermaßen gut stellen.

Kulturell aber haben sich die USA in den 200 Jahren ihres Bestehens nur wenig von ihren europäischen Wurzeln fortentwickelt. Von daher sollten sie Europa also näherstehen als China. Doch das ist keineswegs eine allgemeine Erkenntnis in der deutschen Bevölkerung.

Deutschland steht beinahe äquidistant

Im Ringen zwischen China und den USA steht Deutschland spätestens seit dem Coronavirus-Ausbruch Anfang der 2020er Jahre, seinen wirtschaftlichen Interessen folgend, fast äquidistant zu beiden Großmächten. Bei einer Umfrage mitten in der Krise 2020 zeigte sich die deutsche Bevölkerung entsprechend ausgewogen in der Frage, ob für Deutschland enge Beziehungen zu den USA oder zu China wichtiger sind. Danach gefragt, nannten 37 Prozent die USA und 36 Prozent China. Weitere 13 Prozent setzten auf beide Länder. Noch ein Jahr zuvor hatte sich jeder zweite Deutsche (50 Prozent) für ein enges Verhältnis mit den USA ausgesprochen. Nur knapp jeder Vierte (24 Prozent) hatte China den Vorzug gegeben.[35] Mehr als 75 Jahre nach dem Ende des Zweiten Weltkrieges kann man angesichts dieser Entwicklung wohl von einer Neuordnung im geopolitischen Machtgefüge in den 2020er Jahren sprechen.

Seit 2021 versucht US-Präsident Joe Biden dem, durch die harsche Politik seines Vorgängers Donald Trump verursachte, Abdriften Europas aus dem Einflussbereich der USA entgegenzuwirken. Im ersten Jahr seiner und im letzten Jahr der Amtszeit der deutschen Bundeskanzlerin Angela Merkel unterzeichneten beide Seiten eine „Washingtoner Erklärung", die auf die gemeinsamen Werte beider Länder abhebt. Zudem wurde ein „deutsch-amerikanisches Zukunftsforum" und ein „Wirtschaftsdialog" vereinbart sowie eine „Klima- und Energiepartnerschaft" unterzeichnet – einschließlich eines allgemeinen Bekenntnisses zum Kampf gegen den Klimawandel.[36] Dabei ging es Deutschland und den USA indes weniger um das Weltklima, also vielmehr um das bilaterale politische Klima. Biden ist fest entschlossen, unter Führung der USA einen politischen und militärischen Block möglichst vieler Staaten gegen China zu bilden und zum Kampf der freien und demokratischen Welt gegen den Kommunismus zu erklären. Der Einmarsch Russlands in der Ukraine im Frühjahr 2022 hat dem US-Präsidenten dabei sicherlich maßgeblich geholfen. Wie schon lange zuvor nicht mehr wurde 2022 offensichtlich, dass Europa militärisch auf die Unterstützung der USA angewiesen ist, um sich gegen Angriffe von außen zu verteidigen. Diese Lehre wird in Europa noch über Jahre, wenn nicht Jahrzehnte hinweg ihre Wirkung zeigen.

Diese holzschnittartige Simplifizierung der Welt mag ihre Wirkung auf die Bevölkerungen der angesprochenen Staaten nicht verfehlen, wird der Wirklichkeit aber nur ungenügend gerecht. Hauptideologie Chinas ist nach Ansicht des britischen Außenpolitikexperten Mark Leonard inzwischen eher der Nationalismus[37] während es den USA wesentlich um die Aufrechterhaltung ihrer globalen Hegemonie geht.

Das „duale System“, das nicht scheitern wollte

Man muss sich vergegenwärtigen, dass sich China in seinem Aufstreben keineswegs dem demokratischen Kapitalismus als Staatsdoktrin zuwendet, sondern sich politisch weiterhin offiziell den Idealen von Karl Marx verpflichtet fühlt, dabei aber bewusst kapitalistische Strukturen neben der staatlich gelenkten Wirtschaft zulässt. Dieses zweigliedrige Wirtschaftssystem, bestehend aus Staatskapitalismus und freier Marktwirtschaft wird als Mittel zur Erreichung einer sozialistischen, gerechten Gesellschaftsordnung verstanden.

Am 1. Juli 2021 feierte die Kommunistische Partei (KP) Chinas aufwändig ihren 100. Jahrestag. Die KP ist die einzige zugelassene politische Kraft im bevölkerungsreichsten Land der Welt. Mit etwa 95 Millionen Mitgliedern ist sie außerdem die zweitgrößte politische Partei der Welt – nur Indiens Bharatiya

Janata Party kommt auf mehr. Zudem ist Chinas KP die letzte und langlebigste kommunistische Partei von Weltgröße. Warum der Kommunismus in China, anders als etwa in der Sowjetunion, überlebt hat viel damit zu tun, dass er sich hier als besonders flexibel erwiesen hat und eben nicht mehr im klassischen Sinn als Kommunismus bezeichnet werden kann. Der KP-Mitgründer Mao Zedong sowie seine einflussreichsten Nachfolger Deng Xiaoping und Xi Jinping im Amt des Parteichefs haben die marxistisch-leninistische Ideologie um neue Elemente erweitert. Geblieben ist sie dabei ein Instrument politischer Kontrolle im absolutistischen Stil mit unverkennbar chinesischem Einschlag. Diese Dualität aus Marxismus und Kapitalismus hat China letztlich das Schicksal der Sowjetunion erspart und seinen erstaunlichen wirtschaftlichen Aufstieg begründet.

Die Grundlagen dafür wurden in einem denkwürdigen Treffen einer Gruppe von Wirtschaftsstudenten in einer Berghütte außerhalb von Shanghai im Herbst 1984 geschaffen[38]. Dort, in den Bambuswäldern von Moganshan, beschäftigten sich die jungen Wissenschaftler mit einer drängenden Frage: Wie könnte China den Westen einholen?

Die jungen Forscher dieses akademischen Symposiums wollten die Marktkräfte freisetzen, befürchteten aber, die Wirtschaft zum Einsturz zu bringen – und die sie kontrollierenden Parteibürokraten und Ideologen zu alarmieren.

Der eines späten Abends erzielte Konsens lautete: Die Fabriken sollen die staatlichen Quoten erfüllen, aber alles, was sie darüber hinaus produzierten, zu einem Preis ihrer Wahl verkaufen. Es war ein kluger, verhalten radikaler Vorschlag, um die Planwirtschaft zu unterlaufen – und er faszinierte einen jungen Parteifunktionär im Raum, Xu Jing'an.

Der Vorschlag, den Xu von der Bergklausur mitbrachte und der bald darauf von der Regierung übernommen wurde, war ein entscheidender früher Schritt einer erstaunlichen wirtschaftlichen Erfolgsgeschichte.

Nach offizieller Lesart ist die Geschichte des modernen Chinas untrennbar von der Geschichte der Partei. In ihrem Namen leitete Mao Zedong die Industrialisierung des Landes ein. In den Säuberungswellen der Fünfzigerjahre, während des sogenannten „Großen Sprungs nach vorn" und der Kulturrevolution starben Millionen Menschen. Deng Xiaoping liberalisierte zwar durch geschickte parteipolitische Manöver die chinesische Wirtschaft, schlug aber andererseits die Demokratiebewegungen blutig nieder. Xi Jinping ist nun offenbar entschlossen, die globale Vorherrschaft der USA zu überwinden und China den ersten Platz unter den Weltmächten zu sichern. Die Zeit dafür bis 2049 ist ihm gegeben: Im März 2018 hob der chinesische Volkskongress die Begrenzung der Amtszeit für den Präsidenten auf.[39]

Globaler Wettbewerb der Gesellschaftssysteme

Noch vor 2050 will China zur stärksten Wirtschaftsmacht der Welt aufsteigen. Spätestens wenn dieses Ziel erreicht ist, werden sich auch die politischen Gewichte global verschieben. Das Seidenstraßen-Projekt[40] mit seinen offiziellen fünf Hauptprioritäten Koordinierung der Politik, Konnektivität der Infrastruktur, ungehinderter Handel, finanzielle Integration und Verbinden der Menschen trägt damit sicherlich auch die politische Motivation, diesen Anspruch zu untermauern und dessen erfolgreiche Implementierung abzusichern.

Das wohlbekannte und seit Jahrhunderten gut dokumentierte Kräftemessen der Großmächte wird gerne plakativ mit einem globalen Wettbewerb der Gesellschaftssysteme gleichgesetzt: Der westlich-liberale Kapitalismus Europas und Nordamerikas gegen das marxistisch-sozialistische Modell. Aus chinesischer Sicht ist die eigene Formulierung des Sozialismus besser geeignet, Wohlstand für den Großteil der Bevölkerung bereitzustellen als der Kapitalismus US-amerikanischer Prägung, der lediglich einem Bruchteil der Menschen Reichtum beschert.

Der zeitweise Keil zwischen Europa und den USA kam somit der chinesischen Politik sehr entgegen. Der nach wie vor unveränderten, wenn auch inzwischen verhaltener artikulierten, US-Position „America first" steht das Gegenmodell China entgegen. Der 2021 ins Amt gekommene US-Präsident Joe Biden hatte bereits bei seinem Amtsantritt klargestellt, dass sein Land den Aufstieg Chinas verhindern will.[41] Europa hingegen verfällt in zunehmender Nationalisierung offenbar der Kleinstaaterei.

Da sich die USA dem Ziel Chinas, die weltweite Technologieführerschaft zu übernehmen, mit aller Macht entgegenstellen wird, ist der Konflikt mit Europa vorprogrammiert: China wird künftig noch stärker als bisher versuchen, vor allem Know-how- und technologie-starke Unternehmen in Europa zu übernehmen, ein Prozess, der bereits seit Längerem zu beobachten ist. Nachdem der ehemalige US-Präsident Trump China unfaire Handelspraktiken vorgeworfen und das große Defizit im Warenaustausch beider Länder angeprangert hatte, beschuldigte

China die USA im Gegenzug der „Handels-Tyrannei". Der deutsche Altbundeskanzler Gerhard Schröder hat Europas Position in diesem Konflikt definiert und vorgeschlagen, dass sich Europa nicht in die amerikanischen Handelskonflikte mit China hineinziehen lassen sollte. Ganz im Gegenteil sollte Europa die Gelegenheit beim Schopfe ergreifen und sich wirtschaftlich an die Seite China stellen. *„Wir können uns nicht gefallen lassen, dass wir wie ein besetztes Land behandelt werden"*, sagte Gerhard Schröder mit Blick auf das Verhalten der USA.[42] Es wäre eine Abkehr von der viel beschworenen transatlantischen „Freundschaft" hin zu einer eurasischen Brücke. US-Präsident Joe Biden versucht seit 2021 massiv, dieser Annäherung Europas an Chinas entgegenzuwirken. Er will eine globale Allianz gegen die Dominanz Chinas schmieden – und dazu offenbar die G7-Staaten (Deutschland, Frankreich, Großbritannien, Italien, Japan, Kanada und die USA) zu einem Anti-China-Bündnis umfunktionieren. Im Kern fordert Biden die Staatengemeinschaft auf, sich gegen China und für die USA zu entscheiden. Eine äquidistante bzw. mehr oder minder neutrale Rolle einzunehmen, wird dabei ausgeschlossen. Der russische Angriff auf die Ukraine 2022 hat Biden zweifelsohne geholfen, eine Allianz gegen Russland zu schmieden, die er im nächsten Schritt auch als Phalanx gegen China versuchen wird einzusetzen.

Europa schaut vor allem auf sich selbst

Europa ist allerdings ein Kontinent, der primär auf sich selbst schaut. Die europäische Gesellschaft hat kaum eine Vision für die Zukunft des eigenen Kontinents, geschweige denn der Welt. Die europäische Politik folgt weitgehend dieser Fantasielosigkeit der Gesellschaft, die im Grunde nur den heutigen Wohlstand bewahren und ihr bequemes Leben weiterhin führen will. Allerdings beschleicht immer mehr Menschen in Europa die Ahnung, dass diese Bequemlichkeit und diese Visionslosigkeit zum Abstieg Europas führen werden. Die hiesige Politik denkt kaum fünf Jahre voraus, die chinesische Politik denkt und lenkt in Zeiträumen von 50 Jahren und länger.

Ein gutes Beispiel hierfür stellt die Entwicklung eines euroasiatischen Eisenbahnnetzes dar, die China vorantreibt. Mit einem Investitionsvolumen von über 130 Milliarden Dollar baut China ein Eisenbahnnetz für den Gütertransport zwischen Asien und Europa auf. Die Kosten für den Bahntransport sind dabei 50% niedriger als bei Luftfracht, die Transportzeit andererseits 50% kürzer als bei Seefracht. Die Versandkosten für Standard-Container sind mehr oder weniger die gleichen wie Seefracht[43]. China wollte in den 2020er Jahren bereits einen Großteil der Warenströme auf den Landweg umlenken. Schon seit 2020 brachte die Bahn fahrbereite Autos, also nicht nur Komponenten, aus China nach Europa.

Am 13. Juli 2021 kam der erste Güterzug auf der neuen Direktverbindung zwischen der chinesischen Provinz Anhui und dem JadeWeserPort in Wilhelmshaven an. Der Zug mit 100 Containern war am 25. Juni in China gestartet und über Kasachstan, Russland und Polen nach Deutschland gefahren.[44] Bald sollte es einen regelmäßigen Schienenverkehr zwischen China und dem Hafen geben.

Neben wirtschaftlichen Überlegungen und dem Angebot eines dritten Wegs zwischen See- und Luftfracht spielen auch Überlegungen der Sicherung der Transportwege gegen politische Störungen eine wesentliche Rolle. Leicht zu blockierenden Engpässen wie der Straße von Malakka[45] oder dem Suez-Kanal[46] kann so ausgewichen werden. Durch die Festlegung auf bestimmte Schienenwege, unter denen es ebenfalls wenig Auswahl gibt, sind andererseits auch hier die politischen Risiken keineswegs unerheblich. Das zeigt deutlich der Anfang 2022 begonnene russisch-ukrainische Krieg mit seinen bisher kaum abschätzbaren Folgen für den Welthandel.

China und die APEC-Staaten

In der Gegenpositionierung zu den USA versucht China möglichst weite Teile der Welt für sich zu gewinnen. Eine Schlüsselrolle nehmen dabei die Staaten der Asiatisch-Pazifischen Wirtschaftsgemeinschaft (APEC)[47] ein. Die 21 APEC-Länder repräsentieren etwa 2,8 Milliarden Menschen und gut die Hälfte der weltweiten Wirtschaftsleistung. Beim APEC-Gipfel 2018 in Port Moresby nahm sich Chinas Regierungschef Xi zwei Tage Zeit, um einen Sondergipfel mit acht kleinen Pazifikstaaten abzuhalten, die eine überaus wichtige Rolle in der Region spielen. Denn genau dort, auf Inselgruppen, die US-Truppen im Zweiten Weltkrieg zum Teil der japanischen Besatzung entrissen hatten, baut China seit einiger Zeit neue Infrastrukturen von großer strategischer Bedeutung auf.

Der Ansatz dazu ist so simpel wie wirksam. Peking versorgt die überwiegend schwachen Regierungen mit Spenden und Krediten, um dadurch eine wirtschaftlich und letztlich politisch günstige Atmosphäre zu schaffen. Das Modell funktioniert nicht nur im Pazifik, sondern von Südostasien bis Afrika und zunehmend auch in Europa, wie der Erfolg der Neuen Seidenstraße zeigt. Man könnte meinen, dass sich China hier als gelehriger

Schüler der USA erweist. Nach diesem Muster und mit gelegentlich deutlich robusteren Methoden[48] haben die USA ihren gesamten „Hinterhof" Lateinamerika, aber auch Länder wie die Philippinen oder den Iran in ihren Einflussbereich gebracht.

In Washington sieht man diese Entwicklung naturgemäß mit Argwohn. So sagte US-Vizepräsident Mike Pence schon auf dem APEC-Gipfel 2018: *„Die Sicherheit und der Wohlstand unserer Nation sind von dieser zentralen Region abhängig. Die USA werden weiterhin sicherstellen, dass alle Nationen, die großen und die kleinen, in einem freien und offenen Indopazifik blühen und gedeihen können."* Die Benutzung des Begriffs „Indopazifik" statt „Pazifik" ist kein Zufall. Die US-Strategen wollen damit klarstellen, dass sich die Ausrichtung Amerikas über die Straße von Malakka hinaus auf Indien ausdehnt. Gemeinsam mit Australien und Japan bilden Indien und die USA den losen Verbund der „Quad"[49]. Die vier Länder sind sich vor allem in einem einig. Sie hegen ein tiefes Misstrauen gegenüber China.

Gleichzeitig starteten die USA eine diplomatische Charmeoffensive in allen Ländern, die sich angesichts Chinas wachsender Dominanz unwohl fühlen oder traditionell ungelöste Konflikte mit dem Reich der Mitte haben. Dazu gehören etwa Vietnam und Malaysia, aber auch Indien und Japan.

Die Inselrepublik Taiwan, zu der auch die kleineren Inseln Penghu, Kinmen und Matsu gehören, nimmt hier eine besondere Stellung ein. Die Kontroverse um den politischen Status Taiwans[50] ist eine Folge des chinesischen Bürgerkriegs und der anschließenden Teilung Chinas in die beiden heutigen selbstverwalteten Einheiten der Volksrepublik China (VRC; gemeinhin als „China“ bekannt) und der Republik China (ROC; gemeinhin als „Taiwan“ bekannt).

Es geht um die Frage, ob Taiwan als faktisch getrenntes, selbstverwaltetes Gebiet in der VR China verbleiben soll, ob es im Rahmen des Konzepts „Ein Land – zwei Systeme“ Teil der VR China werden soll, ob ein de jure unabhängiger taiwanesischer Staat gegründet werden soll, ob es sich mit dem chinesischen Festland unter der Regierung der VR China vereinigen soll oder ob es sich mit dem chinesischen Festland im Rahmen einer alternativen politischen Regelung vereinigen soll. Der Status Taiwans ist, außer, dass sich bisher alle beteiligen Kontrahenten zur einer „Ein-China-Politik“[51] bekennen, schlicht nicht definiert, ein Status quo also, auch strategische Zweideutigkeit (Strategic Ambiguity[52]) genannt. Jedes Rütteln an dieser Mehrdeutigkeit kann einen ernsthaften militärischen Konflikt zwischen den beiden Supermächten entfachen. Taiwan ist dabei vollständig auf Sicherheitsgarantien der USA angewiesen. Um das Wohlwollen dieser Inselrepublik mussten die vereinigten Staaten also nicht lange werben.

Darüber hinaus legten die USA ein mit 60 Milliarden Dollar ausgestattetes Finanzprogramm auf, um strategisch wichtigen Ländern unter die Arme zu greifen. Eigens hierfür wurde eine neue Bundesagentur für US-Investitionen in Entwicklungsländern aus der Taufe gehoben. Die 60 Milliarden Dollar nehmen sich angesichts der chinesischen Billionen Dollar für die Neue Seidenstraße eher gering aus. Es ist wohl mehr als ein symbolischer Akt gemeint, um zu verdeutlichen, dass Länder, die sich mit den USA verbünden, nicht leer ausgehen müssen. Ob es reichen wird, darf bezweifelt werden.

Ausgerechnet Rodrigo Duterte, der Präsident der Philippinen, des wohl engsten US-Verbündeten im Pazifik, sagte auf dem APEC-Gipfel 2018, zu dem der US-Präsident selbst nicht gekommen war, sondern nur Vizepräsident Mike Pence geschickt hatte: *„China ist da. Das ist eine Realität, und Amerika und alle anderen sollten das zur Kenntnis nehmen.“*

Die Philippinen stehen mit dieser Haltung nicht allein. Südkoreas Präsident Moon Jae In unterhält schon lange enge Kontakte mit China, weil er weiß, dass eine Wiedervereinigung Koreas ohne chinesisches Einverständnis niemals möglich ist – da nützten alle mehr oder minder tölpelhaften Verhandlungen des damaligen US-Präsidenten Donald Trump mit Nordkorea nichts. Japan fährt zweigleisig. Nach dem Amtsantritt Trumps 2017 war Japans Ministerpräsident Shinzo Abe als erster Regierungschef an Ort und Stelle, um dem neu gewählten US-Präsidenten persönlich zu gratulieren. Doch im Oktober 2018 reiste er mit einer Delegation von mehr als 1.000 Unternehmen nach Peking, um die chinesisch-japanischen Wirtschaftsbeziehungen zu fördern.

Alle diese Länder im Pazifik hatten sich nach dem Zweiten Weltkrieg unter dem Schirm der US-Dominanz wirtschaftlich sehr erfolgreich entwickelt. Neben Japan, dem Erzfeind aus dem Zweiten Weltkrieg, waren das auch Malaysia, Singapur, Südkorea, Taiwan, Thailand und selbst das kommunistische Vietnam, das Bauernopfer des Kalten Kriegs. Doch angesichts des unaufhaltsamen Aufstiegs Chinas verschiebt sich die Machtbalance in der Region. Die USA sind nicht länger der unangefochtene Herrscher.

Wettbewerb um die Weltordnung

Der zu dieser Zeit frisch gebackene US-Präsident Donald Trump trat 2017 seinen ersten Staatsbesuch in China an. Trump schwärmte von Xi Jinping als einen „großartigen Freund“ und sprach von der „guten Chemie“ zwischen ihm und dem chinesischen Staatslenker. Nicht einmal Stellvertreterkriege waren damals in Sicht, abgesehen von fortwährenden Scharmützeln auf See.

Doch schon wenige Wochen nach Trumps Rückkehr aus Peking 2017 verpasste die US-Regierung der Nationalen Sicherheitsstrategie ein Update und definierte das amerikanisch-chinesische Verhältnis klipp und klar als einen „Wettbewerb zwischen freien und repressiven Visionen der Weltordnung“. Kurz darauf folgte das US-Verteidigungsministerium mit einer aktualisierten Nationalen Verteidigungsstrategie, in der China noch vor Russland als „strategischer Wettbewerber“ der USA eingestuft wurde. Das Pentagon bezeichnete China als eine „revisionistische Macht“, welche die „wirtschaftlichen, diplomatischen und Sicherheitsentscheidungen“ der USA unterminiert.

Kurz darauf begann eine Eskalation gegenseitiger Verdächtigungen und Beschuldigungen. Der zu dieser Zeit amtierende FBI-Direktor Christopher Wray bescheinigte China, „die umfassendste, komplizierteste und langfristigste“ Bedrohung für die Spionageabwehr der USA zu sein. Dem früheren Erzfeind Russland ginge es nach dem Sturz der Sowjetunion darum, überhaupt noch „relevant“ zu bleiben – was ihr mit dem Einmarsch in die Ukraine 2022 zweifelsohne gelungen ist –, aber „China kämpft den Kampf von morgen“. Der Vergleich mit Moskau ist bezeichnend. Die Vereinigten Staaten von Amerika gingen lange Zeit davon aus, letztlich China ebenso wie Russland in die Knie zwingen zu können. US-Präsident Joe Biden nannte China bei seiner ersten Pressekonferenz im Amt im März 2021 den „großen Wettbewerber“ der USA.[53]

Doch die chinesische Regierung ist offensichtlich ebenso fest entschlossen, dem Druck der USA auf welcher Ebene auch immer und gleichgültig welcher Art standzuhalten. Die Pekinger Zeitung *Global Times* drückte die Staatsraison 2021 deutlich aus: „China ist eine große und mächtige Nation, und ob die Konfrontation nun wirtschaftlich oder militärisch ausfällt. Der Preis wird in jedem Fall gewaltig sein.“[54]

Die Achtung der Menschenrechte steht als ein zentrales Argument in dem großmachtpolitischen Konflikt zwischen den USA und ihren westlichen Verbündeten einerseits und dem China andererseits weit oben auf der Liste.

Allgemeine Erklärung der Menschenrechte

Am 10. Dezember 1948 um drei Uhr in der Nacht verkündete Eleanor Roosevelt, Vorsitzende der Menschenrechtskommission der Vereinten Nationen, stolz die „Allgemeine Erklärung der Menschenrechte“. Zum allerersten Mal in der Geschichte der Menschheit wurden Rechte formuliert, die für alle Menschen unabhängig von Alter, Geschlecht, Nationalität oder Rasse gelten sollen. Die Erklärung sollte das „von allen Völkern und Nationen zu erreichende gemeinsame Ideal“ sein. Sie wurde seitdem in mehr als 200 Sprachen übersetzt.[55]

Zuvor hatten acht Männer und Frauen aus Australien, Chile, China, Frankreich, dem Libanon, der Sowjetunion, Großbritannien und den Vereinigten Staaten zwei Jahre lang an der Erklärung gearbeitet. Ohne Gegenstimmen und mit acht Enthaltungen nahmen die damals 58 Mitgliedstaaten der Vereinten Nationen im Pariser Palais de Chaillot die „Allgemeine Erklärung der Menschenrechte“ an. Daraus leiten sich die Rechte des Menschen ab, die in der Erklärung verkündet werden: das Recht auf Leben, Freiheit und Sicherheit, das Verbot von Sklaverei und Folter, die Gedanken- und Glaubensfreiheit, das Recht auf freie Meinungsäußerung, Bildung, Arbeit, Gesundheit und Wohlbefinden sind nur einige von ihnen.

Als gemeinsame moralische Grundlage markieren diese Festlegungen einen Meilenstein für die Menschheit. Doch wenn es um die Durchsetzung dieser Rechte geht, wirkten die Vereinten Nationen oftmals hilflos. Wenngleich sehr bedauerlich ist dieser Umstand nicht überraschend. Vor eine Entscheidung gestellt entscheiden sich Staaten in der Regel für ihren wirtschaftlichen oder machtpolitischen Vorteil, auch wenn das zu Lasten der Menschenrechte geht. Diese Überlegungen beeinflussen bereits das Abstimmverhalten, sodass es oftmals schwierig wird, klare Entscheidungen herbeizuführen.

Obwohl mit der Konvention über die Verhütung und Bestrafung des Völkermordes[56] von 1951 (Völkermordkonvention) ein völkerrechtliches Instrument vorliegt, mit dem der Tatbestand des Völkermordes zum ersten Mal kodifiziert wurde, gelingt es den Vereinten Nationen nicht, Völkermorde im großen Stil zu verhindern. Auch jenseits des ultimativen Vergehens, des Völkermords, haben sich die Möglichkeiten der Vereinten Nationen, die in der Menschrechts-Charta festgeschriebenen Rechte auch durchzusetzen, als ziemlich gering erwiesen. In vielen

Fällen reichte es noch nicht einmal zu einer offenen Willensbekundung.

„Wir sind an einem Tiefpunkt. Menschenrechte gelten nichts mehr“, resignierte Carla Del Ponto, von 1999 bis 2007 Chefanklägerin des Internationalen Strafgerichtshofs in Den Haag, und in dieser Funktion für die Aufarbeitung von Kriegsverbrechen im ehemaligen Jugoslawien und in Ruanda zuständig. Über den UNO-Menschenrechtsrat in Genf fällte sie ein vernichtendes Urteil. Die Hälfte der 47 Länder, die eine der rotierenden Mitgliedschaften innehaben, verstießen tagtäglich gegen Menschenrechte. Länder wie Burundi, China und Saudi-Arabien müssten deshalb unverzüglich aus dem Rat geworfen werden. 2017 trat sie daher als Sonderermittlerin einer Untersuchungskommission des UNO-Menschenrechtsrats zu Kriegsverbrechen in Syrien zurück – wegen Tatenlosigkeit der Kommission.[57]

Instrumentalisierung der Menschenrechte

Abgesehen von Versuchen, den normativen Universalismus der Menschenrechte pauschal als Kulturimperialismus zu diskreditieren, droht die größte Gefahr für einen aufrichtigen und engagierten Umgang mit Menschenrechtsverletzungen durch ihre Instrumentalisierung im Machtkampf der Nationen. Durch dieses selektive Anprangern von Menschrechtsverletzungen durch politische Gegner und das ebenso systematische Ignorieren ähnlich gravierender Vorgänge von befreundeten Regierungen oder gar eigener Vergehen, haben sich insbesondere die USA hervorgetan.

Wenn in einer solchen Situation China von westlicher Seite schwerwiegende Verletzungen der Menschenrechte vorgeworfen werden, so wird die chinesische Seite nicht müde zu betonen, dass die Vereinten Nationen regelmäßig auch vermeintliche Verstöße gegen die Menschenrechte in der Europäischen Union und deren Mitgliedsstaaten aufdecken. Beispielhaft hierfür stand die Einmischung des UNO-Sonderberichterstatters für den Schutz der Menschenrechte David Kaye in die europäische Urheberrechtsreform im Frühjahr 2019. Der Artikel 13 dieser Reform sei unvereinbar mit den internationalen Grundsätzen der Meinungsfreiheit, befand Kaye, und forderte das Europaparlament auf, die offenen Probleme mit Bürgerrechtsgruppen, Künstlern, Journalisten und anderen Vertretern der Zivilgesellschaft zu diskutieren.[58]

Doch nicht nur die EU muss sich eine peinlich genaue Beobachtung durch die UNO gefallen lassen, ob sie die Menschenrechte wirklich einhält. Auch einzelne Mitgliedsländer stehen unter der permanenten Überprüfung durch die UNO.

So testierte beispielsweise der Wirtschafts- und Sozialrat der Vereinten Nationen im Frühjahr 2019 der Bundesrepublik Deutschland schwere Defizite bei der Umsetzung der sozialen Menschenrechte. Zahllose ältere Menschen lebten „unter entwürdigenden Bedingungen“ und enthielten „in bestimmten Pflegeheimen und aufgrund des Mangels an qualifiziertem Personal keine angemessene Pflege“. 2019 wurde die deutsche Bundesregierung wie schon vom gleichen UNO-Gremium fünf Jahr zuvor aufgefordert, mehr Geld für die Ausbildung von Pflegern bereitzustellen sowie Pflegeheime „häufiger und gründlicher zu kontrollieren“.

Darüber hinaus kritisierte die UNO das deutsche Hartz-IV-System („Viertes Gesetz für moderne Dienstleistungen am Arbeitsmarkt"). Beinahe 20 Prozent der Kinder in Deutschland lebten in Armut, es müsse Eltern leichter gemacht werden, soziale Leistungen zu erhalten. Die UNO forderte eine Anhebung der Grundsicherung in Deutschland und den Stopp von Leistungskürzungen bei Pflichtverletzungen von Hartz-IV-Empfängern. Weiterhin wurde ein höherer Mindestlohn verlangt.[59] Ebenso bemängelte die UNO die unsichere medizinische Versorgung in Deutschland.

An allen diesen Kritikpunkten ist gewiss etwas dran. Es stünde der Bundespolitik gut an, sich ihrer anzunehmen. Doch diese stetigen Mahnungen der UNO geben China naturgemäß Gelegenheit, darauf hinzuweisen, dass die Weste der westlichen Staaten in Sachen Menschenrechte keineswegs so sauber ist, dass sich daraus eine moralische Überhöhung ableiten ließe – oder gar das Recht, China in dieser Angelegenheit öffentlich zu kritisieren. Zudem verweist China beim Thema Menschenrechte auf die Historie der Kolonialisierung, den Menschenhandel und den Holocaust, um Europäer und Amerikaner zu mahnen, sich an die eigene Nase zu fassen, statt die Volksrepublik zu kritisieren.[60]

Bedauerlicherweise geht es bei der Auseinandersetzung zwischen den westlichen Staaten und China im Grunde gar nicht so stark um die Menschenrechte, wie manche europäische oder US-amerikanische Politiker uns glauben machen wollen. Im Vordergrund steht die geopolitische Dominanz – und die ist heutzutage entscheidend durch die wirtschaftliche Macht geprägt, wie im folgenden Kapitel ausgeführt wird.

Wirtschafts- und Technokrieg

Um das Machtstreben Chinas und den augenscheinlich unbändigen Drang, den USA die globale Vormachtstellung streitig zu machen, zu verstehen, ist ein vergleichender Blick auf die Zahlen sinnvoll. Dabei wird klar: China ist wirtschaftlich erfolgreicher. Die Güterexporte überstiegen schon 2020 die Marke von 2,5 Billionen Dollar massiv,[61] während die USA bei deutlich unter 1,5 Billionen Dollar lagen.[62] Bei den Devisenreserven wird das wirtschaftliche Gefälle noch offensichtlicher: China verfügt Stand 2020 über mehr als 3,2 Billionen Dollar an Devisen,[63] die USA bringen es auf im Vergleich dazu läppische 140 Milliarden Dollar.[64]

Die demütigende Erfahrung

Der ehemalige US-Finanzminister Henry Paulsen berichtet in seinem Buch *Dealing with China* über wie er schreibt „einen der demütigsten Momente“ in seinem Leben: Es war ein Treffen mit Chinas Vizepremierminister Wang Qishan im Juni 2008 in der Nähe der US-Hauptstadt Washington. Die Volkswirtschaft der Vereinigten Staaten war damals rund dreimal so groß wie China, aber sie taumelte in einer dramatischen Abwärtsspirale nach unten. Das gesamte Finanzwesen war nahe am Abgrund, wenige Monate später kam der Zusammenbruch der Investmentbank Lehman Brothers. Doch es war nicht nur die Finanzkrise, auch der Immobilienmarkt war erschüttert, die Arbeitslosigkeit und die Staatsverschuldung kletterten in gewaltige Höhen. Damals soll Wang Qishan zu Henry Paulsen gesagt haben:

„Du warst mein Lehrer, doch wenn ich mir jetzt euer System ansehe, sind wir uns nicht sicher, ob wir noch etwas von euch lernen sollten.“ Paulsen schreibt in seinem Buch darüber: „Damals begann sich die Beziehung unserer beiden Länder zu verschieben. Die Schwierigkeiten der USA hatten Zweifel an unserem System geweckt und gaben gleichzeitig Chinas Selbstbewusstsein Auftrieb.“ Seitdem hat sich Chinas Wirtschaftsleistung in etwa verdreifacht, seine Devisenreserven verdoppelt. Der Überschuss im Handel mit den USA, damals etwa 270 Milliarden Dollar, übersprang 2020 die Marke von 400 Milliarden Dollar.[65]

Aus amerikanischer Sicht hat sich China seinen Aufstieg mit unfairen Mitteln erkämpft. Obgleich seit 2001 Mitglied der Welthandelsorganisation (WTO), halte sich China bis heute nicht an deren Regeln, beklagen die USA. Der Marktzugang in China ist reguliert, westliches Know-how wird im großen Stil geklaut und chinesische Unternehmen werden mit massiver staatlicher Unterstützung bei ihrer weltweiten Expansion unterstützt, lauten die Vorwürfe.

Diese Vorwürfe sind keineswegs durchweg unbegründet und auch keinesfalls neu oder auch nur auf China zu beschränken. Neu ist der geradezu biblische Zorn, mit dem die USA auf die späte, dafür aber heftige Erkenntnis reagierten, dass viele US-Unternehmen, getrieben durch ihre Suche nach außerordentlichen Wachstumsmöglichkeiten, Opfer ihrer eigenen Fehleinschätzungen geworden waren. Die Reihe der Illusionen und Missverständnisse ist lang. Sie begann mit Carl Crows[66] Vision „400 Millionen Kunden“[67] aus dem Jahr 1937, die einen beispiellosen Wettlauf um einen scheinbar riesigen Markt in Gang setzte.

Schon damals ließ der Wettbewerb oft jede wirtschaftliche Vernunft weit hinter sich. Weder die geringe Kaufkraft noch die mangelnde Nachfrage oder die restriktiven Vorschriften schreckten die globale Investorenschar ab. China musste die westlichen Investoren nicht einmal in die Falle locken. Geblendet von den erträumten Renditen tappten sie von selbst in die Falle, wie Joe Studwell in *The China Dream*[68] anhand vieler Beispiele beschrieb.

Anschaulich erzählt Tim Clissolds *Mr. China*[69], wie viele Investoren aus westlichen Nationen mit ansehen mussten, wie viele ihre Investitionen letztlich in den Händen ihrer chinesischen Partner landeten und Träume zu Staub zerfielen.

Im Jahr 2005 zählte James McGregor sogar „Eine Milliarde Kunden". Er erklärt aber auch, dass das Geschäft in China nie ganz so war, wie es schien. Viele ausländische Führungskräfte standen in der Folge am Ende mit leeren Händen da. Das hätte keine Überraschung sein müssen. Sie hätten schon vorher wissen können, nach welchen Regeln China spielt. Dabei ist China nicht einmal das erste und einzige asiatische Land, dessen wirtschaftlicher Aufstieg etwas trickreich begann. Wiederum Joe Studwell legt sehr anschaulich dar[70], dass Erfolg und Misserfolg in der dynamischsten Region der Welt offenbar stark davon abhängen, inwieweit es einem Land gelingt, die brutalen Regeln des freien Weltmarktes zeitweise außer Kraft zu setzen. Japan, Südkorea, Taiwan hatten es schon vorgemacht. Keines dieser Länder hatte allerdings die Bedeutung und das Gewicht einer

VR China. Es konnte also nicht überraschen, dass in diesem Fall Gegenreaktionen einsetzten.

Um dieser Entwicklung schließlich entgegenzutreten, eröffneten die USA 2018 einen regelrechten Handelskrieg gegen China. Im Juli 2018 verhängte sie eine erste Tranche von Strafzöllen auf Importe aus China, im August die zweite, im September die dritte. Der Handelskrieg war damit eröffnet. China hat zunächst mit ähnlichen Vergeltungsmaßnahmen geantwortet. Doch bald gingen Peking die Importe aus, auf die es überhaupt Strafzölle verhängen könnte. China führte nicht einmal ein Viertel von dem aus den USA ein, was es dorthin exportierte.

Als Trump und Xi sich auf dem G20-Gipfel Anfang Dezember 2018 auf einen 90-tägigen Zollstopp einigten, schien für kurze Zeit ein Handelsfrieden in Sicht. Doch kurz darauf wurde Meng Wanzhou, die Finanzchefin und Tochter des Gründers Ren Zhengfei des chinesischen Telekomkonzerns Huawei, im kanadischen Vancouver festgenommen.[71] Washington warf Meng und dem Huawei-Konzern vor, indirekt gegen die einseitig von den US-Behörden verhängten Iran-Sanktionen verstoßen zu haben und verlangte ihre Auslieferung in die USA. Kurz vor Weihnachten 2018 dann klagte das US-Justizministerium zwei Chinesen der Infiltration amerikanischer Internetfirmen und Einrichtungen des US-Energieministeriums an. China bereitete sich schon damals auf eine weitere Eskalation vor. Die Spannung stieg weiter an.

Allein 2018 hat Peking viermal die Mindestreserve für chinesische Banken gesenkt, um Geld in den Markt zu pumpen und damit seine Kriegskasse für den Handelskonflikt aufzustocken. Zudem arbeitete China mit Hochdruck am RCEP-Abkommen[72], einem Handelspakt mit den übrigen pazifischen Volkswirtschaften (Australien, Brunei, Kambodscha, Indonesien, Japan, Südkorea, Laos, Malaysien, Myanmar, Neuseeland, die Philippinen, Singapur, Thailand und Vietnam). Der RCEP-Raum umfasst rund 45 Prozent der Weltbevölkerung und mehr als ein Drittel des Welthandels. Das Jahr 2018 markierte einen Wechsel in der Strategie, die bislang anhält und wohl bis zum Jahr 2049 reichen dürfte.

Aufgrund des amerikanischen Lieferverbots von Produkten aktueller Spitzentechnik sah sich China gezwungen, auf eine Strategie zu setzen, die seit den Alleingängen der Mao-Zeit eigentlich obsolet erschien: der Weg in die Autarkie. Insbesondere auf dem Technologiesektor war die Abhängigkeit von den USA angesichts eines dräuenden Handelskrieges gefährlich hoch. Lange Jahre hinweg war die Aufteilung recht klar. In China wurden unablässig Waren produziert, in Amerika unablässig konsumiert. Entwickelt wurden die Produkte in den USA, weil dort die Kreativität, das Unternehmertum, das Risikokapital und eben auch die technologische Führerschaft lagen. China bildete eine Art verlängerte Werkbank. Der Historiker Niall Ferguson prägte dafür schon 2006 den Begriff „Chimerica“. Diese Symbiose funktionierte nicht nur ökonomisch für beide Seiten, sondern war auch ein friedensstabilisierendes Element. Das Streben Pekings nach eigenen Spitzenleistungen auf dem Technologiesektor machte dieses Zusammenwirken allerdings zunichte.

Die wohl schwerste, allerdings durchaus zweischneidige, Waffe in einer wirtschaftlichen Auseinandersetzung mit den USA hat China bis 2021 noch nicht gezückt, ja noch nicht einmal angedeutet: den Verkauf seiner US-Staatsanleihen. Unter Finanzexperten wird diese Maßnahme als „nukleare Option" bezeichnet, weil sie das Potenzial hat, die gesamte Weltwirtschaft zu gefährden, also über die USA hinaus auch China selbst. Bei einem solchen Finanzkrieg wäre wohl nicht mehr die Frage, wer ihn gewinnt, sondern eher, wer schneller verliert. Getreu dem Motto von Mao Zedong: „Du führst deinen Krieg. Ich führe meinen."

Es ist eine Art „ökonomischer Eiserner Vorhang", wie es der ehemalige US-Finanzminister Henry Paulson bezeichnete. Ähnlich wie im Kalten Krieg nach dem Zweiten Weltkrieg zwingt eine solche Trennung der Welt in zwei Machtblöcke alle anderen Staaten, sich für eine der beiden Seiten zu entscheiden. Das Konzept Neue Seidenstraße ist nichts anderes als der Versuch Chinas, weite Teile der Welt – insbesondere Europa und Afrika – auf seine Seite zu ziehen. Dabei setzen die Chinesen ganz zeitgemäß auf wirtschaftliche Verbindungen.

Schon Anfang November 2018 sprach der damalige US-Finanzminister Henry Paulsen Klartext. Könnten die USA und China keine Lösung finden, keinen Kompromiss, so türme sich ein „systematisches Risiko monumentalen Ausmaßes auf – nicht nur für die Weltwirtschaft, sondern für die Weltordnung, wie wir sie kennen, und für den Weltfrieden". Seitdem hat sich die Lage nicht zum Besseren gewendet – ganz im Gegenteil haben die Coronasituation 2020/21 und die Invasion Russlands in die Ukraine die Situation eher verschärft.

Der Wirtschaftskrieg hat längst begonnen

Der Handelskrieg zwischen China und den USA verdeutlicht die weltweite Abkehr vom Multilateralismus und das Wiedererstarken des Bilateralismus auf dem wirtschaftlichen Sektor. Der Warenaustausch zwischen den Vereinigten Staaten und China betrug 2018 rund 635 Milliarden US-Dollar, wobei die Volksrepublik einen Handelsbilanzüberschuss von knapp 420 Milliarden US-Dollar verbuchen konnte.[73] Angesichts dieser Zahlen lässt sich die Einseitigkeit der Handelsbeziehungen tatsächlich nicht bestreiten, die die US-Regierung 2018 zu einem Handelskrieg ermunterten. So legte die US-Regierung im Sommer 2018 eine lange Liste mit Zöllen vor allem auf Nahrungsmittel und Konsumgüter aus China vor. Insgesamt hätten die jährlichen Einfuhren dieser Waren zuletzt einen Wert von 200 Milliarden US-Dollar gehabt.[74]

Im Vorfeld des Jahrestreffens der G20-Staaten Ende November 2018 wurde öffentlich, dass der damalige US-Präsident Donald Trump ein bilaterales Handelsabkommen mit dem Präsidenten der weltweit zweitgrößten Volkswirtschaft, Xi Jinping, abschließen wollte. Der Auslöser dafür war – wie im damaligen Trumpschen Regierungsstil nicht unüblich – ein ausführliches Telefonat der beiden Regierungschefs am 1. November 2018, das Trump als „lang und sehr gut" bezeichnete: „Wir haben über viele Themen gesprochen, wobei der Schwerpunkt klar auf Handel lag." Wer glaubte, dass der Handelskrieg zwischen China und den USA damit beendet war, hat allerdings sowohl die Wankelmütigkeit des ehemaligen US-Präsidenten als auch den fundamentalen Konflikt zwischen beiden Nationen unterschätzt.

Seit der Pandemie 2020/21 ist offensichtlich geworden, dass zwischen China und den USA ein „Neuer Kalter Krieg“ begonnen hat. Der wird mutmaßlich über die 2020er Jahre anhalten und sich über diese Dekade hinaus noch anheizen.[75] Wie im ersten Kalten Krieg stehen die USA auf der einen Seite, nur auf der anderen Seite hat sich der Gegner geändert. War es beim ersten Mal die Sowjetunion, so ist es beim zweiten Mal China. Es ist wohl eher ein Zufall, dass es sich in beiden Fällen um ein, zumindest dem Namen nach, kommunistisch regiertes Land handelt. Es stehen sich die beiden grundsätzlichen Gesellschaftsentwürfe der beiden Kontrahenten als unvereinbar gegenüber.

Von US-Präsident Joe Biden wird dieser Gegensatz zum Endzeit-Zweikampf von Gut und Böse, von Demokratie und Kommunismus, hochstilisiert. Damit soll Staaten, die sich als Demokratie sehen, keine Chance zur Neutralität gelassen werden. Viel wahrscheinlicher aber ist, dass es hier nicht um den apokalyptischen Endkampf gegen Gog und Magog[76] geht, sondern ein sehr klassischer Großmachtkonflikt tobt, in dem eine alternde Hegemonialmacht[77] durch einen vitalen Aufsteiger herausgefordert wird. Im Neuen Testament der Bibel werden mit Gog und Magog zwei Völker bezeichnet, die am jüngsten Tage mit Satan in den Kampf ziehen, jedoch am Ende von Christus besiegt werden.

UNO-Generalsekretär António Guterres warnte auf der 75. Generalversammlung der Vereinten Nationen 2020: *„Wir bewegen uns in eine sehr gefährliche Richtung. Unsere Welt kann sich keine Zukunft leisten, in der die beiden größten Volkswirtschaften die Erde spalten.“*

Dies würde eine technologische und wirtschaftliche Kluft entstehen lassen, die sich zu einer militärischen Kluft ausweiten könnte. Es müsse alles getan werden, um eine weitere Eskalation zu vermeiden.[78] In den Jahren seither hat diese Warnung wenig Beachtung gefunden.

US-Börsen ohne China

Ob es dazu kommt oder nicht: Allein die Überlegungen, chinesische Unternehmen von US-Börsen auszuschließen, würde die Wirtschaftswelt in massive Bedrängnis bringen. Die chinesischen Konzerne wären von Kapitalanlegern aus den USA abgeschnitten, US-Anleger von lukrativen Finanzinvestments in China. Dennoch drohte die US-Regierung 2019 mit eben dieser Maßnahme als eine weitere Eskalationsstufe im Handelskrieg. Prompt warnte China, dass der wirtschaftliche Protektionismus der USA die Welt in eine Rezession stürzen könnte. Zölle und provozierte Handelskonflikte dienten dazu, „die globale Wirtschafts- und Handelsordnung zu untergraben", stellte der chinesische Außenminister Wang Yi vor der UNO-Vollversammlung 2019 in New York klar. Er sagte, man wolle Probleme in einer ruhigen und vernünftigen Weise lösen, um hinzuzufügen: „Sollte die andere Seite aber in böser Absicht handeln oder keinen Respekt für den gleichen Status oder die gleiche Rolle bei den Verhandlungen zeigen, müssen wir die notwendigen Maßnahmen ergreifen, um unser legitimes Recht und Interesse zu wahren".[79]

Für US-Firmen, mehr aber noch für europäische Unternehmen stellt jedweder Handelskonflikt mit China ein sehr ernstes Problem dar, weil Amerikaner wie Europäer in China einen großen Teil ihrer Geschäfte tätigen. So konnte beispielsweise Apple im dritten Quartal 2021, also mitten in der Pandemie und in der Zeit der schärferen Töne von US-Präsident Joe Biden gegen China, eine Umsatzsteigerung um 36 Prozent auf rund 81 Milliarden Dollar und eine Verdoppelung des Gewinns auf knapp 22 Milliarden Dollar verbuchen.[80] Das war sehr beeindruckend, aber es war auch nicht zu übersehen, dass das stärkste Wachstum aus China resultierte: Dort stiegen Apples Umsätze im dritten Quartal 2021 um sagenhafte 58 Prozent auf fast 15 Milliarden Euro.[81] Um seine Geschäfte nicht zu gefährden, versucht Apple seit Jahren alles, um die chinesischen Regierungsbehörden nicht zu verärgern. So hat der Konzern augenscheinlich weitreichende Zugeständnisse in Hinblick auf Datenschutz, Sicherheit und Zensur gemacht. Es werden unter anderem die Zugangsschlüssel für die Nutzerdaten chinesischer Kunden nicht in den USA, sondern in chinesischen Datenzentren von einer lokalen Firma verwaltet, die in staatlicher Hand ist.[82] Anders ausgedrückt: Der sonst stark auf Privatsphäre pochende iKonzern lässt es zu, dass Peking an die privaten Daten chinesischer Apple-Kunden herankommt, so wie er bisher Daten an die US-Regierung herausgeben musste. Das ist nur eines unter vielen Beispielen – wenngleich ein besonders prägnantes, immerhin gilt Apple als wertvollstes Unternehmen der Welt –, wie sich westliche Firmen der chinesischen Regierungspolitik unterordnen, um vom gewaltigen Geschäftsvolumen im bevölkerungsreichsten Staat Ostasiens zu profitieren.

Ein ähnlich markantes Beispiel dafür, diesmal aus Europa, lieferte der Pharmahersteller BioNTech. Mitten in der Pandemie 2021, als Impfstoff zum lebensrettenden Elixier wurde, machte BioNTech aus Rücksicht vor dem politischen Machtzentrum in China einen Rückzieher bei Impfstofflieferungen nach Taiwan.[83] Ein Liefervolumen von fünf Millionen Impfdosen war bereits vereinbart, bevor Peking intervenierte.[84] Apple und BioNTech, der wertvollste Konzern der Welt und der wohl beste Impfstoffversorger der Welt gegen Corona, haben es nicht gewagt, offen gegen China zu agieren. Um ihre Geschäftsinteressen nicht zu gefährden, geben sie nach. Die Aktionäre beider Firmen mag das freuen, aber es sagt zugleich etwas über die Position Chinas in der Welt seit Anfang der 2020er aus.

Chinas Weg zur Spitzentechnologie

Als die US-Regierung 2019 den chinesischen Technologiekonzern Huawei auf eine schwarze Liste setzte, war das in erster Linie ein Versuch, den langen Marsch Chinas an die technische Weltspitze zu verhindern. Immerhin war Huawei zum zweitgrößten Produzenten von Smartphones aufgestiegen. Die Ankündigung des chinesischen Staatspräsidenten Xi Jingpi, China an die Spitze der Technologie zu bringen, war eben nicht bloß politisches Gerede, sondern eine ernsthaft verfolgte Strategie. Das gilt keineswegs etwa nur für Smartphones, sondern auf vielen Gebieten. Es gibt zahlreiche Beispiele hierfür. Dass der chinesischen Raumsonde „Chang‘e 4“ die erste Landung auf der Rückseite des Mondes gelang, steht beispielhaft dafür, dass China weit über Mutter Erde hinaus um die Vorherrschaft ringt.

Mitten im Corona-Krisenjahr 2021 überraschte China die Technologiewelt mit einer eigenen CPU, einer Central Processing Unit, die über einen selbstentwickelten Befehlssatz verfügt. Um die Dimension dieser Entwicklung zu verstehen, muss man wissen, dass CPUs, häufig auch Mikroprozessoren genannt, die Grundlage jeder Art von Computer darstellen. Dabei geht es nicht nur um die Hardware, sondern vor allem auch um Software. Unter der Bezeichnung *Loongson Architecture* stellte China 2021 erstmals einen eigenen Instruktionssatz, eine Art Programmiersprache für Mikroprozessoren, vor. Zuvor hatte sich die chinesische Computerbranche hierfür stets der in den USA entwickelten Prozessorsprache MIPS64 bedient.[85] Relativierendes Detail: Während sich China 2021/22 noch mit der Chipfertigung in der sogenannten 12-Nanometer-Technologie abmühte, lag Apple zu diesem Zeitpunkt bereits bei 5 Nanometern und Taiwan steuerte sogar schon auf die 2-Nanometer-Fertigung zu. Dazu muss man wissen, dass die interne Strukturbreite von Computerchips in Nanometern gemessen wird. Ein Nanometer ist eine Maßeinheit für die Länge, die 10^{-9} Meter, also ein Milliardstel eines Meters, beträgt. Je weniger Nanometer, desto mehr Rechenleistung lässt sich auf einem Chip unterbringen. Der Abstand zwischen 12 und 2 Nanometern ist immens, auch wenn Taiwan nach der Lesart Pekings ohnehin zu China gehört. An diesem Punkt hat China also noch einiges aufzuholen – oder zum „Sprung“ nach Taiwan anzusetzen, um das dortige Know-how unter seine Fittiche zu bringen. Der Griff nach Taiwan würde indes den Konflikt mit den USA zur Eskalation bringen, so verlockend er für Peking nicht nur angesichts des Vorsprungs bei der Chipfertigung sein mag.

Chinas Marsch in die Zukunft steht geradezu diametral zu dem Schrumpfungsprozess und die Selbstfokussierung in Europa. Während sich die Länder Europas um die Folgen der Migration kümmern, die sie im Wesentlichen den Folgen einer aggressiven Interventionspolitik ihrer transatlantischen Freunde zu verdanken haben, das europäische Währungssystem zu stabilisieren trachten oder sich um die Umwelt und das Klima sorgen – und seit 2022 erstmals auch wieder um ihre militärische Verteidigung –, setzt China auf Künstliche Intelligenz, das Internet der Dinge, Robotik und Raumfahrt – alles Gebiete, auf denen Europa bestenfalls politische Ankündigungen vorzuweisen hat, denen nur wenige Taten gefolgt sind. In Deutschland wird das schnelle Internet beinahe gefordert, seit es das Internet überhaupt gibt. Funklöcher gehören in der viertgrößten Wirtschaftsnation der Welt zum Alltag. Die Autonation Deutschland erlebte nach dem Dieseldesaster und dem Wandel zu autonom fahrenden Wagen mit neuen Antrieben einen Umbruch, dessen Ausgang äußerst ungewiss ist. Wenn die Bundesregierung ankündigt, drei Milliarden Euro bis 2025 in Künstliche Intelligenz zu investieren, so kommt das dem sprichwörtlichen Tropfen auf den heißen Stein gleich.

Wenn Europa nicht aufpasst, wird es in Zukunft da landen, wo China den Kontinent heute schon sieht: als technologisches Museum, das kuriose Einblicke in längst vergangene Zeiten bietet. Um die Zukunft hingegen streiten sich China und die USA. Die Zukunft, auf die China setzt, erscheint Europa in einigen Punkten jedoch nicht unbedingt erstrebenswert, wie das Beispiel des Social Scoring zeigt.

Social Scoring für eine bessere Bevölkerung

China ist ein Vorreiter in der Systematisierung staatlicher Überwachung. Seit 2020 wird dort ein sogenanntes Social Crediting System (SoCS, 社会信用体系, shèhuì xìnyòng tǐxì), ein umfassendes digitales System zur Bewertung des Verhaltens von Bürgern und Institutionen, getestet, schrittweise eingeführt und teilweise wieder zurückgenommen[86].

Was Kritiker im Westen als einen „Weg in die IT-Diktatur" beschreiben und mit dystopischen Visionen wie Black Mirror[87] oder dem Big Brother[88] aus George Orwells Roman *1984* gleichsetzen, halten es viele in China für eine gute Idee. So erhoffen sich viele chinesische Bürger, besser vor Lebensmittelskandalen und finanziellem Betrug geschützt zu sein. Denn das Social Crediting System Chinas bewertet nicht etwa nur Bürger, sondern auch Regierungsstellen, Unternehmen und Verbände. [89]

Das „soziale Kreditsystem", das erstmals 2014 angekündigt wurde, ist „ein wichtiger Bestandteil des sozialistischen Marktwirtschaftssystems und des sozialen Regierungssystems" und zielt darauf ab, die Idee zu verstärken, dass „Vertrauen zu bewahren ruhmreich und Vertrauensbruch schändlich ist", heißt es in einem Regierungsdokument von 2015[90].

Die Rankings werden von Chinas Wirtschaftsplanungsteam, der Nationalen Entwicklungs- und Reformkommission (NDRC), der People's Bank of China und dem chinesischen Gerichtssystem erstellt, wie die *South China Morning Post* berichtet[91].

Die chinesische Regierung betrachtet das System als ein wichtiges Instrument zur Steuerung der chinesischen Wirtschaft und zur Kontrolle der Gesellschaft. Es gibt allerdings noch Spekulationen darüber, wie das endgültige System tatsächlich funktionieren wird.

Das System soll das finanzielle, soziale, moralische und möglicherweise auch politische Verhalten der chinesischen Bürger –

und auch der Unternehmen des Landes – überwachen, bewerten und durch ein System von Strafen und Belohnungen regulieren. Das erklärte Ziel ist es, „den Vertrauenswürdigen Vorteile zu verschaffen und die Unzuverlässigen zu disziplinieren".

Bürger mit hohen Punktzahlen kommen in den Genuss besonderer „Privilegien", während diejenigen mit niedrigen Punktzahlen letztlich Gefahr laufen, als Bürger zweiter Klasse behandelt zu werden.

Als Belohnungen bei hohen Punktzahlen wird häufig genannt:

- Vorrang bei der Vergabe von Sozialwohnungen;
- Steuererleichterungen;
- leichterer Zugang zu Barkrediten und Verbraucherkrediten;
- Vorrang bei der Aufnahme in Schulen und bei der Einstellung;
- kürzere Wartezeiten in Krankenhäusern;
- kostenlose Fitnesseinrichtungen;
- schnellere Beförderung am Arbeitsplatz;
- günstigere öffentliche Verkehrsmittel;
- kautionsfreie Fahrrad- und Autovermietung.

Als Strafen bei niedrigen Punktzahlen werden häufig die Folgenden aufgeführt:

- Verweigerung von Lizenzen, Genehmigungen und des Zugangs zu bestimmten Sozialleistungen;

- Ausschluss von der Buchung von Flügen oder Hochgeschwindigkeitszugtickets;
- weniger Zugang zu Krediten;
- eingeschränkter Zugang zu öffentlichen Diensten;
- Nichtberücksichtigung bei der Besetzung von Stellen in der öffentlichen Verwaltung und allgemein im Staatsdienst;
- kein Zugang zu Privatschulen;
- Öffentlicher „Pranger“: Veröffentlichung der Namen, Fotos und Ausweisnummern von Bürgern, die auf der schwarzen Liste stehen, im Internet oder auf Fernsehbildschirmen an öffentlichen Plätzen; von den Behörden vorgeschriebene Telefontöne, die darauf hinweisen, dass sie einen „unehrlichen Schuldner“ anrufen.

Geplant wurde, dass jeder Bürger eine Sozialpunktzahl erhält, die sich erhöht oder verringert, je nachdem, ob das Sozialverhalten des Betreffenden akzeptabel ist.

Es wird erwartet, dass das System auf riesige Datenmengen über jeden Einzelnen zurückgreift, die aus traditionellen Quellen – wie Finanz-, Straf- und Regierungsregistern und bestehenden Daten von Standesämtern oder Schulbehörden – sowie aus digitalen Quellen stammen.

Zu letzteren gehören Daten, die im Internet gesammelt werden, wie zum Beispiel der Suchverlauf, die Einkaufspräferenzen auf E-Commerce-Websites und die Interaktionen in den sozialen Medien.

Darüber hinaus könnte sich das System auch auf Informationen stützen, die durch Videoüberwachungssysteme mit Hilfe von Gesichtserkennungstechnologie gewonnen werden.

Der Bürger bzw. die Institution startet dabei mit 1.000 Punkten, kann sich bis auf 1.300 Punkte hocharbeiten, bzw. auf 600 Punkte absinken.

Beispiele für das Sammeln von Punkten sind:

- Blut spenden;
- eine gute finanzielle Kredithistorie haben;
- eine heldenhafte Tat begehen;
- Hilfe für die Armen;
- Lob für die Regierung in den sozialen Medien;
- positiver Einfluss auf die Nachbarschaft;
- sich an Wohltätigkeitsveranstaltungen beteiligen:
- sich um ältere Familienmitglieder kümmern.

Beispiele für Verhaltensweisen, die zu einem Punktabzug führen sollen:

- „illegaler" Protest gegen die Behörden;
- „unaufrichtige“ Entschuldigungen für begangenes Fehlverhalten;
- Mitgliedschaft bei einer als Sekte eingestuften Organisation;
- nicht regelmäßig die alten Eltern besuchen;

- Schummeln in Online-Spielen;
- Verbreiten von Gerüchten im Internet;
- Verkehrsverstöße, wie Trunkenheit am Steuer oder inkorrektes Überqueren der Straße;
- Veröffentlichung von regierungsfeindlichen Botschaften in sozialen Medien.

Für Unternehmen gelten verständlicherweise etwas andere Regeln, Ratings und Listen, auf denen sie geführt werden können. Weil davon natürlich auch ausländische Unternehmen betroffen sind, hat die Deutsche Handelskammer in China dazu bereits Ende 2019 eine umfangreiche Anleitung herausgegeben[92].

Chinas Überwachungskultur existierte schon lange vor Big Data. In seinem Buch *The Government Next Door* beschreibt Luigi Tomba[93], wie dieses politische Mikromanagement auf Ebene der Nachbarschaften funktionierte: Nachbarschaftskomitees mit halbstaatlichen Funktionen überwachten die Haushalte, meldeten Meinungsverschiedenheiten, lösten Konflikte, organisierten Petitionen und Proteste. Dies alles gehörte zu den Aufgaben älterer Frauen, die der ehemalige *Wall Street Journal*-Reporter Adi Ignatius den „kleinfüßigen KGB" nannte. Im traditionellen China wurden Frauen die Füße nach der Geburt zusammengebunden.[94]

In Wirklichkeit ist das SoCS offenbar nicht der technodystopische Albtraum, den viele bei uns befürchten: Es ist noch wenig digitalisiert, stark fragmentiert und konzentriert sich in erster Linie auf Unternehmen.[95], [96]

Oft werden Vergleiche zwischen den umfangreichen Datensammlungen privater Anbieter wie Uber und seinem Bewertungssystem für Kunden und Fahrer gezogen. Diese Systeme privater Unternehmen sind zwar ebenfalls als äußerst problematisch einzuschätzen, aber sie unterscheiden sich grundlegend vom SoCS. Aber auch hierzulande gibt es eine Diskussion um den gesellschaftlichen Nutzen und die Risiken algorithmenbasierter Entscheidungen. Das zeigen nicht zuletzt die Recherchen zur „Blackbox Schufa“[97]. Entsprechend hat es sich die gemeinnützige Organisation AlgorithmWatch[98] zum Ziel gesetzt, Prozesse algorithmischer Entscheidungsfindung zu betrachten und einzuordnen, die eine gesellschaftliche Relevanz haben – die also entweder menschliche Entscheidungen vorhersagen oder vorbestimmen, oder Entscheidungen automatisiert treffen. Eine gute Einführung in die Thematik gibt der Vortrag: „Citizen Scoring in der EU – das gibt es auch bei uns, nicht nur in China!“[99] In einem Beitrag heißt es: „Ein zentralisiertes, dauerhaftes und öffentliches Personen-Scoring ist in den EU-Ländern sehr unwahrscheinlich. Aber für einen großen Teil der europäischen Bürgerinnen und Bürger heißt das noch lange nicht, dass sie heute oder in Zukunft vor invasivem Scoring sicher wären.“[100] Dem Plan einer algorithmischen Gesellschaftskotrolle und Steuerung wird oft auch die Einführung einer digitalen Währung zugerechnet, durch die sich besser als beim Bargeld Zahlungsflüsse kontrollieren und von Individuen und Organisationen gehaltene Werte steuern lassen.

Kryptowährungen – China geht voran

Im Sommer 2019 überraschte Chinas Zentralbank, die People’s Bank of China (PBOC), die Finanzwelt mit der Ankündigung einer bahnbrechenden Innovation: des „e-Yuan“ (e-CNY). Der Begriff steht für eine digitale Zentralbankwährung (central bank digital currency, kurz: CBDC) der Volksrepublik China.

Für Kommentatoren war das eine Antwort auf den Bitcoin und auf die damals noch nicht lange zurückliegende Ankündigung von Facebook, in den 2020ern eine eigene Kryptowährung namens Libra[101] auf den Markt zu bringen. Nach Recherchen der Deutschen Bank verfolgt die PBOC mit der Einführung des e-CNY zwei unterschiedliche, aber miteinander verbundene Ziele. Das erste, längerfristige Ziel besteht darin, eine digitale Währung zu schaffen, die mit anderen digitalen Währungen wie Bitcoins, Stablecoins und anderen digitalen Zentralbankwährungen (CBDC) konkurrieren kann, und gleichzeitig sicherzustellen, dass der Renminbi weiterhin die dominierende Währung in China bleibt. Das zweite, unmittelbarere Ziel besteht darin, das derzeitige chinesische Zahlungssystem umzugestalten, indem eine bargeldähnliche digitale Zahlungsmethode bereitgestellt wird: für alle zugänglich, kostengünstig, anonym (bis zu einem gewissen Grad) und wettbewerbsfördernd für die Anbieter von Zahlungsdienstleistungen.[102]

Allerdings arbeitet die PBOC bereits seit 2014 an einer Zentralbankwährung. Wahrscheinlich ist daher die Verfolgung des kurzfristigen Ziels einer besseren Transparenz der Zahlungsströme in diesem Riesenreich. Insbesondere will sie deren Kontrolle nicht länger den großen Technologieunternehmen um Alibaba, Tencent oder Ant überlassen. Denn langfristig möchte China seine Währung zur weltweiten Reservewährung machen, damit zum US-Dollar in Konkurrenz treten und sich in dem Zuge auch von der gefährlichen Abhängigkeit zum SWIFT-

Nachrichtenübermittlungsnetz[103] als Bestandteil des weltweiten Zahlungsverkehrssystems befreien. Das wird nur gelingen, wenn das Land seinen Finanzmarkt weiter öffnet und dereguliert. Wie die Asiatische Finanzkrise[104] von Juli 1997 bis Dezember 1998 gezeigt hat, drohen damit jedoch neue und andere Gefahren, auf deren Begegnung sich China gut vorbereiten muss. Von dieser Finanzkrise, die im Juli 1997 in Thailand begann, sich über ganz Ostasien ausbreitete, die Volkswirtschaften in der Region in Mitleidenschaft zog und 1998 zu Spillover-Effekten in Lateinamerika und Osteuropa führte, blieb damals in der Region lediglich das stärker regulierte Finanzsystem Chinas verschont.

Inzwischen gibt es weltweit kaum eine Zentralbank, die nicht in irgendeiner Form mit digitalem Zentralbankgeld experimentiert. China hält aber noch immer eine führende Position bei der Umsetzung und der Einbindung in die bestehenden wirtschaftlichen Strukturen.

„Auf den Stätten der Olympischen Spiele konnte man nur mit der Visa, Bargeld oder dem digitalen Yuan bezahlen“, berichtet Richard Turrin in *Cashless: China's Digital Currency Revolution.*[105] Dafür hätte die chinesische Zentralbank People's Bank of China eigens eine Kryptokarte bereitgestellt, die im Aussehen einer Kreditkarte gleiche. Diese könne man via extra aufgestellten Automaten aufladen und mit dem eigenen Smartphone verbinden.

Damit konnte während der Olympischen Winterspiele in China das erste Mal demonstriert werden, dass auch Ausländern der Zugang zur digitalen Zentralbankwährung gewährt wurde.

Wie funktioniert nun der e-Yuan oder e-CNY? Der e-CNY wird vollständig von der PBOC unterstützt und von Zahlungsdienstleistern in Betrieb genommen. Er ermöglicht eine größere Anonymität und einen besseren Schutz personenbezogener Daten, bietet aber dennoch genügend Aufzeichnungen, um illegale Aktivitäten wie Geldwäsche und Steuerhinterziehung aufzuspüren. An dieser Stelle sollte nicht unerwähnt bleiben, dass es sich beim e-CNY nicht um eine echte Kryptowährung handelt. Auch beruht sie nicht auf der Blockchain -Technik.

Die PBOC hat sich dafür entschieden, e-CNY als Bargeld im Umlauf zu definieren, oder als M0 in der Sprache der Zentralbanken. Zur Erklärung: M0 bezeichnet Banknoten und Münzen außerhalb der Zentralbank (inklusive Kassenbestände der Geschäftsbanken) sowie den Zentralbankgeldbestand der Kreditinstitute auf Konten bei der Zentralbank; M1 nennt man den Bargeldumlauf und die Sichteinlagen bei Nichtbanken; M2 umfasst M1 sowie Einlagen mit vereinbarter Laufzeit bis zu zwei Jahren und Einlagen mit gesetzlicher Kündigungsfrist bis zu drei Monaten. Die Definition von e-CNY als M0 und nicht als M1 oder M2 hat eine Reihe von Auswirkungen:

Erstens wird e-CNY eine Verbindlichkeit der PBOC sein. In Chinas Währungssystem bedeutet M0 eine direkte Haftung der PBOC, während M1 und M2 bestimmte Verbindlichkeiten der Geschäftsbanken beinhalten. Diese Definition bedeutet, dass e-CNY für den Benutzer in Hinblick auf Bankenpleiten völlig risikofrei sein wird.

Zweitens werden die digitalen Geldbörsen, die e-CNY enthalten, nicht als Bankkonten betrachtet. Die bisherigen Pilotprogramme der PBOC erfordern lediglich eine Mobiltelefonnummer, um eine e-CNY-Brieftasche zu besitzen. Wenn eine Person also ihr digitales Portemonnaie von ihrem Bankkonto auflädt, ist das im Grunde die virtuelle Version des Abhebens von Bargeld an einem Geldautomaten.

Drittens können auf e-CNY keine Zinsen gezahlt werden. Zinsen können auf M1 oder M2 (Bankeinlagen) gezahlt werden, aber nicht auf M0 (Bargeld) mit seiner unmittelbaren Verfügbarkeit. Dies ist wichtig, da die meisten digitalen Währungen, einschließlich einiger derzeit in Erwägung gezogener CBDCs, Zinszahlungen nicht ausgeschlossen haben.

Und schließlich können nur Banken e-CNY in Bankeinlagen umwandeln und umgekehrt.

Eine wichtige Überlegung, die hinter der M0-Definition des e-CNY steht, ist, dass sie wahrscheinlich die Disintermediation von Banken verhindern wird. Durch die Definition von e-CNY als M0 und das Verbot von Zinszahlungen will die PBOC wahrscheinlich nur eine begrenzte Menge an e-CNY in Umlauf bringen, um Bargeld, nicht aber um Bankeinlagen zu ersetzen.

Dabei weist der e-CNY nach Angaben der PBOC eine zweistufige Struktur auf. Aus der Sicht eines e-CNY-Nutzers hat das System allerdings mehr als zwei Ebenen.

Auf der obersten Ebene befindet sich die PBOC und spielt eine übergeordnete Rolle. Um ein e-CNY-Konto bzw. eine digitale Brieftasche zu eröffnen, muss der Nutzer zu einer der Tier-2-Institutionen gehen. Zu den Tier-2-Instituten gehören bisher die sechs größten staatlichen Banken und zwei Internetbanken (WeBank und MYBank). Dies kann online oder offline geschehen. Der e-CNY bietet Chinas Großbanken damit die Möglichkeit, in ein Geschäftsfeld einzudringen, das derzeit von großen Technologieunternehmen dominiert wird.

Sobald die e-CNY-Geldbörse eingerichtet ist, kann der Benutzer eine breite Palette von Dienstleistungen in Anspruch nehmen, die nicht nur von der ausstellenden Bank, sondern auch von vielen anderen Banken und Zahlungsdienstleistern angeboten werden. Diese werden als „Tier 2.5“-Institute bezeichnet, die keinen e-CNY-Umtausch vornehmen können, aber Zahlungs- und andere Dienstleistungen für e-CNY-Besitzer anbieten können.

Auf der untersten Ebene befinden sich Händler, Unternehmen und Verbraucher. Peer-to-Peer-Überweisungen von e-CNY zwischen Verbrauchern sind einfach zu bewerkstelligen, aber Händler werden wahrscheinlich mit Institutionen der Stufe 2 oder 2,5 zusammenarbeiten, um eine Infrastruktur für den Empfang von e-CNY-Zahlungen online und offline einzurichten.

Bei dieser Struktur delegiert die PBOC die meisten Aufgaben an die Tier-2-Institute. Die Tier-2-Institute werden einen Kundendienst anbieten, die Privatsphäre der Kunden schützen, KYC-Aufgaben wahrnehmen und in die harte und weiche Infrastruktur für die Nutzung von e-CNY im Einzelhandel investieren. Dies wird für die Tier-2-Institute kostspielig sein, wird aber dennoch begrüßt, da sie die Möglichkeit erhalten, in das Zahlungsgeschäft einzusteigen, das ansonsten von Internetunternehmen dominiert wird.

Die PBOC beschreibt die Datenschutzfunktionen von e-CNY als „kontrollierbare Anonymität“. Was ist damit gemeint? Laut

Chinas Chefvolkswirt Yi Xiong bietet der e-CNY seinen Nutzern die Möglichkeit, ihre Identität vor den Geschäftspartnern zu verbergen und gleichzeitig den Strafverfolgungsbehörden (aber nicht einzelnen Regierungsstellen) die Möglichkeit zu geben, illegale Transaktionen aufzuspüren. Die Anonymitätsfunktion des e-CNY wird es den Online-Plattformen, nicht aber den staatlichen Stellen, erschweren, Nutzerdaten zu sammeln.

China hat eine neue digitale Yuan-App für iOS und Android in den heimischen App-Stores veröffentlicht. Sie ist für Nutzer in 23 Städten Chinas, darunter Shanghai, Peking und Shenzhen, verfügbar. Die digitale Yuan-App ist zum Zeitpunkt des Erscheinens dieses Buches nur in chinesischen App-Stores und nur in chinesischer Sprache erhältlich.[106] Das zu Tencent gehörende Unternehmen WeChat kündigte an, den e-CNY als Zahlungsoption auf seiner Plattform einzuführen und damit die digitale Währung bei über 1,2 Milliarden Nutzern einzuführen. Die Nutzer können nun mit dem e-CNY für Waren und Dienstleistungen bezahlen. Die Anmeldung ist über sieben traditionelle chinesische Geschäftsbanken und zwei Online-Banken möglich. Auch Alibaba hat angekündigt, den e-CNY in das Ökosystem seiner Bezahldienste zu integrieren. Dies geschah, obwohl die digitale Währung als direkter Konkurrent von Alibabas Zahlungsplattform Alipay zu sehen ist. Die digitale Geldbörse, auf Chinesisch 数字钱包 shuzi qianbao genannt, ist eine Online-Geldbörse zum Verwalten und Speichern von e-CNY. Darauf wird über die Digital-Yuan-App 数字人民币 shuzi renminbi zugegriffen. Die Nutzer können in der App mehrere digitale Geldbörsen einrichten und Parameter festlegen, wie zum Beispiel tägliche Ausgabenlimits und die Apps und Dienste, die mit der

Geldbörse bezahlt werden können, sowie verschiedene Bankkarten verknüpfen.

Da der e-CNY technisch gesehen das gesetzliche Zahlungsmittel Chinas ist, ist es außerdem für jeden Händler illegal, ihn als Zahlungsoption abzulehnen. Die Nutzer können das Bargeld in ihren digitalen Geldbörsen auch dann ausgeben, wenn sie nicht mit dem Internet verbunden sind, da die App die NFC-Technologie für den Funkdirektkontakt zwischen Geräten nutzt. Die digitale Yuan-App bietet auch „verwaltete Anonymität“ und folgt dem Prinzip „Anonymität für kleine Werte und Rückverfolgbarkeit für hohe Werte“. Das bedeutet, dass sie es den Nutzern ermöglicht, kleine Transaktionen, anders als bisher bei Alipay und WeChat Pay, durchzuführen, ohne persönliche Informationen preiszugeben. Um sich für die niedrigste Stufe der digitalen Yuan-App anzumelden, müssen die Nutzer lediglich ihre Telefonnummer registrieren. Es sei jedoch darauf hingewiesen, dass in China alle Telefonnummern mit einer ID-Nummer verknüpft werden müssen, was bedeutet, dass letztendlich auch kleine Transaktionen nachvollziehbar sind, wenngleich mit deutlich erhöhtem Aufwand.

Eine nationale Digitalwährung ist ein überaus machtvolles Instrument für die staatliche Steuerung der Finanzströme. Der Gebrauch physischen Bargelds kann so schrittweise zurückgedrängt werden. Die offizielle Begründung: Schutz vor Betrug. Tatsächlich lassen sich die im Umlauf befindlichen Barzahlungsmittel vergleichsweise einfach fälschen und Falschgeld stellt ein immenses Problem in China dar. Wer mit einer 100-Yuan-Banknote zahlen will, das entspricht etwa 13 Euro und ist der größte Schein in China, wird häufig einer schnellen Kontrolle unterzogen. Daher hat die chinesische Zentralbank bei Einführung der Digitalwährung zunächst den privaten Sektor im Fokus. Langfristig wird die Kryptowährung auf das Großkundengeschäft und den Kapitalmarkt ausgeweitet werden.

Durch eine weitreichende Einführung der chinesischen Digitalwährung werden Steuerhinterziehung, Geldwäsche und politisch unliebsame Finanzierungen deutlich erschwert werden. Die staatliche Kontrolle wäre damit umfassend. Was aus deutscher Sicht eher abschreckend klingt, ist für die chinesische Bevölkerung allerdings nichts Neues. Schon lange sammelten Technologiefirmen wie Tencent über den digitalen Allrounddienst WeChat und Alibaba über Alipay ebenso, wie ihre westlichen Gegenstücke, Daten über das Verbraucherverhalten. Der chinesischen Zentralbank ging es neben der Aufdeckung bzw. Verhinderung von Verbrechen wohl eher um die makroökonomische Feinsteuerung der Wirtschaft. Die Vorteile eines digitalen Zentralbankgeldes sind vielfältig; bessere Verfügbarkeit, schnellere Zahlungsabwicklungen bei geringeren Kosten und eben eine bessere Überwachung der Geldströme. Zudem wäre die Zentralbank auf den Tag genau über Kapitalflüsse zwischen Banken und Schattenbanken informiert, was derzeit, wenn überhaupt, nur mit deutlicher zeitlicher Verzögerung der Fall ist. Das Bestreben vieler Chinesen nach Devisentransfers ins Ausland ließe sich mit einer digitalen Währung ebenfalls viel leichter kontrollieren und gegebenenfalls unterbinden. Zudem kann langfristig der Automatisierungsgrad der Industrie durch programmierbares Geld profitieren.

Theoretisch wäre es mit einer digitalen Währung möglich, sämtliche Transaktionen in einer Volkswirtschaft in Echtzeit zu beobachten. Verknüpft mit künstlicher Intelligenz, die aus den Transaktionen ebenfalls in Echtzeit Schlussfolgerungen zieht, wäre damit eine totale Überwachung des Finanzwesens und des Finanzgebarens jedes Einzelnen möglich. Technologieführerschaft auf diesem strategisch bedeutsamen Gebiet zu erlangen, ist für China unabdingbar, um die geostrategische Rolle des Landes sukzessive auszubauen. In dieselbe Kerbe schlägt auch die Schuldenpolitik des Landes.

Welt hat sechs Billionen Dollar Schulden bei China

Eine gemeinsame Studie der Harvard-Universität und des Kieler Institut für Weltwirtschaft aus dem Jahr 2019[107] kam zu dem Schluss, dass die Auslandsforderungen der Volksrepublik China bei rund sechs Billionen liegen. Das sind etwa 50 Prozent mehr, als die offiziellen Statistiken ausweisen. Beinahe überall auf der Welt werden Infrastrukturprojekte, darunter Kraftwerke, Pipelines, Brücken, Tunnel, Straßen, Eisenbahnstrecken, Dämme, Schulen, Krankenhäuser oder Satelliten, mit chinesischer Finanzierung errichtet. Nach dem Schock der Lehman-Brothers-Pleite in den USA mit Auswirkungen auf die ganze Welt hat dieses immense Investitionsvolumen aus China die Auswirkungen der nachfolgenden Finanzkrise erheblich abgemildert. Doch es sind fast durchweg Kredite, die aus China kommen. Die Staaten werden die Summe also künftig mit Zins und Zinseszins zurückzahlen müssen. Genau dies treibt immer mehr Länder in eine Abhängigkeit von China - gefährlich für die Länder, aber auch für China, wenn es zu Zahlungsausfällen kommt. Die Gefahr einer erneuten weltweiten Schuldenkrise in Folge der chinesischen Kreditblase mag noch übertrieben sein. Die USA sehen diese Entwicklung, für die ihre eigene, jahrzehntelang betriebene Kreditpolitik sehr gut Modell gestanden haben könnte, naturgemäß mit großer Skepsis. Schon 2019 warnte eine Gruppe von US-Senatoren den damaligen US-Außenminister Mike Pompeo, Peking nehme Teile der Welt „finanziell in Geiselhaft". Die Angst vor der chinesischen Einflussnahme über Kredite hängt auch damit zusammen, dass wenig Transparenz über die Finanzierungsbedingungen gewährt wird. Die westlich dominierten Finanzinstitutionen wie die Weltbank oder der Internationale Währungsfonds (IWF) werden nur unvollständig informiert. Peking setzt eher auf die eigene China Development Bank (CDB) und die Exportimport Bank von China (Exim), um seine globalen Ambitionen voranzutreiben. CDB und Exim unterstehen ausschließlich der chinesischen Regierung und dienen somit ausschließlich Chinas politischen Interessen. Dazu gehört etwa die Finanzierung der Neuen Seitenstraße mit einem weltumspannenden Netzwerk von Straßen, Bahntrassen, Häfen und Pipelines, die am Ende alle nach China führen.

Das gilt übertragen häufig auch für die Investmentgelder. In vielen Fällen sorgt Peking dafür, dass die den Empfängerländern gewährten Kredite unmittelbar an chinesische Vertragsfirmen fließen, die für die Infrastrukturprojekte kontrahiert werden. So entsteht ein geschlossener Finanzkreislauf, ohne ein ausländisches Konto einzubeziehen. Zudem bleibt der Kreditgeber über den Baufortschritt stets auf dem Laufenden. In der Studie der Harvard-Universität und des Kieler Institut für Weltwirtschaft heißt es, China hat eine neue Form von Entwicklungshilfe geschaffen, bei der „staatliche Geldgeber Kredite zu kommerziellen Konditionen vergeben"[108]. Die Autoren Henry Sanderson und Michael Forsythe schrieben in ihrem Buch *Chi-*

nas Superbank[109] über die CDB nicht sehr freundlich: „Wenn die Kommunistische Partei Gott ist, dann ist die CDB ihr Prophet, der die Macht des chinesischen Staates rund um den Globus ausdehnt und seine Macht zu Hause zementiert."

Nicht überraschend ist die Vergabe von Krediten auf der Ebene von staatlichen Einrichtungen politisch motiviert. Es geht um die Sicherung von Transportwegen, den Zugriff auf Rohstoffe und landwirtschaftliche Ressourcen und / oder insgesamt um die Schaffung eines freundlichen Klimas im internationalen Umfeld, etwa für wohlwollendes Abstimmverhalten in UN-Unterorganisationen. Zwar sollen auch diese Kredite letztlich formal dem kommerziellen Kalkül einer Bank genügen. Dennoch werden hier Risiken sichtbar, die einzugehen nur durch eben diese übergeordneten politischen Erwägungen gerechtfertigt werden können. Entsprechend werden für den Fall Zahlungsausfällen häufig Ersatzleistungen formuliert, die unmittelbar als Rohstofflieferungen, Nutzungs- oder Eigentumsrechte formuliert sind.

„China war auch schon früher ein aktiver internationaler Geldgeber vor allem für kommunistische Bruderstaaten. Aber der jüngste drastische Anstieg ist historisch nur mit der US-Kreditvergabe in den beiden Weltkriegen vergleichbar. Er geht vor allem auf die starke Expansion der chinesischen Volkswirtschaft und die neue globale Ausrichtung des chinesischen Staates zurück", analysierte Christoph Trebesch, Leiter des Forschungsbereichs Internationale Finanzmärkte und Global Governance am IfW Kiel[110]. Hatten die 50 bedeutendsten Empfänger chinesischer Kredite – vor allem kleinere oder ärmere Länder – noch 2005 Schulden an China im Umfang von durch-

schnittlich rund einem Prozent ihres Bruttoinlandsproduktes, waren es 2016 über 15 Prozent. Bei diesen Ländern machen die Verpflichtungen gegenüber China im Durchschnitt 40 Prozent ihrer gesamten internationalen Zahlungsverpflichtungen aus.

„Das Besondere an Chinas Auslandskrediten und -investitionen ist nicht nur der Umfang, sondern auch, dass sie fast ausschließlich von staatlichen Stellen kommen und zu großen Teilen intransparent sind“, analysierte Trebesch. Gleichzeitig verlange China für die staatlichen Kredite häufig Marktzinsen mit Risikoaufschlägen und sichere sich zusätzlich durch Vertragsklauseln ab, die eine Rückzahlung durch Sachleistungen wie zum Beispiel Ölexporte garantieren.

Viele der von China finanzierten Projekte sind von großem Nutzen für die Empfängerländer, insbesondere im Bereich der Infrastruktur. Allerdings bergen die großen Volumina der Schulden und deren Intransparenz auch Risiken für die Finanzstabilität. Private Investoren oder der IWF können die Schuldentragfähigkeit und die Krisenwahrscheinlichkeit von Ländern kaum einschätzen, wenn ein beachtlicher Teil der Auslandsverschuldung (an China) schlichtweg unbekannt ist. Bei der Analyse von Länderrisiken tappe man dann im Dunkeln.

„Die Mischung aus Intransparenz und hoher Seniorität chinesischer Kredite macht es schwieriger, zukünftige Finanzkrisen zu lösen. Eine international koordinierte Reaktion oder eine faire Lastenverteilung unter den Kreditgebern ist damit viel schwieriger zu organisieren“, erklärte Trebesch.

Auch Deutschland ist in nicht geringem Umfang bei China verschuldet. Die Autoren schätzen, dass Bundesanleihen im

Umfang von rund 370 Milliarden Dollar von China gehalten werden. Der Umfang der Außenstände an China beträgt rund 10 Prozent des BIP. Die gesamte Eurozone ist mit rund 850 Milliarden Dollar bei China verschuldet, was etwa 7 Prozent ihrer Wirtschaftsleistung entspricht. Eine andere Studie, an der die Kieler Autoren ebenfalls beteiligt waren, befasst sich unter anderem näher mit den Kreditausfallklauseln[111]. Sie verweist auf die Häufigkeit von Sonderkonten mit einem gewissen Mindestbestand oder anderen Sonderbestimmungen.

Nur bei fünf der chinesischen Kredite in der untersuchten Stichprobe fanden sich jedoch ausdrückliche Verweise auf ein formelles Sicherungsrecht oder Pfand. In diesen Fällen handelt es sich bei den verpfändeten Vermögenswerten um Finanzinstrumente (in Costa Rica und Honduras), Schürfrechte (in der Demokratischen Republik Kongo), Projektleistungen und -ausrüstungen sowie um Anteile an einer Projektgesellschaft (in Sierra Leone). In der Vertragsstichprobe fanden sich weiter nur wenige Hinweise darauf, dass Chinas Staatsbanken routinemäßig physische Infrastrukturen – wie etwa einen Seehafen oder ein Kraftwerk – als Sicherheiten verwenden. Dieser Befund steht im Gegensatz zu der in den Medien und in der Politik verbreiteten Ansicht, dass Chinas Kreditvergabepraxis darauf abzielt, sich strategische Sachwerte in armen Ländern anzueignen[112, 113].

Der einzige Kreditvertrag in der Stichprobe, der eine Verpfändung von Sachwerten zu enthalten schien, war ein Konsortialkredit der China Eximbank und der ICBC zur Modernisierung und Erweiterung eines Seehafens in Sierra Leone. Der Vertrag enthält mehrere Verweise auf verpfändete Sicherheiten in Form von materiellen oder finanziellen Vermögenswerten, die im Falle eines Ausfalls auf den Kreditgeber übertragen und verwertet werden könnten. Es gibt aber auch Untersuchungen, die nachweisen wollen, dass der von den westlichen Gegnern chinesischer Entwicklungspolitik gerne gebrauchte Begriff Schuldenfalle in den meisten Fällen die Situation nicht korrekt beschreibt[114].

„Geopolitische" Kreditvergabe – ein déjà vu?

Man mag sich an das Vorgehen der Großbanken aus den 1970er Jahren erinnert fühlen. Damals vergaben Banken vor allem aus den USA, aber auch aus Europa und Japan, Kredite in Milliardenhöhe an rohstoffreiche Länder in Lateinamerika und Afrika, häufig unter dem Radar der internationalen Aufsichtsbehörden und zu hohen Zinsen. Später kam es zu Preiseinbrüchen bei den Bodenschätzen, die Länder konnten die Kredite nicht mehr bedienen und weite Teile der Dritten Welt gerieten in eine Schuldenkrise, von der sie sich jahrelang nicht mehr erholten.

Schon damals ging es den Großbanken und insbesondere der Weltbank nur vordergründig vor allem um einen kommerziellen Nutzen. In den Ländern Südamerikas, oder beispielsweise den Philippinen oder dem Iran, wurden die Kredite durch den Druck offizieller US-Institutionen und Regierungsmitglieder begleitet. In Einzelfällen hat der CIA dafür auch widerspenstige Politiker aus dem Weg geräumt. „Schön" beschrieben werden diese Episoden amerikanischer Wirtschafts- und Außenpolitik von John Perkins.[115] China mag sich hier als gelehriger Schüler erwiesen haben. Noch aber geht es keineswegs derart gewalttätig zu Werke.

Ob sich dabei Situationen aus den späten 1970er und 1980er Jahren wiederholen könnten, bleibt offen. In vielen Entwicklungsländern sind die Schuldenberge in den 2020ern so hoch wie damals. Aus einigen Ländern kommen bereits unübersehbare Warnsignale: Pakistan hat einen Notkredit beim IWF beantragt, Sierra Leone den Bau eines Flughafens gestoppt, den Peking finanzieren wollte.

Der afrikanische Kontinent ist einer der Schwerpunkte chinesischer Entwicklungspolitik. Über Jahrzehnte hinweg wurde Afrika aus europäischer und US-amerikanischer Sicht vor allem als Kontinent der Armut, der Katastrophen und des Schreckens wahrgenommen. Unvergessen bleibt die Bezeichnung Haitis und einiger afrikanischer Länder als „*shithole countries*“[116].

Als es seit 2015 verstärkt zu einer Migrationswelle von Afrikanern nach Europa kam, wurden die schlechten Lebensverhältnisse in Afrika dafür verantwortlich gemacht. Die daraufhin ausgegebene aber weitgehend folgenlos gebliebene politische Losung lautete: Wir müssen die Situation in den Herkunftsländern verbessern, um die für Europa kaum beherrschbaren Migrationsströme zu unterbinden. China richtete schon lange vorher einen völligen anderen Blick auf Afrika, nämlich als einen Kontinent mit enormem Entwicklungspotenzial. Vielleicht noch wichtiger für das erwachende Selbstverständnis der zumeist jungen afrikanischen Nationen war die Form der Ansprache auf Augenhöhe nach dem Muster: „*Seht her, wir waren vor wenigen Jahren in der gleichen Situation wie ihr. Wir haben den Aufstieg aus Armut und Abhängigkeit geschafft. Ihr könnt es ebenfalls schaffen. Wir helfen euch dabei*“[117]. Das klang anders als „*wir müssen den Armen in Afrika Brot geben, sonst kommen sie zu uns.*“

Ruandas Präsident Paul Kagame sprach für eine ganze Riege afrikanischer Potentaten, als er sagte, Peking liefere genau das, was Afrika brauche. Für die afrikanischen Machthaber war China ein angenehmer Partner: Das Geld floss ohne moralische Belehrungen wie sie dem Westen oftmals zu eigen sind. Menschenrechte, arbeitsrechtliche Mindeststandards, Umweltschutz oder demokratische Prinzipien waren keine Kriterien für chinesische Gelder – ebenso wenig wie Bestechungsgelder für die Politiker.

Das chinesische Erfolgsmodell eroberte weite Teile Afrikas. Peking gab das Geld, um Straßen, Flughäfen, Eisenbahntrassen, Industrieparks und Staudämme zu bauen und sicherte sich im Gegenzug Zugriff auf die Bodenschätze und die afrikanischen Märkte. Manche der afrikanischen Staaten sind derart hoch verschuldet, dass China im Grunde das Land übernehmen könnte. Das gilt etwa für den Kleinstaat Dschibuti, der mit beinahe 70 Prozent seiner Wirtschaftsleistung bei Peking in der Kreide steht. In der Republik Kongo liegt der Anteil bei fast 30 Prozent, in Kenia über 15 Prozent.

Doch man macht es sich zu leicht, wenn man dieses Vorgehen als unethisch abtut, wobei diese Kategorisierung im geopolitischen Machtpoker ohnehin keine Rolle spielt. Den Menschen vor Ort nutzte diese Art der Investition in die lokale Wirtschaft häufig mehr als die eher tröpfelnde Entwicklungshilfe aus dem Westen. Bei einer Umfrage von Afrobarometer in 36 afrikanischen Staaten bewerteten 63 Prozent der Befragten das Engagements Chinas in ihren Ländern positiv.[118]

Auch hier sollten wir nicht die gewohnte koloniale Arroganz weiter pflegen. Lassen wir stattdessen originär afrikanische Stimmen zu Worte kommen. Ashish J. Thakkar, einer der erfolgreichsten Unternehmer Afrikas, zeichnet in seinem Buch *The Lion Awakes: Adventures in Africa's Economic Miracle*[119] von 2015 beispielsweise ein deutlich freundlicheres Bild des chinesischen Engagements – als einer von vielen.

Die neue Seidenstraße

Im Deutschen heißt es „Die neue Seidenstraße“, im Chinesischen hingegen „Ein Gürtel, eine Straße“.[120] Hiervon ist auch der englische Begriff „Belt and Road Initiative“ (BRI bzw. 一带一路) abgeleitet. Mit dem gigantischen Projekt erfüllt sich China einen Traum und realisiert möglicherweise eine wirtschaftliche Notwendigkeit.

Der chinesische Traum

2013 stellte der chinesische Staatschef Xi Jinping seinen „chinesischen Traum“ von der „großen Wiedergeburt der chinesischen Nation“ vor und lancierte in diesem Zusammenhang das Seidenstraße-Projekt. In Anknüpfung an die antike Seidenstraße nannte er sein Lieblingsprojekt „Belt and Road Initiative“ (BRI), wörtlich übersetzt „Band und Straße“. Die chinesische Bezeichnung „Yi Dai Yi Lu“ bedeutet „Ein Band“ oder „Ein Gürtel“ und „Eine Straße“. Damit sind die Seidenstraßen gemeint, über die seit mehr als zweitausend Jahren Güter und Ideen von Ost nach West und von West nach Ost über die eurasische Landmasse und über das Meer transportiert werden.

Chinas strategisches Interesse an „Yi Dai Yi Lu“ liegt vorrangig auf der Sicherung der Transportwege für Erdöl, Erdgas und Kohle – und weiteren natürlichen Ressourcen.

Ost-West-Handelsroute der Antike

Die Seidenstraße als Ost-West-Handelsroute reicht bis in das 2. Jahrhundert vor Christi Geburt zurück. Dabei war Seide das meistgehandelte Gut. In Rom, so bemerkte der römische Philosoph Seneca schon, werde das weiche, „fast durchsichtige" Tuch in „immer größeren Mengen" gekauft und getragen. Schon bald war Seide nicht nur ein begehrtes Handelsgut, sondern neben Münzen und Getreide auch ein Zahlungsmittel. Über die Jahrhunderte entwickelte sich die Luxusware Seide zur verlässlichsten Währung. Je nach geschichtlicher Konstellation verlief der Handel flüssig oder kam teilweise ganz zum Erliegen. Der Austausch von Gütern und Ideen blühte bis kurz vor dem Ende des Weströmischen Reiches im 4. Jahrhundert und der chinesischen Han-Dynastie (206 v. Chr. bis 220 n. Chr.), dann während der chinesischen Tang-Dynastie (618-907) und der chinesischen Song-Dynastie (960-1279) sowie der chinesisch-mongolischen Yuan-Dynastie (1271-1368).

Während der chinesischen Ming-Dynastie (1368-1644) wurden die Seefahrten von Admiral Zheng He berühmt. Siebenmal durchpflügten in der ersten Hälfte des 15. Jahrhunderts Hunderte von Schiffen mit bis zu 28.000 Mann Besatzung das Ostchinesische, das Südchinesische Meer, die Straße von Malakka, den Indischen Ozean bis hin zur Ostküste Afrikas. Im Vergleich dazu waren die drei Schiffe von Christoph Columbus oder ein Jahrhundert später die spanische Armada Kleinstflotten. Nach der Mitte des 15. Jahrhunderts ließ der chinesische Kaiser all die technisch fortschrittlichen Schiffe und deren Baupläne vernichten, riegelte China zum Meer und mithin nach außen ab und wandte sich mit dem Ausbau der Großen Mauer gegen

Norden, um das Eindringen der Steppenvölker abzuwehren. Eines dieser Steppenvölker – die Mandschuren – lösten 1644 die Ming-Dynastie ab und verhalfen China und der Seidenstraße zu neuer Blüte.

Das deutsche Wort „Seidenstraße“

Der Begriff „Seidenstraße“ stammt ursprünglich gar nicht aus China. Vielmehr prägte das Wort der deutsche Geograph und Kartograph Ferdinand Freiherr von Richthofen, als er den Begriff in seinem fünfbändigen Monumentalwerk „China“ verwendete. Er benutzte das Wort übrigens bewusst im Plural – also „Seidenstraßen“ – um klarzumachen, dass es sowohl die Landwege auf dem eurasischen Kontinent als auch das Meer vom Ostchinesischen Meer über den Indischen Ozean bis hin zum Mittelmeer umfasste.[121]

Mehr als zehn Jahre lang, von Ende 1861 bis 1872, war Ferdinand Freiherr von Richthofen auf unterschiedlichen Reisen und Routen in China unterwegs. Kaum jemand, außer vermutlich der berühmte Forscher Alexander von Humboldt, hatte mehr weiße Flecken auf der Landkarte erforscht. Für China entpuppten sich die Reisen indes eher als Katastrophe denn als Segen: Schließlich war Ferdinand Freiherr von Richthofen im Auftrag Preußens unterwegs, um sich über Bodenschätze zu informieren und damit letztlich den Weg zur Ausbeutung und Unterwerfung Chinas unter die Kolonialherrschaft der europäischen Großmächte jener Zeit vorzubereiten.

Wenn das heutige China von der „Neuen Seidenstraße“ spricht, dann schwingt auch immer der Wunsch nach einem

Ausgleich für das „Jahrhundert der Demütigungen" mit. Denn das moderne Seidenstraßenprojekt hat vor allem das Ziel, die frühere Bedeutung Chinas für Europa wiederherzustellen.

Die Skepsis der anderen

Seit Chinas Staats- und Parteichef Xi Jinping 2013 sein Großprojekt vorstellte, gibt es kritische Stimmen. Die kommen natürlich aus den USA, aber auch aus Europa. Für diese Kritiker scheint es allzu offensichtlich zu sein, dass es China bei dem Projekt nicht nur um wirtschaftlichen Wohlstand für sich und alle beteiligten Länder geht, sondern vor allem auch um Geopolitik, also um die Ausweitung von Chinas globalem Einfluss.

Die Kritik hatte von Anfang an viele Facetten: Bei öffentlichen Ausschreibungen im Ausland fällt der Löwenanteil an chinesische Bau-, Stahl- und Transportunternehmen. Da chinesische Bauarbeiter zum Einsatz kommen, schaffen die Projekte keine neuen Arbeitsplätze in den jeweiligen Ländern. Bei dem vermeintlichen Geldsegen aus China handelt es sich um Kredite mit marktüblichen oder gar leicht erhöhten Zinsen; von einer besonderen Förderung kann keine Rede sein. Ganz im Gegenteil besteht damit für viele Länder entlang der Seitenstraße ein erhebliches Verschuldungsrisiko. Sri Lanka hat damit leidvolle Erfahrungen mit seinem Tiefseehafen Hambatota gemacht: Der Inselstaat musste China eine Lizenz auf 99 Jahre gewähren, weil er die Schulden nicht mehr bedienen konnten. Der von Sri Lanka mit Krediten aus China gebaute Mattala Rajapaksa International Airport erwies sich als Geisterflughafen und wurde an eine indische Firma mit einer Betriebskonzession für 40 Jahre verkauft. Seitdem gilt Sri Lanka vielen als das erste –

aber nicht das letzte – Opfer des Seidenstraßenprojekts; 2022 fiel das Land vollends ins Chaos. In anderen Ländern wurden Projekte auf Eis gelegt oder komplett abgesagt, etwa Hochgeschwindigkeitsbahnprojekte in Malaysia und Vietnam sowie der Bau eines Staudamms in Pakistan. Die Schuldenfalle könnte weiteren Ländern drohen.

Vor diesem Hintergrund forderten die USA und Europa transparente Ausschreibungen mit Umwelt- und Sozialauflagen sowie eine transparente Finanzierung. Den Europäern ging es dabei auch um den gleichwertigen Marktzugang in China. Europa fürchtet nämlich weniger die Schuldenfalle, als vielmehr die Konkurrenz Chinas vor allem auf dem Technologiesektor. Die Europäische Union stufte China als „Systemrivalen" ein und Frankreichs Staatspräsident Emmanuel Macron versuchte es politisch auf den Punkt zu bringen: „Das Zeitalter der europäischen Naivität ist vorbei."

Gigantisches Jahrhundertprojekt

Wohl kein Projekt verdeutlicht den Aufstieg und den Machtanspruch des modernen Chinas so stark wie das Projekt „Die neue Seidenstraße". Das gigantische Jahrhundertprojekt soll letztlich über drei Milliarden Menschen verbinden, also etwas weniger als die Hälfte der Weltbevölkerung. China plant 900 Milliarden Dollar in das Projekt in den nächsten zehn Jahren zu investieren. Langfristig wird das Investitionsvolumen auf 5.000 bis 8.000 Milliarden Dollar veranschlagt. Dabei stehen Investitionen in Infrastruktur im Vordergrund, getreu dem alten chinesischen Sprichwort „Wenn Du mit Handel reich werden willst, beginne mit dem Bau einer Straße". Über 100 Länder haben sich mittlerweile dieser Initiative direkt oder indirekt angeschlossen. Damit umschließt das Projekt über 60 Prozent der Weltbevölkerung und mehr als 40 Prozent der weltweiten Wirtschaftskraft.

„Yi Dai Yi Lu", wie die neue Seidenstraße auf Chinesisch heißt, gilt als das größte Investitionsprojekt seit dem Marshall-Plan in Europa 1948. Das chinesische Finanzierungsmodell von rund 1,1 Billionen Dollar bis in die Jahre 2030-2040 läuft über den Seidenstraßen-Fonds sowie über die Asiatische Infrastruktur-Investmentbank, die von über 60 Staaten finanziert wird.

Die neue Seidenstraße ist deutlich umfangreicher als die historische. Diese bezeichnete ein Netz von alten Karawanenwegen, dessen Hauptroute den Mittelmeerraum auf dem Landweg über Zentralasien mit Ostasien verband. Die neue Seidenstraße bezieht über Asien und Europa hinaus auch den afrikanischen Kontinent ein.

Entlang der neuen Route sollen Eisenbahnen, Straßen, Brücken, Tunnels, Häfen, Pipelines, Flughäfen, Kraftwerke und Universitäten gebaut und erneuert werden. Von Peking bis Rom, von Laos bis Marokko, von Chongqing bis Duisburg, von Moskau bis Korea, von der Taklamakan-Wüste in China über die Steppen Zentralasiens bis zur Wüste Nordafrikas oder von Fuzhou bis Rotterdam. Es ist von einer Win-win-Situation die Rede, von der China selbst, aber auch alle am Projekt beteiligten Länder profitieren sollen.

Europa fällt Land um Land an China

2018 unterzeichneten Portugal und Griechenland als erste Länder Europas ein Abkommen über die Zusammenarbeit mit China im Rahmen der Neuen Seidenstraße. Im ersten Fall geht es um Investitionen in den Ausbau des portugiesischen Atlantikhafens Sines.

Portugals Premierminister António Costa erklärte dazu: „Wir wollen, dass der Hafen von Sines Teil der neuen maritimen Seidenstraße wird. Sines ist Portugals atlantischer Hafen mit den größten Wachstumskapazitäten. Es ist ein Tiefseehafen, der in unmittelbarer Nähe zu den wichtigen Seewegen aus dem Mittelmeer, aus dem Atlantik und aus dem südlichen Afrika liegt. Sines kann zur europäischen Schnittstelle dieser maritimen Routen werden. Für die Handelsbeziehungen zwischen Europa und Asien ist es enorm wichtig, dass Portugal Teil der neuen Seidenstraße wird." Dabei will Portugal den eigenen Hafen durch den Neubau einer modernen Bahnstrecke bis zur spanischen Grenze als Schleusentor für Europa positionieren. Die Güter, die im Hafen von Sines eintreffen, sollen ab 2022 zügig die spanische Hauptstadt Madrid erreichen – und damit auch den europäischen Bahnkorridor Madrid-Paris-Berlin.

Berührungsängste mit China hat Portugal offenbar nicht. Seit der Finanzkrise, in der die portugiesische Regierung Staatsunternehmen privatisierte, besitzen chinesische Investoren fast neun Prozent der börsennotierten Unternehmen Portugals mit einem Schwerpunkt bei Banken und Versicherungen sowie Energieversorgung. Der umgekehrte Weg funktioniert weniger gut: Lediglich 1,2 Prozent der portugiesischen Exporte gehen nach China – und der größte Teil kommt aus dem zum deutschen VW-Konzern gehören Volkswagenwerk Autoeuropa vor den Toren Lissabons.[122]

In Griechenland ist die chinesische Staatsreederei Cosco schon seit 2016 Mehrheitseigner der Piräus Port Authority (PPA). Für 280,5 Millionen Euro kaufte Cosco 51 Prozent an der bis dahin staatlichen Hafengesellschaft PPA. Im Gegenzug darf die chinesische Gesellschaft in Piräus mehrere Container-, Auto- und Passagierterminals bis 2052 betreiben. Der Handel war Teil des Privatisierungsprogramms, das die EU und der Internationale Währungsfonds im Zuge der Schuldenkrise von Griechenland verlangten. China nutzte diese Gelegenheit, um am Rand der griechischen Hauptstadt Athen einen zentralen Brückenkopf in Europa zu erwerben und auszubauen. Insgesamt wollen die Chinesen 350 Millionen Euro bis 2026 direkt in die Hafenanlagen investieren und weitere 200 Millionen Euro in angegliederte Projekte, zum Beispiel den Umbau alter Speichergebäude in Luxushotels. Es ist augenscheinlich typisch für China, sich für solche Investitionen Staaten auszusuchen, die sich in ökonomisch schwierigen Verhältnissen befinden, aber Schnäppchen mit viel Potenzial bieten. Piräus ist der erste natürliche Tiefseehafen, den Containerschiffe aus Asien in Europa erreichen, nachdem sie den Suezkanal in Ägypten durchfahren haben. Für China ist es also ideal, eben diesen Hafen als einen Knotenpunkt seiner neuen Seidenstraße zu etablieren. Seit dem Einstieg der Chinesen ist Piräus der Hafen mit dem weltweit schnellsten Wachstum. Im nächsten Schritt soll eine Eisenbahnstrecke Piräus über Skopje und Belgrad bis nach Budapest, also in Herz Zentraleuropas, verbinden. Dieser Transportweg wäre eine Alternative zur umständlichen Seeroute über die Straße von Gibraltar an Spanien und Frankreich, um schließlich in Hamburg oder Rotterdam anzulanden. Der Güterzug von Piräus nach Budapest benötigt zwei Tage, das Containerschiff bis Hamburg eine Woche.[123] Piräus als Einstiegshafen in Europa ist also von China äußerst geschickt ausgewählt.

Der Ausbau der Eisenbahnstrecke zwischen Piräus und Budapest ist ebenso strategisch zu sehen: China will vor allem über die wirtschaftlich relativ schwachen Länder Osteuropas den Zugang ins Herz Europas finden. Das größte Stahlwerk Serbiens, das leistungsstarke rumänische Kohlekraftwerk in Rovinari, die größte rumänische Ölraffinerie, das albanische Ölfeld Patos-Marinza, der internationale Flughafen der albanischen Hauptstadt Tirana – das alles haben chinesische Firmen gekauft. In allen Fällen handelt es sich entweder um chinesische Staatsunternehmen oder um private Betriebe mit Staatsbeteiligung.

Indizien dafür, dass China seine wachsende Machtstellung in Ländern Griechenland nutzt, um politischen Druck auszuüben häufen sich. Griechenland ist dafür eines der deutlichsten Beispiele. Seit dem Einstieg der Chinesen in Piräus stimmte die Regierung in Athen mehrmals bei wichtigen Entscheidungen innerhalb der EU im Sinne Chinas und hat sich dabei ausdrücklich gegen die anderen EU-Mitgliedsstaaten gestellt. So blockierte die griechische Regierung im Sommer 2016 eine gemeinsame Stellungnahme der EU, in der das aggressive Verhalten Chinas im Südchinesischen Meer verurteilt werden sollte. Im Juni 2017 verhinderte sie, dass die EU Chinas Menschenrechtspolitik in einem Bericht offiziell tadelte. Wenige Tage später wandte sich Athen gegen schärfere Bedingungen für chinesische Investitionen in der EU. Ein eindeutiger Zusammenhang zu den chinesischen Investitionen lässt sich freilich nicht beweisen, aber das Stimmverhalten der griechischen Regierung deutet auf diese Abhängigkeit hin.[124]

Italien am Start

Italien hat 2019 als erstes G7-Land mit China ein Memorandum of Understanding (MoU), also eine Absichtserklärung, über die Teilnahme an der neuen Seitenstraße unterzeichnet. Genau genommen waren es 29 Absichtserklärungen mit Investitionszusagen Chinas an Italien in Höhe von 2,5 Milliarden Euro. Die wichtigsten Zusagen betrafen zwei italienische Häfen: In Triest will das chinesische Bauunternehmen Cccc die Anbindungen nach Ost- und Zentraleuropa verbessern, in Genua ist eine Zusammenarbeit für die Vergrößerung des Hafens vorgesehen. Das Gesamtpotenzial des Abkommens wurde auf rund 20 Milliarden Euro beziffert.[125]

In den anderen EU-Ländern wurde der Vorstoß Italiens eher kritisch gesehen, ebenso wie in der Presse, in der es zu Schlagzeilen in der Art „Italien – Einfallstor der Chinesen in Europa?“ kam. Inzwischen sind von der italienischen Regierung unter Mario Draghi große Teile des Abkommens wieder auf Eis gelegt worden[126], und zwar mit dem Hinweis, dass die beiden Säulen der italienischen Außenpolitik der Europäismus und der Atlantizismus sind[127].

Das Riesenreich und die Zwergstaaten Europas

Als viertes Land im europäischen Schengen-Raum schloss sich die Schweiz 2019 der neuen Seidenstraße an. Dem Vernehmen nach sollen die Eidgenossen im Gegenzug von China ein Bekenntnis zu den Menschenrechten gefordert haben. Als sich diese zweite Vereinbarung als chancenlos erwies, lenkte die Regierung ein, heißt es.[128] Auf die Schweiz folgte Monaco.

„Die Verbindung von China und Monaco ist Modell für die Zusammenarbeit mit ganz Europa“ titelte die *Belt & Road News*, das offizielle Sprachrohr, das über alles entlang der Neuen Seidenstraße berichtet. Anlässlich der Neuen Seidenstraße besuchte Xi Jinping als erster chinesischer Präsident den reichen Zwergstaat in Europa. Er wurde von Fürst Albert im Palast wie ein Herrscher empfangen. Es sagt viel über die Bedeutung der neuen Seitenstraße für China aus, dass der Präsident des fernöstlichen Riesenreiches mit 1,4 Milliarden Menschen den mit 38.000 Einwohnern zweitkleinsten Staat der Erde besuchte. „Monaco ist Schrittmacher und Vorbild für unsere Beziehungen zu Europa“, sagte Xi Jinping. Der mächtigste Mann Chinas will möglichst viele, am liebsten wohl alle europäischen Staaten in seine Belt-and-Road-Initiative einbinden.[129]

Stärkste Wirtschaftsmacht der Welt

Die Neue Seidenstraße ist nicht nur ein wirtschaftliches, sondern auch ein geopolitisches Projekt. Dabei darf man aber nicht übersehen, dass sich China den Kapitalismus weiterhin der staatlichen Lenkung unterstellt. Der derzeitige staatlich regulierte Kapitalismus wird lediglich als Vorstufe zum Sozialismus verstanden. Auswüchse dieser Wirtschaftsform, wie sie in den USA mit einer deutlich wachsenden wirtschaftlichen Ungleichheit zu beobachten sind, sollen in China wieder abgemildert bzw. verhindert werden. Dabei muss man verstehen, dass der chinesische Kommunismus sich seit dem Zusammenbruch der Sowjetunion stark gewandelt hat und inzwischen als mehr chinesisch denn als kommunistisch zu bezeichnen ist.

Bis 2050 will China zur stärksten Wirtschaftsmacht der Welt aufsteigen. Gerne wird das Ringen um die wirtschaftliche Führungsrolle als globaler Wettbewerb der Gesellschaftssysteme gesehen: Der westlich-liberale Kapitalismus Europas und der USA gegen das marxistisch-sozialistische Modell. Aus chinesischer Sicht ist das eigene Modell, in dem der Staat die Wirtschaft kontrolliert und nicht umgekehrt, besser geeignet, Wohlstand für den Großteil der Bevölkerung bereitzustellen als der Kapitalismus, der aus dieser Perspektive nur einem Bruchteil der Menschen Reichtum beschert. Wobei sich Kommunismus chinesischer Lesart und Reichtum keineswegs ausschließen: 2021 lebten in Peking erstmals mehr Dollar-Milliardäre als in New York City.[130]

China hat sich einer strikten Nichteinmischungspolitik verschrieben und exportiert kein politisches Modell (mehr). Das Seidenstraßen-Projekt trägt allerdings sicherlich auch die politische Motivation, dieses eigene Wirtschaftsmodell weltweit als Erfolgsmodell zu präsentieren. Meinungsverschiedenheiten zwischen Europa und den USA kommen somit der chinesischen Position gelegen.

Der US-Position „America First“, an der de facto auch die Regierung Joe Biden festhält, steht das Gegenmodell China entgegen. Europa hingegen verfällt in zunehmender Nationalisierung eher der Kleinstaaterei. Es wird damit zum Spielball der Interessen der Großmächte, schon vor, aber erst recht nach der russischen Invasion in der Ukraine 2022.

Russland hing lange Zeit zwischen den Stühlen: Europa wollte Russland, mit der Begründung, dass Russland diese Werte nicht teilt, nicht in die eigene Wertegemeinschaft integrieren. Mit Beginn des russisch-ukrainischen Kriegs Anfang 2022 ist das Band der Verständigung mit Russland sogar komplett zerschnitten. Auf der anderen Seite steht Chinas Einfluss. In dieser Situation kämpft Russland unter Wladimir Putin für eine eigenständige Position. Putin hatte sein Amt im Jahr 2000 mit der Agenda eines Wirtschaftsreformers angetreten. Es gehe um „die Prinzipien der Stärkung des Staates und der marktwirtschaftlichen Reformen“. In den zehn Jahren nach Putins Amtsantritt wuchs Russlands Wirtschaftsleistung in absoluten Zahlen von 260 Milliarden Dollar auf 1,9 Billionen Dollar, eine Verachtfachung. Die Arbeitslosigkeit sank auf fünf Prozent, die Einkommen stiegen dreimal schneller als die Produktivität. Mussten im Jahr 1999 noch sechs Prozent der Russen mit weniger als zwei Dollar pro Tag auskommen, so war diese Armut 2013 beinahe vollständig besiegt.[131]

Schon vor dem Ukrainekrieg fand sich Russland nach mehr als einem Jahrzehnt des wirtschaftlichen Aufstiegs mittlerweile eher in einer Phase der Stagnation wieder. Seit Putins Rückkehr in den Kreml 2012 ist die wirtschaftliche Entwicklung eher ernüchternd. So wuchs die Wirtschaft seit 2017 weniger als 2 Prozent pro Jahr. Den wirtschaftlichen Herausforderungen zum Trotz gibt sich Russland fest entschlossen, seinen wiedererstarkten Anspruch als Supermacht, der unter dem Zusammenbruch des Ostblocks nach dem Kalten Krieg stark gelitten hatte, nicht erneut aufzugeben, sondern ganz im Gegenteil, weiter auszubauen. Die Kontinuität des Großmachtanspruchs über den Zerfall der Sowjetunion hinweg, demonstriert einmal mehr die These, die von Theoretikern der Realpolitik wie John Mearsheimer vertreten wird, dass die Außenpolitik schon der Sowjetunion gegenüber den USA weniger vom Kommunismus als vielmehr von einer typischen Großmachtrivalität geprägt war. Sie ist von Russland im Jahr 2022 mit unverkennbarer Deutlichkeit wieder aufgenommen worden.

Gleichzeitig wehren sich die Vereinigten Staaten von Amerika mit aller Macht gegen einen Abstieg als Supermacht. Die USA haben den Anspruch, die einzige wirkliche Supermacht auf der Erde zu sein, die ihre Interessen überall auf der Welt, durch politischen Druck, durch wirtschaftliche Maßnahmen wie Zölle oder Sanktionen und erforderlichenfalls durch militärisches Eingreifen durchsetzen kann und es bisher auch konnte. Doch der Aufstieg Chinas stellt den Führungsanspruch der USA als alleinige Hegemonialmacht in ähnlicher Weise in Frage, wie es der wirtschaftliche Aufstieg Deutschlands in den 25 Jahren vor dem ersten Weltkrieg tat. Die neue Seidenstraße ist dabei eine strategische Initiative, weite Teile der Welt an China statt an die USA zu binden.

Europas Anti-Seidenstraße

2021 startete die Europäische Union nicht zuletzt im Angesicht des zunehmenden Konflikts zwischen China und den USA eine Art Anti-Seidenstraße. Die über Jahre hinweg diskutierte Initiative wurde als „Global vernetztes Europa“ vorgestellt. Mit einer eigenen sogenannten Konnektivitätsstrategie will die EU Peking im Kampf um neue Märkte und politischen Einfluss nicht länger allein das Feld überlassen.[132] Hierzu soll unter anderem die Zusammenarbeit mit Japan, Indien und den ASE-

AN-Staaten (Brunei, Kambodscha, Indonesien, Laos, Malaysia, Myanmar, die Philippinen, Singapur, Thailand und Vietnam) sowie den USA verstärkt werden.[133] Darüber hinaus ist eine intensivere Kooperation in den einschlägigen multilateralen Gremien, unter anderem im Rahmen der G7 und der G20 vorgesehen.

Konkret riefen die Außenminister der EU-Staaten 2021 die EU-Kommission auf, Investitionen des Privatsektors zu fördern und binnen eines Jahres eine Liste von Infrastrukturprojekten „mit großer Wirkung und Sichtbarkeit" vorzulegen. Dazu könnten Bahnstrecken, Pläne für Hafenerweiterungen oder Daten- und Stromtrassen in Afrika, Asien oder Lateinamerika zählen.[134]

Die europäische Konnektivitätsstrategie richtet sich offen und unmittelbar gegen die chinesischen Seidenstraßen-Politik. Da die China-Initiative, so die Argumentation, in Ländern wie Montenegro, Pakistan oder Sri Lanka immer mehr negative Folgen zeige, suchten Regierungen weltweit zunehmend nach einer nachhaltigen Alternative, heißt es aus Brüssel. Diese Alternative, so hoffen die europäischen Länder, könnte die sogenannte EU-Konnektivitätsinitiative bieten.

Doch die Wahrscheinlichkeit, dass sich die Mitgliedsstaaten und die EU-Kommission in bürokratischen Scharmützeln verheddern, ist hoch.[135] Die Aufzählung der Bereiche, in denen Maßnahmen vorgesehen sind, liest sich blumig:

- Ermittlung und Umsetzung einer Reihe von Projekten und Maßnahmen mit hoher Wirkung und Sichtbarkeit auf globaler Ebene;

- Vorlage gestraffter Finanzierungspläne zur Schaffung von Anreizen für Investitionen;
- Mobilisierung des Privatsektors zur Finanzierung und Durchführung von Projekten;
- Gewährleistung der Sichtbarkeit der Maßnahmen der EU zur Konnektivität auf globaler Ebene;
- Gewährleistung einer effizienten Zusammenarbeit und Koordinierung zwischen allen Interessensträgern.

Mit diesem Ansatz der „Bürokratischen Konnektivität" dürfte sich Europa schwertun, im Konflikt zwischen China und den USA eine maßgebliche eigene Position aufzubauen. Auf dem wirtschaftlichen Sektor hat man es immerhin versucht, muss wohl anerkannt werden.

Wie halbherzig der Anti-Seidenstraße-Kurs Europas ist, lässt sich wohl am besten am EU-China-Investitionsabkommen CAI (Comprehensive Agreement on Investment), das Ende 2020 geschlossen wurde, also ein halbes Jahr vor der Verkündung der „europäischen Seidenstraße", festmachen. Für Peking war die Wirtschaftspartnerschaft mit Europa diplomatisch ein großer Erfolg, für Europa hingegen eine eher zweischneidige Angelegenheit in der Positionierung zwischen den USA und China.[136] Die Europäische Kommission feierte CAI zwar als „das ehrgeizigste Abkommen, das China jemals mit einem Drittland abgeschlossen hat". Tatsächlich verpflichtet sich Peking in dem Abkommen, europäischen Firmen leichteren Zugang zum chinesischen Markt zu verschaffen.[137] Der Zufluss an Know-how aus Europa und die engere wirtschaftliche Verbindung helfen China bei seiner geopolitischen Aufstellung gegenüber den USA. Europa feiert, China gewinnt, allerdings nur für kurze Zeit. Schnell haben die USA klar gemacht, wer in Europa das Kommando führt[138]. Der Versuch einer unabhängigen Europäischen Positionierung darf damit als gescheitert angesehen werden.

Man muss sich vergegenwärtigen, dass die europäisch-chinesische Wirtschaftsannäherung praktisch zeitgleich mit dem US-Vorstoß kam, Amerikanern zu verbieten, Aktien von 59 chinesischen Konzernen zu handeln, denen staatliche Nähe nachgesagt wird. Das Weiße Haus teilte mit, die Verfügung „erlaubt es den Vereinigten Staaten, gezielt und in einem bestimmten Umfang US-Investitionen in chinesische Unternehmen zu verbieten, die die Sicherheit oder die demokratischen Werte der Vereinigten Staaten und unserer Verbündeten untergraben". Betroffen waren unter anderem Smartphone-Anbieter Huawei, China Mobile, China Telecom, die Videoüberwachungsfirma Hikvision und Chinas drittgrößte staatliche Ölgesellschaft CNOOC. Die Maßnahme steht „im Einklang mit der Verpflichtung der Biden-Regierung, die zentralen nationalen Sicherheitsinteressen der USA und die demokratischen Werte zu schützen", hieß es. Die Liste soll bei Bedarf jederzeit aktualisiert werden.

Mit anderen Worten: Europa feiert es als großen Erfolg, dass Europäer verstärkt in China investieren dürfen, während die USA parallel dazu Investitionen von Amerikanern begrenzen. Ein abgestimmtes Vorgehen ist das sicherlich nicht und spiegelt die unterschiedlichen natürlichen Interessen diesseits und jenseits des Atlantiks wider.

Das Exportmodell Europas, das darauf beruht, in gleicher Weise Handel mit Amerikanern und Chinesen zu treiben, dürfte auf Dauer zum Scheitern verurteilt sein. „Chimerika“ als Symbiose aus „China und Amerika“ dürfte in den 2020ern an sein Ende gelangen – schlichtweg, weil keine US-Regierung diesen Zustand dulden wird. Deutschlands wirtschaftlicher Höhenflug dürfte damit wohl als beendet zu betrachten sein.

Differenzen gibt es keineswegs nur bei wirtschaftlichen Fragen, sondern in noch viel stärkerem Maße bei militärischen Überlegungen, wie das nächste Kapitel zeigt.

Militärischer Wettlauf

Kein Land außer den USA mit rund 800 Milliarden Dollar hat in den vergangenen Jahren so viel Geld für Rüstung ausgegeben wie China mit etwa 250 Milliarden Dollar. Seit 1990 entfallen 60 Prozent des globalen Wachstums an Militärausgaben auf China.

Beim militärischen Vergleich Stand 2020 erwiesen sich die Vereinigten Staaten nach wie vor als allen übrigen Staaten haushoch überlegen. Wie lange wird das noch so bleiben? Zwar ist China mit zwei Millionen Soldaten gegenüber 1,3 Millionen US-Soldaten beim Fußvolk in der Überlegenheit. Mit weit über 300 einsatzbereiten Kriegsschiffen – von denen hundert binnen der letzten zehn Jahre gebaut wurden – ist China der US-Flotte mit rund 280 Schiffen quantitativ überlegen. Aber die US-Marine gilt militärisch dennoch als deutlich überlegen. Bei den U-Booten (China: 62, USA: 68) mag man noch von pari sprechen. Aber nur vier der chinesischen U-Boote sind mit Nuklearwaffen bestückt gegenüber 14 Atom-U-Boten der Amerikaner. Noch deutlicher wird die militärische Überlegenheit bei Flugzeugträgern: die USA können mit elf auftrumpfen, China verfügt gerade einmal über zwei Flugzeugträger. Weitere sind allerdings in Planung, die genau wie die US-Träger ebenfalls mit Atomantrieb ausgestattet werden sollen.

Die maritime Aufrüstung Chinas hängt direkt mit seiner Nukleardoktrin zusammen, dem Ziel, bei einem nuklearen Erstschlag etwa durch die USA noch genug Kraft zum vernichteten Gegenschlag zu besitzen. Doch bislang sind Chinas Kernwaffen überwiegend auf landgestützten Abschussbasen installiert, die mit Hilfe moderner Lenkwaffen als relativ leicht auffindbar und zerstörbar gelten. Genau wie die Amerikaner strebt Peking deshalb an, einen wesentlichen Teil seiner Kernfeuerkraft auf nuklear betriebenen U-Booten zu stationieren, die den besten Schutz selbst vor so einem mächtigen Gegner wie den USA bieten.

Auch bei der Luftwaffe setzt Peking auf massive Aufrüstung. Im November 2018 wurde erstmals ein Kampfflugzeug mit einer sogenannten Schubvektorsteuerung in Betrieb genommen. Dadurch werden die chinesischen Jets ähnlich manövrierfähig wie die modernen Militärflugzeuge aus dem Westen. Seit 2017 verfügt China über einen ersten Tarnkappenjet. Ein Tarnkappenbomber, der es mit dem B-2-Bomber der USA aufnehmen kann, soll 2025 in Betrieb gehen. Vor allem aber hat China in den letzten Jahren kräftig in die Modernisierung seines Raketenarsenals investiert. Schon heute besitzt China mehr ballistische Raketen als irgendein anderer Staat. Bei gut der Hälfte davon handelt es sich um Mittelstreckenraketen wie etwa die Antischiffraketen DF-21 und DF-26. Diese werden im Militärjargon „Carrier Killer“ genannt, weil sie in der Lage sein sollen, die bislang fast unangreifbaren US-Flugzeugträger auszuschalten.

US-Soldaten erwarten baldigen Krieg

Der Cyberterrorismus sowie Russland und China stellen nach Ansicht der US-Soldaten die größten Bedrohungen dar, hat eine Umfrage der Military Times schon im Oktober 2018 zutage gefördert. Demnach erwartete beinahe die Hälfte der US-Streitkräfte, dass ihr Land schon bald in einen neuen großen Krieg hineingezogen wird. Die Soldaten schätzten die Weltlage als derart instabil ein, dass es zu einem Krieg mit Russland oder mit China in den 2020er Jahren kommen könnte. Im Jahr zuvor hatte dieser Anteil gerade einmal bei fünf Prozent gelegen. Seit 2018 spitzte sich die internationale Lage in den Augen des US-Militärs also zu. Die Pandemie 2020/21/22 hat den Konflikt zwischen China und den USA weiter verschärft.

Dabei gingen die US-Streitkräfte offenbar von einem „regulären Krieg“ aus, also Staat gegen Staat, mit China und Russland als primären Feindbildern. So sahen 71 Prozent der Befragten Russland als Bedrohung der nationalen Sicherheit für die USA ab 2019 an, das waren 18 Prozentpunkte mehr als im Vorjahr, und 69 Prozent China, 24 Punkte mehr als im Jahr zuvor.

Dies stand indes im klaren Gegensatz zu den Erfahrungen und Erwartungen der vorherigen Jahre, die vor allem durch asymmetrische Kriege und Kriege gegen „Schurkenstaaten“ wie etwa Nordkorea oder Iran geprägt waren. Nordkorea und Iran sahen in der Befragung übrigens 46 bzw. 40 Prozent der US-Soldaten in den 2020ern als Bedrohung an. Noch 2017 stand Nordkorea an erster Stelle mit 72 Prozent.

Die erhöhte Kriegsgefahr resultierte wohl unmittelbar aus der Kriegsrhetorik von US-Präsident Donald Trump in seiner Amtszeit 2016 bis 2020. Er hatte nicht nur unüberhörbar Nordkorea mit einem Atomkrieg gedroht, sondern in Syrien direkt angegriffen und damit einen militärischen Konflikt mit Russland riskiert. Für den Fall, dass in der syrischen Provinz Idlib Giftgas zum Einsatz kommt, drohten die USA gemeinsam mit

Frankreich und Großbritannien mit einer Offensive. Die drei UNO-Vetomächte seien „entschlossen zu handeln, sollte das Assad-Regime erneut Chemiewaffen einsetzen“ wie beim Giftgasangriff auf Ghuta bei Damaskus am 21. August 2013.[139]

Noch bedrohlicher als konventionelle Kriege schätzten die Soldaten mit 89 Prozent die Gefahr durch Cyberterrorismus ein. Allerdings sahen sie die USA gegen Angriffe über das Internet schlecht gewappnet. Lediglich 13 Prozent der Soldaten standen hinter den staatlichen Abwehrmaßnahmen, ein Drittel lehnte die Bemühungen zur Bekämpfung des Cyberterrorismus schlichtweg ab.[140] Im Juli 2021 erklärte US-Präsident Joe Biden klipp und klar: „Ich denke, dass wenn wir in einem Krieg enden werden – einem echten Krieg mit einer Großmacht – dass es wahrscheinlich als Folge eines Cyberangriffs von großer Tragweite sein wird, und die Wahrscheinlichkeit nimmt exponentiell zu.“[141] Das war beinahe schon eine Kriegserklärung wahlweise an China, Russland oder Nordkorea – den drei führenden antiamerikanischen Cyber War-Nationen auf der Welt.

USA fallen militärisch zurück

Tatsächlich arbeitet die Zeit im Wettringen mit China gegen die USA. Wenn das Land eine militärische Entscheidung suchen sollte, so wie es Großbritannien im ersten Weltkrieg gegen das erstarkende Deutschland getan hat, muss es sich beeilen. Bereits im November 2018 wurde der Bericht einer überparteilichen Kommission für den US-Kongress bekannt, der unter den US-Politikern für Entsetzen sorgte. Im Kern kam das Papier zu der Einsicht, dass die Vereinigten Staaten von Amerika auf dem Weg sind, ihren militärischen Vorsprung gegenüber anderen Großmächten einzubüßen. Es sei nicht gewährleistet, dass die USA einen Krieg gegen China oder Russland auf jeden Fall gewinnen würden. Sowohl China als auch Russland rüsten nach Erkenntnissen des Berichts weiterhin massiv auf. Durch die Rüstungsmaßnahmen beider Länder fühlen sich die USA augenscheinlich unmittelbar bedroht.

Kathleen H. Hicks, eine frühere Pentagon-Beraterin unter der Obama-Regierung und Mitglied der Kommission, warnte unverhohlen vor dem selbstzufriedenen Gefühl, dass „die USA alles, was sie wollten, in aller Welt erreichen könnten, auch militärisch“. In der Tat ist dies der Anspruch der USA seit ihrer Gründung und nicht erst seit der Amtszeit von Donald Trump im Oval Office. Hierfür gaben die USA im Jahr des Berichts, 2018, beachtliche 716 Milliarden Dollar aus, viermal mehr als China und zehnmal mehr als Russland.[142]

Das Wettrüsten hat also schon lange begonnen. Es wird sich unter US-Präsident Joe Biden weiter beschleunigen. Eigentlich wollte bereits US-Präsident Trump die Verteidigungsausgaben massiv kürzen, um von den Einsparungen die 2016 der Wählerschaft versprochenen Steuersenkungen zu finanzieren. Den Ausgleich wollte er den anderen NATO-Mitgliedsstaaten aufbürden, deren deutliche Zurückhaltung bei der Finanzierung des gemeinsamen Militärbündnisses den USA schon seit US-Präsident Barack Obama ein Dorn im Auge war.

Chinas Militärdoktrin: Westpazifik

Im Unterschied zu den Vereinigten Staaten von Amerika mit seinen 750 US-Militärstützpunkten in 80 Ländern der Welt setzt China nicht auf die militärische Kontrolle der ganzen Welt, sondern darauf, potenzielle Gegner soweit wie möglich auf Abstand zum eigenen Land zu halten. Darunter fällt insbesondere die Kontrolle des Westpazifik, den China zusehends als sein Meer betrachtet. Diese Abwehrstrategie bildet den Kern von Chinas Militärdoktrin. Hierzu hat China 2013 eine Luftraumüberwachungszone über dem Ostchinesischen Meer ausgerufen und zahlreiche Inseln im Südchinesischen Meer zu waffenstarrenden Militärbasen ausgebaut.

Hierfür gibt es einen militärisch klar umrissenen Grund. Chinas derzeitige U-Boote, selbst die modernsten atomgetriebenen, sind im Betrieb schlichtweg zu laut und können daher zu leicht vom Gegner mit Sonarsystemen geortet und vernichtet werden. Für die Entwicklung leiserer Atom-U-Boote braucht China indes einen maritimen Schutzraum für Testzwecke – und genau dafür dient das Ost- und Südchinesische Meer. Aus eben diesem Grund hat Peking eine ganze Reihe von Inseln im Südchinesischen Meer zu Festungen ausgebaut und wehrt sich gegen jedwedes Eindringen ausländischer Kriegsschiffe.

Doch die USA sind nicht gewillt, dieser zunehmenden Militarisierung im Westpazifik tatenlos zuzusehen. US-Präsident Barack Obama hatte als Antwort schon 2011 einen „pivot to Asia“, einen strategischen Schwenk nach Asien, angeordnet. Unter ihm wurden 60 statt zuvor nur 50 Prozent der US-Seestreitkräfte im Pazifik stationiert. Zudem wurden neue US-Militärstützpunkte in der Region eingerichtet. Obamas Nachfolger im Amt des US-Präsidenten, setzte diese Militärstrategie konsequent fort. Hierzu gehört ein zweiter Flugzeugträger, der permanent im Pazifik unterwegs ist, ebenso wie die Aufstockung der US Navy von 283 (2018) auf 355 Schiffe.

Hochrangige US-Militärs bezweifeln allerdings, ob das im Fall der Fälle ausreichen würde. Admiral Philip Davidson, Kommandeur der US-Streitkräfte im Pazifik, musste eingestehen, dass Peking das Südchinesische Meer *„in allen Szenarien außer einem Krieg mit den USA"* kontrolliert. Eine vom US-Kongress eingesetzte Kommission kam sogar zu der Erkenntnis, dass selbst im Kriegsfall ein Sieg der Vereinigten Staaten von Amerika nicht mehr sicher sei: *„Das US-Militär könnte in seinem nächsten Konflikt unannehmbar hohe Verlust erleiden. Es könnte Schwierigkeiten haben, einen Krieg gegen China oder Russland zu gewinnen, oder ihn vielleicht sogar verlieren. Die USA sind insbesondere gefährdet, falls ihre Streitkräfte gezwungen werden sollten, an zwei Fronten gleichzeitig zu kämpfen."* Ein Bündnis zwischen Moskau und Peking könnte also den Zusammenbruch der Weltmacht USA bedeuten.

Zwar standen sich Russland und China über lange Jahre hinweg misstrauisch bis verfeindet gegenüber, aber beide sind sich einig in der strikten Ablehnung der USA als einer Art „Weltregierung". Im September 2018 unternahmen China und Russland erstmals ein großes gemeinsames Land- und Seemanöver in Nordostasien. Es scheint also durchaus denkbar, dass die USA tatsächlich in einen Zweifrontenkrieg verwickelt werden könnten, dessen Ausgang ungewiss wäre. Damit wäre der Dritte Weltkrieg der erste Weltkrieg außerhalb Europas, eventuell sogar ohne europäische Beteiligung – jedenfalls, soweit es China betrifft. Das Bedrohungspotenzial aus Russland ist seit 2022 erneut unübersehbar.

Zwar könnte die Rolle Europas bis dahin im globalen Maßstab derart unbedeutend sein, dass es einer europäischen Armee lediglich noch auf den Schutz der eigenen Außengrenzen ankäme. Aber auch dafür wird Europa nicht ohne die USA auskommen. Das setzt natürlich voraus, dass Europa bis dahin nicht in seine Einzelstaaten zerfallen ist, und überhaupt über eine europäische Streitmacht verfügt. Wie weit sich Europa aus einem Dritten Weltkrieg heraushalten kann, hängt natürlich auch davon ab, wie es bis dahin mit den auf europäischem Boden stationierten amerikanischen Kernwaffen und sonstigen Raketen bestellt sein wird. Ob diese Frage im Ernstfall wirklich noch relevant sein wird, hängt davon ab, ob Albert Einstein möglicherweise doch recht hatte, als er kontemplierte: *„Ich bin nicht sicher, mit welchen Waffen der dritte Weltkrieg ausgetragen wird, aber im vierten Weltkrieg werden sie mit Stöcken und Steinen kämpfen.“*

Das alles stellt allerdings nur die militärische Betrachtung dar. Doch in der heutigen Zeit der weltumschlingenden Verwobenheit der Nationen hängen ökonomische und machtpolitische Überlegungen eng zusammen.

Ein von den USA angezettelter Handelskrieg würde zwar die Exportkraft Chinas massiv treffen, zugleich jedoch den US-Kapitalmarkt ebenso schwer erschüttern. Im Nuklearzeitalter galt die gegenseitige Zerstörung als ultima ratio. Die mit Atomwaffen angreifende Nation musste davon ausgehen, von der angegriffenen Nation ebenso vernichtend attackiert zu werden. Diese „wechselseitig zugesicherte Zerstörung“ der Vergangenheit hat heutzutage eine neue ökonomische Form angenommen. Während im Kalten Krieg der Freien Welt gegen die

Sowjetunion vor allem das militärische Wettrüsten über Sieg und Niederlage entschied, sind heutzutage weitere Komponenten hinzugekommen: die Wirtschaftskraft und der technologische Entwicklungsstand. Auf beiden Feldern unternimmt China alle Anstrengungen, um mit den USA mitzuziehen.

USA rüsten Taiwan gegen China

Wie eine schallende Ohrfeige für China wirkte der Militärdeal der Vereinigten Staaten mit Taiwan im Sommer 2019: Die USA verkauften 66 Kampfflugzeuge vom Typ F-16 an Taiwan. Der Rüstungsdeal mit einem Wert von insgesamt acht Milliarden Dollar (umgerechnet 7,2 Milliarden Euro) umfasste neben den Kampfjets auch 75 Triebwerke und andere Systeme. Die US-Regierung stufte das militärische Milliardengeschäft in Übereinstimmung mit den „historischen Beziehungen" zwischen den USA und China ein.

China bezeichnete es als „schwere Verletzung" von Vereinbarungen und als „schwere Einmischung in Chinas innere Angelegenheiten". Schließlich betrachtet Peking den Inselstaat Taiwan als abtrünnige Provinz, die eines Tages wieder mit dem Festland vereinigt werden soll - notfalls mit militärischer Gewalt.

Die militärische Unterstützung durch die USA konnte daher nur als Provokation verstanden werden. Das war 2019 allerdings keine große Neuigkeit mehr. Schon 1992 hatte sich Taiwan eine F-16-Flotte zugelegt und über die Jahre hinweg mehrfach modernisiert.

17 plus 1

In Chinas Plan, zur Weltmacht aufzusteigen, spielt Osteuropa eine wichtige Rolle. Seit 2012 galt das Konzept „16 + 1" als Synonym für 16 Länder in Osteuropa, elf davon in der Europäischen Union, und „1" für China. Im April 2019 kam Griechenland hinzu, es sind seitdem 17 plus 1 Staaten.

Was zeichnet die 17+1-Länder im chinesischen Plan aus? Die Antwort ist eindeutig: In diesen Ländern will China durch Investitionen in Infrastruktur langfristigen wirtschaftlichen und politischen Einfluss nehmen. Diese prominente Stellung ginge zu Lasten des Einflusses von Washington, Berlin oder Paris. Das unterscheidet das chinesische Engagement in der 17+1-Gruppe etwa von dem in Deutschland oder Frankreich. Dort geht es China darum, über Firmenbeteiligungen und Akquisitionen an Know-how heranzukommen und soweit möglich technologische relevante Unternehmen zu übernehmen. In Deutschland gibt es besonders viele sogenannte „Hidden Champions", außerhalb ihrer jeweiligen Branche eher unbekannte Unternehmen, die innerhalb ihrer Branche teilweise über mehr als 50 Prozent Marktanteil weltweit verfügen. Für China stellen diese Firmen strategisch interessante Akquisitionen dar.

Anders in der Region 17+1: Dort setzt China sein Geld ein, um die wenig entwickelten und eher ärmeren Länder mit attraktiven Investitionsvorhaben zu gewinnen. Straßen, Brücken, Häfen, Eisenbahnstrecken, Telekommunikationsnetze, Kraftwerke - die Liste der von chinesischer Seite geförderten Infrastrukturvorhaben in Osteuropa ist lang. Häufig handelt es sich dabei um Projekte, die von der EU nicht als förderungswürdig eingestuft wurden. Bestes Beispiel hierfür stellt Polen dar, das zwischen 2000 und 2018 mehr als eine Milliarde Direktinvestitionen aus China erhalten hat. Damit im Zusammenhang steht auch die Erwartung, dass Polen wohl schon bald keine Subventionen mehr aus Brüssel erhalten wird und sich bis 2027 vom Nettoempfänger zum Nettozahler in der EU entwickeln wird.

Gleichzeitig ist Polen auf die USA als Sicherheitsgarant angewiesen, um sich vor seinem großen Nachbarn Russland einigermaßen geschützt zu fühlen. Nach der Annexion der ukrainischen Halbinsel Krim durch Russland 2014 ist klar, dass Russland mit seinem geschrumpften Territorium sich nicht mit dem Status quo auf der Weltbühne begnügen will. So versucht Polen eine gefährliche Gratwanderung zwischen den Machtblöcken, mit dem Ziel politischer Eigenständigkeit und wirtschaftlicher Prosperität.

Doch wie der Begriff 17+1 schon ausdrückt, steht Polen mit 1,4 Milliarden Direktinvestitionen aus China zwischen 2000 und 2018 in Osteuropa nicht allein. An der Spitze liegt Ungarn mit 2,4 Milliarden Euro im selben Zeitraum, gefolgt von Polen, Tschechien (1,0 Milliarden Euro), Rumänien (900 Millionen Euro), Bulgarien (400 Millionen), Slowenien und Kroatien mit jeweils 300 Millionen Euro sowie Slowakei, Litauen, Lettland, und Estland mit jeweils 100 Millionen Euro.

Für alle diese Staaten stellen diese Millionenbeträge größere Summen dar, mit denen sie ihre Volkswirtschaften nach vorne zu bringen gedenken. Für China hingegen sind es vergleichsweise überschaubare Beträge, um sich wirtschaftlichen und politischen Einfluss zu sichern.

Raketen gegen China – und zurück

Kaum hatte die US-Regierung den Ausstieg aus dem INF-Abkommen verkündet, gingen die USA daran, Mittelstreckenraketen in den pazifischen Raum zu verlagern. Daraus lassen sich drei Schlussfolgerungen ableiten. Erstens ging es den USA in erster Linie nicht darum, das INF-Abkommen wegen des russischen Marschflugkörpers 9M729, dessen Reichweite den INF-Vertrag verletzt, zu beenden. Zweitens betrachten die USA China im Vergleich zu Russland als den gefährlicheren Feind. Folglich bringen sie sich gegenüber China auch mit Raketen in Stellung. Und drittens will sich die US-Regierung unabhängig von internationalen Verträgen machen, um nach eigenem Gutdünken handeln zu können. Es ist vermutlich nur eine Frage der Zeit, bis die USA auch das START-Abkommen (Strategic Arms Reduction Treaty, deutsch Vertrag zur Verringerung strategischer Waffen), das 2021 um weitere fünf Jahre verlängert worden ist und die einzige Begrenzung der Atomwaffenarsenale beider Länder darstellt, für beendet erklärt. Letztlich lässt sich festhalten, dass die USA auf ein neues Wettrüsten setzen, um die dominierende Rolle der Vereinigten Staaten von Amerika mit allen Mitteln verteidigen zu können.

In diesem Kontext ist es interessant, den „Bericht zur neuen Verteidigungsstrategie“[143] zu lesen, den China Mitte 2019 herausgegeben hat. China bescheinigt darin den USA die „absolute militärische Überlegenheit“ erreichen zu wollen. In ihrem Bericht zur Verteidigungsstrategie identifizierten die USA China als ihren „wichtigsten strategischen Konkurrenten“ in einer „zunehmend multipolaren Welt“. Die Schuld am atomaren Wettrüsten wird den USA zugewiesen, die „den Wettstreit zwischen den großen Ländern provoziert und verstärkt". Als Anzeichen und zugleich Beleg hierfür werden in dem Report die deutliche Vergrößerung der Rüstungsausgaben und die Erhöhung der Kapazitäten bei den Atomwaffen, der Raketenabwehr, im Weltraum und im Internet der USA angeführt. Dadurch werde die „globale strategische Stabilität, in der China die Welt sieht, von den USA ausgehebelt.

Doch nicht nur die USA, auch die Europäische Union verstärkt in den Augen Chinas ihre militärische Präsenz seit Jahren, vor allem in Zentral- und Osteuropa. Das gelte sowohl für das nordatlantische Verteidigungsbündnis NATO als auch für alle Überlegungen zu einer eigenen europäischen Armee. Bei Russland nimmt China laut dem 2019er-Report ebenfalls eine zusehende Verstärkung der nuklearen und konventionellen Waffenkapazitäten wahr. Sich selbst sieht China als friedensliebende Macht, die in den 70 Jahren seit der Gründung der Volksrepublik keinen Krieg oder Konflikt mehr begonnen hat. Als Treiber hinter den anhaltenden Konflikten im Südchinesischen Meer werden die USA identifiziert die mit der Installation des Raketenabwehrsystems THAAD die Stabilität der gesamten Region gefährdet hätten. China bezeichnet sich als Einheit, zu der unverhandelbar die Provinzen Taiwan, Tibet und Xinjiang gehören.

Seine Atomwaffenstrategie beschreibt China wie folgt: Aufrechterhaltung der nuklearen Abschreckung, Entwicklung von Weltraum- und Cyberspace-Kapazitäten. China legt Wert darauf, seine Souveränität und maritimen Rechte sowie seine Interessen im Ausland zu sichern, plant aber laut Strategiepapier keinen Ersteinsatz von Atomwaffen und - bemerkenswert - auch nicht die Drohung mit einem Ersteinsatz.

Nach eigener Darstellung stuft sich China also als ein friedliebendes Land ein, das Waffen lediglich braucht, um seine legitimen Rechte gegen Aggressoren - allen voran die USA - zu verteidigen. Das Land sehe sich gezwungen, beim Wettrüsten mitzuhalten, um sich gegebenenfalls gegen ungerechtfertigte Angriffe zur Wehr zu setzen. Es werden rote Linien aufgezeigt, bei deren Überschreiten China damit droht, Gegenmaßnahmen zu ergreifen. Darin liegt möglicherweise eine Gefahr.

Sollten die USA tatsächlich wie angekündigt Mittelstreckenraketen im pazifischen Raum stationieren, sähe sich China „gezwungen, Gegenmaßnahmen zu ergreifen, wenn die USA landgestützte Mittelstreckenraketen in diesem Teil der Welt aufstellt“. Dabei werden Mittelstreckenraketen ausdrücklich als Offensivwaffen eingestuft: „Jedes Land, das Raketen aufstellt, würde sich direkt oder indirekt gegen China und Russland richten.“

Südkorea, Australien und Japan wurden gewarnt, sich vor den US-Karren spannen zu lassen. In der Tat argumentieren die USA, dass die Stationierung von Mittelstreckenraketen im Pazifik vor allem dem Schutz der US-amerikanischen Alliierten wie Japan oder Südkorea diene.

An möglichen Verhandlungen über den Abbau von Atomwaffen will China im Übrigen nicht teilnehmen, weil das chinesische Potential gering sei im Vergleich mit den Atomwaffenarsenalen Russlands und der USA.[144] Indes setzt China augenscheinlich alles daran, dies zu ändern. Admiral Charles

Richard, der die US-Atomstreitkräfte befehligt, berichtet 2021 bei einer Anhörung vor dem Kongress der Vereinigten Staaten, dass in China eine „atemberaubende Expansion" im Gange sei, einschließlich eines wachsenden Arsenals von Interkontinentalraketen und neuen mobilen Raketenwerfern. Ebenfalls 2021 nährten Satellitenaufnahmen von verdächtigen Bauarbeiten im Nordwesten Chinas in den Städten Hami und Yume den Verdacht, dass das Land sein Atomwaffenarsenal weiter aufstockte.[145] Analysen der Satellitenaufnahmen kommen auf mindestens 229 Silos für Interkontinentalraketen, die die wichtigsten Trägermittel für Atomwaffen darstellen.[146] Vor 2021 war angenommen worden, dass China „nur" über 250 bis 350 Atomraketen verfügt. Die Aufstockung um 229 neue Raketen kämen also in etwa einer Verdoppelung des atomaren Arsenals gleich. Diese massive Expansion steht im Einklang mit den Worten von Staatschef Xi Jinping bei Feierlichkeiten zum 100. Jahrestag der Gründung der Kommunistischen Partei im Juli 2021: China werde mit dem Aufbau einer Armee von „Weltklasse" fortfahren, um seine nationalen Interessen zu verteidigen. Er erklärte: „Das chinesische Volk wird ausländischen Kräften niemals erlauben, uns zu schikanieren, zu unterdrücken oder zu versklaven."[147]

Die Welt rüstet auf

Nicht erst seit 2021, sondern schon seit 2017 rüstet die Welt wieder auf. Bereits von 1999 bis 2011 waren die globalen Militärausgaben kontinuierlich gestiegen. Zwischen 2012 und 2016 blieben sie mehr oder minder konstant, bevor sie seit 2017 wieder zunahmen. Insgesamt gaben die Länder der Erde 2019 rund 1,76 Billionen Euro für Militär aus. Es markierte einen Höchststand seit das Stockholmer Friedensforschungsinstitut Sipri erstmals weltweit einheitliche Vergleichsdaten zur Verfügung stellte.[148] 2019 stiegen die Aufwendungen für Militär rund um den Globus so stark wie die letzten zehn Jahre zuvor nicht.[149] Über ein Drittel aller Militärausgaben weltweit entfielen 2019 auf die USA.

Das war fast so viel wie alle acht darauffolgenden Länder – China, Saudi-Arabien, Indien, Frankreich, Russland, Großbritannien, Deutschland und Japan – zusammengerechnet. Allein China wendete 2019 für Militär etwa so viel Geld auf wie die vier darauffolgenden Staaten. Zum 25. Mal in Folge steigerte China 2019 seine jährliche Militärausgaben – ein Ende ist nicht abzusehen. Ganz im Gegenteil ist für die 2020er Jahre eine weitere Aufstockung zu erwarten.[150] Das Stockholmer Friedensforschungsinstitut Sipri warnte 2020 vor einer Renaissance der Atomwaffen. In das Jahr 2020 sind Russland mit 6375 Atomsprengköpfen, die USA mit über 5800, China mit 320, Frankreich mit 290, Großbritannien mit 215, Pakistan mit 160, Indien mit über 150 und Israel mit über 90 Atomwaffen gegangen, hat Sipri ermittelt. Das Atomwaffenprogramm in Nordkorea bezeichneten die Forscher mit 30 bis 40 Nuklearwaffen als „aktiv, aber sehr undurchsichtig“. Erschreckender noch war 2020 die Erkenntnis der Stockholmer Friedensforscher, dass die Atommächte an einer neuen Generation von Nuklearwaffen arbeiteten. Sowohl Russland als auch die USA hätten teure und umfangreiche Programme in die Wege geleitet, um ihre Atomsprengköpfe, transportfähigen Flugzeuge und Produktionsstätten zu modernisieren. Zudem spielten Atomwaffen in ihrer militärischen Planung für die 2020er Jahre wieder eine wichtigere Rolle. Das bedeute eine Umkehr eines seit dem Ende des Kalten

Kriegs vorherrschenden Trends. Beispielhaft wurde die chinesische Entwicklung einer sogenannte Atomtriade aus neuen see- und landgestützten Raketen sowie atomwaffenfähigen Jets genannt.[151]

Nicht nur die Quantität, vor allem auch die Qualität der Aufrüstung für die 2020er Jahre ist bemerkenswert. Der Wettbewerb nicht nur zwischen China und den USA wird in den 2020er Jahren zweifelsohne um neue Waffengattungen und um neue Kriegsschauplätze erweitert werden.

Killer-Roboter im Anmarsch

Alle Supermächte arbeiten seit Jahren an der Entwicklung „Letaler Autonomer Waffensysteme“ (LAW), man kann auch „Killerroboter“ sagen.[152] Dazu gehören um sich schießende Roboter, selbstgesteuerte Drohnen, autonome Kampfflugzeuge und der Außenwelt noch unbekannte Entwicklungen in den Laboren der Militärs. Im Kern geht es um Tötungswaffen, die durch Künstliche Intelligenz (KI) in der Lage sind, weitgehend ohne menschliches Eingreifen Zerstörungen anzurichten. Diese KI-Waffen sollen Ziele selbstständig auswählen, eigenständig feuern und durch „Maschinelles Lernen“ fortlaufend dazulernen, wie sie am meisten Schaden beim Feind anrichten können. „Flash War“ nennen die Experten den Einsatz dieser seelenlosen Killermaschinen.

Das Auswärtige Amt der Bundesrepublik Deutschland beschrieb das Horrorszenario der Zukunft bereits 2019 wie folgt: „Schießende Roboter, großflächige Hackerangriffe auf Stromversorgungssysteme, oder KI-gestützte neuartige Raketensysteme sind längst zu einer realen Gefahr für die Kriegsführung des 21. Jahrhunderts geworden. Künstliche Intelligenz in Waffensystemen darf nicht dazu führen, dass Killerroboter ohne jegliche menschliche Kontrolle die Kriege der Zukunft führen. Wir brauchen eine internationale Ächtung dieser Systeme."[153]

Seit 2014 bemühen sich die Vereinten Nationen, dem seelenlosen Treiben Einhalt zu gebieten. Doch in den 2020er Jahren, in denen die zivile Forschung intensiv daran arbeitet, dass Personen- und Lastkraftwagen autonom fahren, in der Künstliche Intelligenz in Smartphones, in die heimischen vier Wände und in die Daten-Clouds Einzug hält, ist es wohl unrealistisch zu erwarten, dass ausgerechnet die Waffenhersteller auf KI-Waffen verzichten. Ebenso illusorisch wäre der Glaube, dass Weltmächte wie die USA, China oder Russland nicht große Summen ausgeben werden, um eine militärische KI-Überlegenheit zu erreichen. Andere Staaten in Europa, im Nahen Osten oder in Asien könnten sich gezwungen sehen, ebenfalls auf KI-Waffen zu setzen, um künftig nicht militärisch hilflos zu werden. Damit scheint das nächste Wettrüsten vorprogrammiert. Von den USA, China, Israel, Südkorea, Russland und Großbritannien ist bei Drucklegung dieses Buch bereits bekannt, dass sie die Entwicklung autonomer Waffensysteme massiv vorantreiben.[154] Sicherlich werden einige Länder mit kräftigem Waffenexportgeschäft wie die Bundesrepublik Deutschland die neuen Killergenerationen bei ihrer künftigen nationalen Rüstungskontrollpolitik berücksichtigen. Dennoch muss man kein allzu großer Pessimist sein, um die Gefahr zu erkennen, dass diese Tötungsmaschinen in die Hände von Terroristen gelangen könnten.

Wettrüsten im Weltraum

Neben der Aufrüstung durch Künstliche Intelligenz steht für die 2020er Jahre ein weiteres Wettrüsten auf der Agenda, nämlich im Weltraum. Schon seit den 1950er Jahren wird der Weltraum militärisch genutzt, anfangs vor allem von den USA und der Sowjetunion. Angesichts der aktuellen technischen Entwicklung besteht für die 2020er Jahre die Sorge, dass aktive Waffensysteme im Weltraum stationiert werden, etwa um von dort aus Satelliten, Raketen oder sogar Objekte auf der Erde zu bedrohen. Daher fordert die UNO seit Jahren Verhandlungen, um eine Stationierung von aktiven Waffensystemen im Weltraum zu verhindern.[155] Während die Anfänge der Menschheit im Weltraum vor allem von den Vereinigten Staaten von Amerika und der Sowjetunion bestimmt wurden, wird in den 2020ern mit Sicherheit China mitwirken wollen. Es hat geradezu symbolischen Charakter, dass die Volksrepublik China im ersten Jahr der neuen Dekade erstmals ihre Nationalflagge auf dem Mond hisste. Das nach der chinesischen Mondgöttin benannte Raumschiff Chang'e 5 hat die zwei Meter breite und 90 Zentimeter hohe chinesische Fahne am 1. Dezember 2020 im Rahmen einer unbemannten Mondlandung aufgestellt.[156] Bedeutsamer als dieser symbolische Akt sind die erreichten technischen Fähigkeiten der Raumission, die in der Nähe von Mons Rümker landete und 1731 Gramm Mondboden zur Erde zurückbrachte. Das Servicemodul suchte später den Lagrange-Punkt L1 auf und führte in einer erweiterten Mission einen Mondvorbeiflug durch. Zuvor gelang China am 3. Januar 2019 bereits die historische Landung auf der „dunklen Seite“ des Mondes. Damit war das chinesische Raumschiff Chang'e 4 das erste, das jemals in diesem unerforschten Bereich des Mondes gelandet ist und Aufnahmen aus der Umgebung zur Erde zurück gefunkt hat[157]. Am 16. April 2022 kehrten Chinas drei Shenzhou-13 Taikonauten, darunter mit Wang Yaping die erste Frau, nach sechs Monaten im Orbit sicher auf die Erde zurück. Sie hatten 183 Tage in der von China errichteten Raumstation Tiangong (天宫; Tiāngōng; „Palast im Himmel“) in einer niedrigen Erdumlaufbahn in 340 bis 450 km Höhe zugebracht. Als Chinas erste Langzeit-Raumstation ist sie das Ziel der "dritten Stufe" des chinesischen bemannten Raumfahrtprogramms. Nach ihrer Fertigstellung wird Tiangong eine Masse von 80 bis 100 Tonnen haben, etwa ein Fünftel der Masse der Internationalen Raumstation und ungefähr so groß wie die stillgelegte russische Raumstation Mir.

Die 2020er Jahre werden vermutlich ein militärisches Wettrüsten sehen, das über die Aufrüstung im Kalten Krieg zwischen 1947 und 1989 hinausgehen dürfte. Während sich damals im Wesentlichen die Sowjetunion und die USA gegenüberstanden, sind für das neue Jahrzehnt und darüber hinaus weitere Mitstreiter zu erwarten, allen voran die Volksrepublik China.

Cyber War – Krieg im Internet

Angriffe über das Internet stellen eines der größten Kriegspotenziale dar – nicht nur, aber eben auch zwischen China und den USA. Schon seit längerem werden die größten Cyberangriffe durch Hackergruppen im staatlichen Auftrag vorgenommen. Das Spektrum reicht von Industrie- bzw. Behördenspionage bis hin zur Manipulation von Daten. Parallel dazu bauen die großen Staaten immense Datensilos auf, die sie einerseits mit Daten aus der eigenen Bevölkerung und andererseits aus den Datendiebstählen und der Cyberspionage in anderen Ländern füttern.

Von „Blackout“ bis „Outbreak“

Dabei sind in zunehmendem Maße Cyber-Attacken auf Infrastrukturen zu verzeichnen. So kam es im Frühjahr 2021 zu einem Angriff auf die größte Benzin-Pipeline der USA, der zu tagelangen ernsten Versorgungsengpässen führte. Er stand exemplarisch für das Ausmaß, in dem uns der Cyber War künftig betreffen wird – entweder direkt durch einen Angriff auf unsere Computer oder indirekt, indem wir von den Auswirkungen einer Attacke auf Unternehmen und Infrastruktur betroffen sein werden. Nach der Pipeline-Attacke mussten rund ein Dutzend US-Bundesstaaten den Notstand ausrufen. Es war eine schwierige Situation entstanden. Und dennoch könnte das erst der Anfang eines Cyber War sein, eines Generalangriffs auf die Informationstechnologie (IT) unserer digitalen Zivilisation, die uns dazu nötigen könnte, einen globalen Notstand auszulösen.

Unsere kritischen Infrastrukturen – Strom, Wasser, Gas, Polizei, Feuerwehr, Rettungsdienste, Krankenhäuser, Lebensmittelversorgung, Entsorgung, Internet und mehr – sind schon heute nur noch mit Computerhilfe funktionsfähig. Der österreichische Erfolgsautor Marc Elsberg hat bereits in seinem 2017 erschienenen Bestseller „Blackout – Morgen ist es zu spät" beunruhigend anschaulich beschrieben, wie unsere Zivilisation bei einem angenommenen großflächigen Stromausfall in Europa zerfallen könnte.[158] Natürlich handelt es sich dabei um eine Fiktion. Aber die Regierungen sicherlich nicht nur der USA und Chinas sind sich zweifelsohne des immensen Risikos bewusst, dass ihre Infrastrukturen von anderen Staaten angegriffen und lahmgelegt werden können.

China, Russland und Nordkorea am aktivsten

China, Russland und Nordkorea gelten im Westen als die gefährlichsten Hackernationen, also Staaten, die den Cyber War am besten beherrschen und auch längst mit Cyberwaffen aktiv sind. Dabei wird unterstellt, dass alle drei Staaten dabei eng zusammenarbeiten, insbesondere China und Nordkorea. Beim Abhören sind die USA ganz vorne, wie wir seit den Enthüllungen des Whistleblowers Edward Snowden wissen. Der „Fall Snowden" zeigte übrigens, dass die USA bereits intern angreifbar sind: Es war ein einzelner Mann, der die US-Geheimdienste entblößte, ohne die Hilfe irgendeines anderen Staates in Anspruch nehmen zu müssen. Innentäter haben noch immer die meisten Möglichkeiten, Sicherheitsmaßnahmen zu umgehen. Die Gefahr eines externen Angriffs ist dennoch als hoch einzustufen?

Ab 2009 war Edward Snowden bei der dem US-Geheimdienst NSA nahestehenden Beratungsfirma Booz Allen Hamilton als externer IT-Mitarbeiter in einem NSA-Büro auf Hawaii tätig. Im Rahmen dieser Tätigkeit hatte er Zugang zu umfangreichen, als „top-secret" eingestuften Daten und Geheimdokumenten der NSA, so auch zu Dokumenten, die sich auf die bis dahin der Öffentlichkeit noch nicht bekannten Programme zur Überwachung der weltweiten Internetkommunikation bezogen. 2013 kam der IT-Spezialist zu dem Schluss, dass das Handeln der NSA unethisch sei, kopierte 1,7 Millionen Dateien auf Speicherkarten, meldete sich bei seinem Arbeitgeber krank, flog nach Hongkong und verschickte geheime Dokumente zunächst an die Zeitungen *Washington Post* und *Guardian*. Diese veröffentlichten am 6. Juni 2013 Teile der als geheim eingestuften Dokumente. Ed Snowden ahnte, dass die US-amerikanischen Geheimdienste ihn schnell als Quelle identifizieren würden. Daher entschloss er sich, an die Öffentlichkeit zu gehen. Am 9. Juni 2013 gab er dem *Guardian* ein Video-Interview, in dem er sich als Informant zu erkennen gab.[159] Am 29. August 2013 veröffentlichte die *Washington Post* einen umfangreichen Bericht über das „Black Budget" der US-Geheimdienste, basierend auf Dokumenten aus dem Fundus von Snowden.[160] Am 16. Mai 2016 veröffentlichte *The Intercept* unter der Bezeichnung „SIDtoday Files" die ersten aus 2003 von Edward Snowden gesammelten internen Newsletter des *Signals Intelligence Directorate (SID)* (Spionageabteilung) der NSA, in denen US-Agenten detailliert ihre Arbeit dokumentiert haben.[161]

Aus Sicht der US-Regierung war der Snowden-Fall der damals „größte anzunehmende Unfall", der GAU. Es war die Dimension der Snowden-Enthüllungen für die Sicherheit der

USA, die US-Präsident Joe Biden im Sommer 2021 veranlasste, allen Ernstes zu erklären, Cyberattacken auf die USA könnten einen wie er formulierte „richtigen Krieg“ auslösen. Der Snowden-Skandal war der Beginn der Erkenntnis um die Verletzlichkeit von Informationssystemen, Datenspeichern und digitalen Infrastrukturen. Wenn sich die, wie man annehmen sollte, sicherste Behörde der Welt, die National Security Agency der USA, vom Mitarbeiter der externen Beratungsfirma Booz Allen Hamilton Millionen von geheimen Dokumenten hat stehlen lassen, sagt das viel über den Schutz digitaler Daten bei den staatlichen Behörden aus. Booz Allen Hamilton ist keine Hackergruppe, sondern zählt mit mehr als 24.000 Mitarbeitern zu den führenden Technologieberatungen der US-Regierung. Ein wirksames Auftragnehmer-Management wäre hier angebracht gewesen.

Kommen gegnerische Stellen ins Spiel, wird es noch dramatischer. Anfang 2018 gelang es chinesischen Hackern, 614 Gigabyte an streng geheimen Informationen über das Rüstungsprojekt „Sea Dragon“ der US-Navy zu erbeuten. Die Angreifer drangen in das kaum gesicherte Netzwerk einer Firma ein, die für das *Naval Undersea Warfare Center* arbeitete.[162] Dabei handelt es sich um eine militärische Organisation, die Forschung und Entwicklung für U-Boote und Unterwasserwaffen betreibt. Dem Vernehmen nach konnten die Hacker die streng geheimen Pläne der neuen Überschall-Antischiffsrakete „Sea Dragon“ erbeuten, die 2020 in Dienst ging. Die Marine bescheinigt dem „Seedrachen“ eine „durchschlagende Offensivfähigkeit“. Militärexperten stufen sie als Vorreiter einer neuen Generation hochvernetzter „intelligenter“ Waffensysteme ein, die von einem

„dummen Träger“ wie etwa auch einem Containerschiff aus gestartet werden könnten.

Dies ist möglich, weil die neue Rakete nicht vom startenden Schiff aus befehligt wird, sondern in ein komplexes Leitsystem integriert ist. Weiterhin gelangten „Signale und Sensordaten, U-Boot-Informationen zu Verschlüsselungssystemen und zu elektronischen Kriegsführung“ in die Hände der Cyberkriminellen. Die US-Militärs konnten also eines ihrer hoch geheimen und wichtigen Projekte nicht vor dem Angriff aus China schützen.

Cyberangriffe, die bekannt werden, sind lediglich die Spitze eines Eisbergs: Die meisten Attacken inklusive Datenklau werden von den Unternehmen nicht erst gemeldet, erst recht nicht von staatlichen Einrichtungen oder gar dem Militär. Dementsprechend hoch ist auch die Dunkelziffer. Schreibt man lediglich die Entwicklung der vergangenen Jahre fort, kommt man auf über eine Milliarde Cyberangriffe im Jahr 2020.

USA rüsten zum Cyberkrieg

Zur Frage, unter welchen Umständen und mit welchen Maßnahmen die Cyberkrieger der USA im Falle eines Angriffs zum Gegenschlag ausholen dürfen, hatte US-Präsident Barack Obama schon 2012 in der „Presidential Policy Directive 20“ festgelegt. Die präsidiale Direktive wurde als „streng geheim“ eingestuft, gelangte jedoch schon 2013 im Rahmen des Snowden-Skandals an die Öffentlichkeit. In der US-Politik stand das Dokument lange mit dem Tenor in der Kritik, die geforderte Abstimmung der Behörden untereinander sei zu langwierig, um im Ernstfall schnell genug reagieren zu können. Die Obama-Regierung wollte mit Abstimmungsprozessen beispielsweise verhindern, dass der Angriff der einen Behörde der Spionageaktion einer anderen Behörde in die Quere kommt.

Im Sommer 2018 hob die Trump-Regierung jedenfalls die Obama-Direktive aus dem Jahre 2012 vollständig auf. Die neuen Regeln für den Cyberkrieg waren natürlich ebenfalls streng geheim. Es lässt sich indes vermuten, dass die starken Beschränkungen aus der Obama-Zeit weggefallen oder jedenfalls gelockert sind. Es ist wenig wahrscheinlich, dass der seit Januar 2021 im Amt sitzende US-Präsident Joe Biden die Cyber-Politik der USA zurückgedreht hat. Ganz im Gegenteil machte Biden 2021 unmissverständlich klar, dass die Vereinigten Staaten nach einer Cyberattacke in einen realen Krieg „mit Schusswechseln" gegen eine der „großen Mächte" ziehen könnten. Die Fähigkeiten, Cyberangriffe auszuführen würden exponentiell wachsen. Besondere Sorgen bereiten den USA demnach Russland und China. Während Wladimir Putin über nicht mehr als Atomwaffen und Erdöl verfüge, und gerade deswegen so gefährlich sei, habe Xi Jinping nie einen Hehl daraus gemacht, Chinas Militär zum größten der Welt machen zu wollen, zeigte US-Präsident Joe Biden 2021 auf den für ihn wahren Feind.[163]

Staatliche Cyber-Armeen auf dem Vormarsch

Nicht nur die USA, alle Staaten, die die Kapazität dafür haben, verfügen längst über eine Cyber-Armee. Im August 2018 ließen die damalige Bundesverteidigungsministerin Ursula von der Leyen und Innenminister Horst Seehofer verlauten, dass nun auch Deutschland die Entwicklung von staatlichen Cyberwaffen forcieren möchte.[111] Hierfür wurde im Bundeskabinett beschlossen, eine von beiden Ministerien gemeinsam betriebene „Agentur für Innovation in der Cybersicherheit“ zur Stärkung der Sicherheit nach außen und im Inneren zu gründen. Es hört sich harmlos an, aber es markiert den Einstieg in die staatliche Forschung und Entwicklung von defensiven, aber auch offensiven Cyberwaffen. Bislang kaufen die Bundeswehr und die Sicherheitsbehörden diese Art von Cybersoftware wie den Staatstrojaner auf dem freien Markt ein. Laut Kabinettsbeschluss geht es darum, auf dem „digitalen Gefechtsfeld zu bestehen“. Dadurch sollen Sicherheitsbehörden und Bundeswehr in die Lage versetzt werden, die „technologische Innovationsführerschaft“ bei Schlüsseltechnologien selbst zu erlangen statt Programme zur Abwehr und zum virtuellen Gegenschlag einkaufen zu müssen. Die neue Agentur soll einen „nachhaltigen Beitrag zur Sicherung der Zukunft Deutschlands leisten“. Das Verteidigungsministerium hat hierfür rund 25 Milliarden Euro pro Jahr eingeplant.

Bei der Konzeption der deutschen Cyberagentur orientierte sich Deutschland an ähnlichen staatlichen Einrichtungen in Israel und den USA, die zur Weltspitze gehören. Das Vorgehen sieht wie folgt aus. Die Agentur findet frühzeitig heraus, welche Technologien in Sachen Cybersicherheit künftig wichtig sein werden, investiert in die entsprechenden Start-up-Firmen und Unternehmen und bekommt dadurch schon sehr frühzeitig Zugang zu diesen Technologien.

Der Schritt erscheint sinnvoll, um eigene Kapazitäten zur digitalen Abwehr aufzubauen. Wie gut die deutschen Abwehrspezialisten gerüstet sind, um Fremdstaatenangriffe abzuwehren, bleibt eine Spekulation.

Wie weit die Aspekte des Cyber War gehen können, beweist die fast unglaubliche Reiskorn-Spionagegeschichte, die bis in die Mitte des letzten Jahrzehnts zurückreicht und ihren Ursprung in China hat.

Greift China mit Spionagechips an?

Im Herbst 2018 kam eine Cyber-Spionagegeschichte ans Licht, die mehr an eine Kombination aus James Bond und Matrix erinnert, als real erscheint. Und doch ist sie wohl wahr. Als erstes berichtete der Finanzdienst *Bloomberg* in seinem Magazin *Business Week* unter dem Titel „The Big Hack“, über das chinesische Militär, dem gelungen sei, Spionagechips, die nicht größer als ein Reiskorn sein sollen, auf Computerplatinen zu platzieren, die letztlich in den Rechenzentren von Apple, Amazon und rund 30 weiteren US-Unternehmen und öffentlichen Einrichtungen zum Einsatz kamen und möglichweise bis heute dort in Betrieb sind. Die Reiskornchips sollen laut Bericht in der Lage sein, über Fernwartungsfunktionen unbemerkt Kontakt zu chinesischen Servern aufzunehmen, um Informationen zu übermitteln. Die *Bloomberg*-Reporter nannten 17 allerdings anonyme Quellen für ihre Story.[164]

Dem *Bloomberg*-Bericht zufolge liefen schon seit 2015 geheime Ermittlungen des FBI und weiterer amerikanischer Geheimdienste im Zusammenhang mit den Spionagechips. Die Ermittler hätten herausgefunden, dass sie in Fabriken in China in die Elektronik der Server der Firma SuperMicro eingeschleust worden seien. SuperMicro wiederum stellte über Jahre hinweg einen Großteil der sogenannten Hauptplatinen her, die das Herzstück in den Computerservern zahlreicher US-Hersteller bilden. Diese Server stehen unter anderem in den Cloud-Rechenzentren der Firmen, in denen nicht etwa nur Daten von Apple oder Amazon gespeichert werden, sondern die Daten von vielen Unternehmen überall auf der Welt, die allesamt Cloud-Dienste nutzen. Demnach hätten beispielsweise deutsche Firmen, die ihre Daten in die US-amerikanischen Clouds auslagern, diese ebenso gut gleich direkt beim chinesischen Geheimdienst abliefern können. Eine mögliche Platzierung von Spionagechips bei Apple, Amazon & Co erfasste demnach Daten aus weiten Teilen der Welt.

Die Anbieter der Cloud-Services dementierten energisch, sie hätten keine Beweise für die Behauptungen von *Bloomberg* gefunden. Apple teilte mit: „Im Laufe des vergangenen Jahres hat sich Bloomberg mehrfach mit uns in Verbindung gesetzt, mit teils vagen, teils ausführlichen Behauptungen über einen angeblichen Sicherheitsvorfall bei Apple. Jedes Mal haben wir gründliche interne Untersuchungen ... durchgeführt, und jedes Mal haben wir absolut keinerlei Beweis gefunden, der auch nur eine dieser Behauptungen belegt hätten“.[113] Ganz ähnlich ließ Amazon die aufgeschreckte Welt wissen: „Zu keinem Zeitpunkt, in der Vergangenheit oder aktuell, haben wir jemals Probleme im Zusammenhang mit modifizierter Hardware oder schädlichen Chips in SuperMicro-Motherboards gefunden“.[114] Michael G. Riley, Managing Editor bei *Bloomberg*, blieb allerdings dabei, dass die Geschichte wahr sei. Sicherheitsexperten gelangten in öffentlich zugänglichen Diskussionen zu der Einsicht, dass diese Art von Chipspionage auf jeden Fall denkbar ist.[115]

Nach den Snowden-Enthüllungen scheint das Einschleusen von Spionagechips in moderne Computer, und letztlich sicherlich auch in Smartphones, durchaus glaubwürdig. Das Bundesamt für Sicherheit in der Informationstechnik (BSI) hielt das Angriffsszenario, mit Hilfe von Minichips Spionage durchzuführen, augenscheinlich ebenfalls für realistisch und teilte mit: „Chips können heute in sehr kleinen Abmessungen produziert und nahezu unerkannt in vorhandene Schaltungen eingebracht oder in versteckten Funktionen direkt in den Schaltplänen berücksichtigt werden." Apple und Amazon wurden von amtlicher Seite um Stellungnahmen gebeten.[116]

Da ein Großteil der Elektronikproduktion von Computern über Tablets bis hin zu Smartphones in China stattfindet, bietet sich das Einschleusen eines Spionagechips während des Fertigungsprozesses geradezu an. Immerhin handelt es sich bei der von Bloomberg als Spionagequelle genannte Firma SuperMicro um einen der weltweit größten Zulieferer von Server-Hauptplatinen. China produziert laut eigenen Angaben 90 Prozent aller hergestellten Computer und rund 75 Prozent der weltweiten Smartphones und Mobiltelefone.

Aber wir dürfen wohl davon ausgehen, dass auch die NSA ihren Job professionell genug erledigt, um ebenfalls entweder derartige Spionagechips zu entwerfen oder sogar schon längst in den Geräten platziert zu haben. Die so genannte „Supply Chain", also die Lieferkette bei der Fertigung von Elektronikprodukten steht unter Verdacht, über Lücken den Geheimdiensten „Hintertüren" in die Geräte zu verschaffen. Es versteht sich von selbst, dass derartige Aktionen der Geheimhaltung unterliegen. Das hat zur Folge, dass auch die Hersteller in diese Geheimhaltung mit einbezogen werden müssen und allein schon aus diesem Grund die Öffentlichkeit sicherlich nicht informieren dürfen. Für die Dementis von Apple und Amazon kann es also zwei Gründe geben: es gibt die Chips überhaupt nicht oder sie unterliegen der Geheimhaltung. Immerhin lässt sich aus dem Apple-Dementi ableiten, dass der Hersteller mindestens seit November 2017 von der *Bloomberg*-Recherche wusste, und es dennoch vorzog, darüber zu schweigen.

Auffallend ist jedenfalls, dass Apple bereits Mitte 2016 die Zusammenarbeit mit SuperMicro nach einem nicht näher bekannten Sicherheitsvorfall beendete und auf andere Lieferanten umstellte.

Vor diesem Hintergrund bekommt natürlich auch der amerikanisch-chinesische Handelskonflikt eine neue Bedeutung, weil es dabei nicht nur um Wirtschaft, sondern auch um Sicherheit geht. Der ehemalige US-Präsident Donald Trump bemühte sich bekanntlich, mehr High-Tech-Produktion aus Asien ins eigene Land zu ziehen; sein Amtsnachfolger Joe Biden hat diese Anstrengungen weiter fortgesetzt.

US-Geheimdienste warnten schon länger davor, Smartphones der chinesischen Hersteller Huawei und ZTE zu nutzen, weil diese unter dem Einfluss der chinesischen Regierung stünden. Im Mai 2019 setzte Ex-Präsident Trump Huawei und weitere chinesische Unternehmen auf die sogenannte „Entity List", eine schwarze Liste der USA für gesperrte Handelspartner. Firmen auf der „Entity List" dürfen keine Geschäfte mit US-Unternehmen betreiben. Im Fall von Huawei wurden wichtige Handelspartner wie Google, Qualcomm, Intel und Microsoft eigeschlossen. Abgeschnitten von der US-Technologie entwickelte

Huawei ein eigenes Betriebssystem, Harmony OS, das Experten zufolge viel ausgereifter als Googles Smartphone-Software Android arbeitet und qualitativ vergleichbar mit Apples iOS sein soll. So hat der Bann aus den USA also augenscheinlich dazu geführt, dass China schneller als geplant bei Smartphone-Betriebssystemen auf eigenen Füßen steht und nicht mehr von US-Technologielieferanten abhängig ist.[165]

WannaCry – Warnung an die Digitalgesellschaft

Am 12. Mai 2017 nahm die bislang größte Warnung an die digitale Gesellschaft ihren Lauf.[166] An diesem schwarzen Freitag der Digitalwelt startete unter dem Namen WannaCry ein globaler Cyberangriff, bei dem über 230.000 Computer in 150 Ländern infiziert wurden. In allen Fällen verschlüsselten die Angreifer ausgewählte Dateien auf dem Rechner und verlangten vom Benutzer, binnen einer festgelegten Frist einen bestimmten Betrag in der Kryptowährung Bitcoin zu zahlen. Andernfalls drohte Datenverlust. Darüber hinaus versuchte WannaCry sofort, nachdem es sich selbst installiert hatte, so viele weitere Rechner wie möglich zu infizieren. Der Angriff wurde von der europäischen Strafverfolgungsbehörde Europol hinsichtlich seines Ausmaßes als noch nie da gewesenes Ereignis beschrieben.

So groß die weltweiten Auswirkungen waren, so klein war der Fehler, den die Angreifer ausnutzten und das war wiederum bezeichnend für das staatliche Sicherheitsverständnis. Die Story hört sich ganz nach „James Bond in der Cyberwelt“ an.

Die Basissoftware von Windows – das „Net Basic Input/Output System“, NetBIOS – wies eine Sicherheitslücke auf, den die US-amerikanische National Security Agency NSA entdeckte.

Statt jedoch den Windows-Hersteller Microsoft sofort zu informieren, damit dieser die Lücke so schnell wie möglich beheben kann, um alle Windows-Nutzer vor Schaden zu bewahren, nutzte die NSA diese Lücke über mehr als fünf Jahre hinweg für ihre eigenen Spionageaktivitäten aus. Vermutlich ließ die NSA hierzu von der ihr nahestehenden Equation Group ein eigenes Angriffsprogramm mit dem Namen EternalBlue entwickeln. Wie und in welchem Umfang die NSA die Software für Spionagezwecke einsetzte, ist bis heute unbekannt. Bekannt ist jedenfalls, dass dem Auslandsgeheimdienst der USA irgendwann klar wurde, dass man ihn bestohlen hatte. EternalBlue war in die „falschen“ Hände geraten.

Erst zu diesem Zeitpunkt informierte die NSA den Hersteller Microsoft über das Problem. Das Unternehmen stellte daraufhin am 14. März 2017 einen Sicherheits-Patch zur Fehlerbehebung öffentlich zur Verfügung, damals allerdings nur für die noch von Microsoft unterstützten Betriebssysteme Windows Vista, Windows 7, Windows 8.1 und Windows 10 sowie für Windows Server 2008 und jüngere Versionen.

Einen Monat nach den Updates durch Microsoft wurde EternalBlue von der Hacker-Gruppierung The Shadow Brokers öffentlich gemacht. Damit waren alle Windows-Rechner angreifbar, bei denen der Sicherheits-Patch noch nicht aufgespielt war, oder die mit einer älteren Windows-Version ausgestattet waren und bei denen die Sicherheitslücke daher gar nicht geschlossen werden konnte. Darunter fielen nicht nur Millionen von Privatpersonen und tausende kleinerer und mittelständischer Firmen, sondern auch zahlreiche Großunternehmen.

So traf der Cyberangriff beispielsweise den spanischen Telekommunikationskonzern Telefónica, das US-amerikanische Logistikunternehmen FedEx, den französischen Automobilkonzern Renault, den japanischen Automobilhersteller Nissan in Großbritannien, den chinesischen Ölkonzern PetroChina, das russische Telekommunikationsunternehmen MegaFon und die Deutsche Bahn mit der Logistiktochtergesellschaft Schenker. Bei der Deutschen Bahn wurden rund 450 Rechner infiziert und führten unter anderem zum Ausfall von Anzeigetafeln an zahlreichen Bahnhöfen. In Russland waren mehr als 1.000 Computer im Innenministerium und das Katastrophenschutzministerium betroffen, in Rumänien das Außenministerium, in Großbritannien der National Health Service (NHS) mit mehreren Krankenhäusern. Es waren vermutlich schon in der ersten Angriffswelle Ziele in mindestens 99 Ländern betroffen.

In Deutschland stufte das Bundesinnenministerium den Fall als besonders schwerwiegend ein. Regierungsnetze sollen nicht betroffen gewesen sein. Der damalige Präsident des Bundesamtes für Sicherheit in der Informationstechnik, Arne Schönbohm, ließ per Pressemitteilung erklären: „Die aktuellen Angriffe zeigen, wie verwundbar unsere digitalisierte Gesellschaft ist. Sie sind ein erneuter Weckruf für Unternehmen, IT-Sicherheit endlich ernst zu nehmen und nachhaltige Schutzmaßnahmen zu ergreifen. Die aktuelle Schwachstelle ist seit Monaten bekannt, entsprechende Sicherheitsupdates stehen zur Verfügung. Wir raten dringend dazu, diese einzuspielen."

Die unrühmliche staatliche Rolle thematisierte Deutschlands oberster IT-Sicherheitschef nicht, er schob die Schuld auf die Unternehmen, die nicht binnen weniger Wochen die Lücke geschlossen haben. Jene Lücke, die von den Geheimdiensten mehr als fünf Jahre lang verschwiegen wurden.

Erinnerte bereits die Geschichte und die Ausbreitung von WannaCry an James Bond in der Digitalwelt, so mutete die Bekämpfung beinahe ebenso abenteuerlich an. Schon am 12. Mai 2017, also nur knapp zwei Monate nach dem Ausbruch, entdeckten Sicherheitsforscher bei ihren Analysen durch Zufall eine Art „Notausschalter“, der eine weitere Infektion eindämmte. Die Forscher fanden im Code der Schadsoftware einen Hinweis auf eine zu dem Zeitpunkt nicht registrierte DNS-Domain des World Wide Web und richteten eben diese Domain ein. Auf dem darunter betriebenen Server verzeichneten die Forscher sofort tausende Verbindungsversuche und stellten fest: Sobald die Schadsoftware den Server findet, stoppt sie die weitere Verbreitung. Ob die Cyberkriminellen einen Fehler gemacht hatten oder sich selbst einen „Notschalter“ in das Programm einbauen wollten, ist bis heute unbekannt. Tatsache ist, dass es dadurch gelang, die Ausbreitung deutlich einzudämmen.

Es war kein Einzelfall, dass die Geheimdienste ihnen bekannt gewordene Sicherheitslücken für sich behielten und ausnutzten, statt den Hersteller zu benachrichtigen, damit dieser für Abhilfe sorgen kann. Microsofts Präsident und Rechtsvorstand Brad Smith verwies auf wiederholtes Bekanntwerden von Angriffsprogrammen auf solche Softwareschwächen aus den Beständen der CIA und der NSA. Er verglich dies mit dem Abhandenkommen von Marschflugkörpern aus militärischen Einrichtungen und warf „den Regierungen der Welt" vor, nicht ausreichend vor Software-Schwachstellen zu warnen, welche ihre Geheimdienste entdecken. Der Microsoft-Präsident forderte: „Wir brauchen Regierungen, die sich des Schadens für Zivilpersonen bewusst sind, der aus dem Anhäufen und Ausnutzen solcher Software-Sicherheitsprobleme entsteht."[167]

Ein Vertreter der US-Regierung schrieb die Verantwortung für „WannaCry" im Dezember 2017 Nordkorea zu. Ende 2020 wurde dieser Verdacht erhärtet. Die Hackergruppe Lazarus, die 2009 erstmals aufgefallen war, als sie die südkoreanische Regierung zu erpressen versuchte, war Recherchen zufolge im Auftrag Nordkoreas für WannaCry verantwortlich.[168] Der Angriff wurde von einem der Sicherheitsberater des US-Präsidenten als „feige", „teuer" und „rücksichtslos" beschrieben.

WannaCry hat für jeden sichtbar demonstriert, wie Spionage – in diesem Fall durch die NSA unter Ausnutzung einer Windows-Lücke – nach hinten losgehen kann, weil eben auch die Täter diese offenen Einfallstore für Cyber-Kriminalität nutzen. Man sollte WannaCry daher als einen Weckruf für gemeinsames Handeln von Staat und Wirtschaft verstehen.

Es wäre grob fahrlässig zu warten, bis die nächste vermutlich noch größere Angriffswelle auf uns zukommt. Eine Abhilfe wäre eine Selbstverpflichtung der Staaten, Sicherheitslücken nicht zu verheimlichen und umgekehrt die Pflicht der Unternehmen, auftretende Sicherheitsvorfälle zu melden.

Jahre nach dem ersten Ausbruch von WannaCry war die Gefahr im Übrigen noch längst nicht gebannt. EternalBlue wurde weiterhin genutzt, um Rechner zu attackieren. Angreifern ist es offenbar gelungen, das aggressive Angriffsprogramm so weiterzuentwickeln, dass unter bestimmten Umständen auch Windows 8 und Windows 10 angegriffen werden konnte. So wurde die neue Variante genutzt, um Kryptomining auf fremden Rechnern durchzuführen oder für Angriffe auf Unternehmensnetzwerke beispielsweise beim Flugzeughersteller Boeing.

Im August 2018 fiel der taiwanische Prozessorproduzent Taiwan Semiconductor Manufacturing Company (TSMC) WannaCry zum Opfer. Zeitweise musste die Fertigung eingestellt werden. TSMC ist einer der wichtigsten Chiplieferanten für die US-Technologiebranche. China ist TSMC vermutlich allein schon aufgrund ihres Firmensitzes in der abtrünnigen Provinz Taiwan ein Dorn im Auge.

Der Heimatschutzberater des US-Präsidenten, Thomas Bossert, machte 2017 Nordkorea für den verheerenden WannaCry-Angriff verantwortlich. Ob dies stimmt und ob die Attacke gar in Abstimmung oder zumindest mit Billigung von China stattfand, vermag niemand zu sagen. Es ist bekannt, dass Nordkorea und China in Sachen Cyber War eng zusammenarbeiten, aber nicht wie eng und nicht bei welchen konkreten Projekten.

Der Stuxnet-Angriff auf die Industrie

Während WannaCry eine verheerende Wirkung entfaltete, weil es so breit wirkte, war Stuxnet so bemerkenswert, weil es präzise wie ein Skalpell funktioniere. Stuxnet war nach allem, was man weiß, ein US-Angriff, zwar nicht auf China, sondern auf den Iran. Doch die Attacke hat die Angriffsstärke der US-amerikanischen Cyberkrieger deutlich gemacht, unabhängig davon, auf welches Land sie ihre Aufmerksamkeit richten.

Der Computerwurm Stuxnet befiel ausschließlich Systeme zur Überwachung und Steuerung von Industrieanlagen des Herstellers Siemens, das sogenannte Scada-System (Scada steht für Supervisory Control and Data Acquisition) mit der Modellnummer Simatic S7. Scada-Systeme kommen weltweit zum Einsatz, beispielsweise in Industrieanlagen, Kraftwerken oder Pipelines. Doch Stuxnet griff nicht nur gezielt diese Steuerungs- und Kontrollsoftware an, sondern befiel innerhalb von Scada vor allem ein Ziel: die Frequenzumrichter, die unter anderem dazu dienen, die Drehgeschwindigkeit von Motoren zu steuern. Mit dieser Präzision galt Stuxnet als einzigartig: Es ging einzig und allein darum, Industrieanlagen zu sabotieren. Zieht man die konkreten Angriffsziele von Stuxnet in Betracht, ging es wohl genauer gesagt nur um eines: das Atomprogramm des Iran zu sabotieren.

Der mit Abstand größte Teil der durch Stuxnet sabotierten Computer stand nämlich 2010 im Iran, je nach Quelle zwischen 16.000 und 30.000 Rechner allein im Iran. Außerhalb des Irans wurden ebenfalls zahlreiche Industrieanlagen von Stuxnet befallen, jedoch weitgehend ohne Folgen. So sollen in China rund sechs Millionen Computer und beinahe Tausend Anlagensteuerungen betroffen gewesen sein.[169] Siemens erhielt Meldungen über einen Befall von 15 Anlagen, davon fünf in Deutschland, die übrigen in Westeuropa, den USA und Asien. Anders als bei Anlagen im Iran kam es jedoch in keinem dieser Fälle zu ernsthaften Störungen.

Der Verdacht lag daher nahe, dass Stuxnet hauptsächlich auf den Weg geschickt wurde, um das Atomprogramm des Irans auszuhebeln und dort konkret die Leittechnik der Urananreicherungsanlage in Natanz und im Kernkraftwerk Buschehr zu zerstören. Laut geheimen Dokumenten, die über die Internetplattform WikiLeaks an die Öffentlichkeit gebracht wurden, gab es in Natanz in dieser Zeit einen nuklearen Störfall. Es lässt sich nur vermuten, dass dies auf Seiten der USA oder Israels der Ausgangspunkt für die Entscheidung war, das iranische Atomprogramm mittels Cyberwaffen auszuschalten. Die damals von Wikileaks veröffentlichten Geheimunterlagen sind übrigens zwischenzeitlich nicht mehr einsehbar. Im November 2010 gestand Irans Präsident Mahmud Ahmadinedschad ein, dass der Wurm Probleme mit den Uranzentrifugen verursacht hatte. Stuxnet hatte die Geschwindigkeit der Zentrifugen manipuliert, die sehr genau bei 1064 Umdrehungen pro Sekunde liegen muss. Durch die Veränderung der Drehgeschwindigkeit wurden die Zentrifugen irreparabel beschädigt. Die Softwaremanipulation hatte die Hardware zerstört. Selbst, wenn es gelungen wäre, die IT-Infrastruktur vollständig vom Befall zu säubern und erneut zum Laufen zu bringen, waren die Zentrifugen unbrauchbar geworden. Dieses im Falle „Stuxnet gegen Iran“ erstmals aufgetretene Angriffsszenario lässt sich auf zahlreiche andere Industriebereiche übertragen.

Der gezielte Angriff lenkte 2010 den Verdacht auf die USA oder auf Israel. Denn die atomare Aufrüstung des Iran war beiden Ländern schon länger ein Dorn im Auge. Recherchen zufolge soll der Cyberangriff mit Stuxnet noch zu Zeiten von US-Präsident George W. Bush begonnen worden sein. Sein Nachfolger Barack Obama hatte die Geheimaktion mit dem Codenamen „Operation Olympic Games“ (Olympische Spiele) dem Vernehmen nach beschleunigt. Erst in seiner Amtszeit sollen amerikanische und israelische Computerexperten mit dem komplexen Wurm fertig geworden sein. Der Entwicklungsaufwand wurde auf mindestens sechs Monate geschätzt, wobei in dem halben Jahr fünf bis zehn Hauptentwickler sowie zusätzliches Fachpersonal für die Qualitätssicherung vonnöten war[170]. Barack Obama hat augenscheinlich bei dem Programm jeden Schritt persönlich autorisiert.[171] Es sollte ein leiser Cyberangriff auf den Iran werden, der niemals für das Licht der Öffentlichkeit bestimmt war. Doch es kam anders.

Im Jahr 2013 leitete das US-Justizministerium Ermittlungen gegen den ehemals zweithöchsten Offizier der USA und späteren Stuxnet-Projektleiter General James E. Cartwright ein.[172] Der Vorwurf lautete allerdings nicht, die Stuxnet-Attacke in Auftrag gegeben zu haben, sondern im Gegenteil, Details dazu an die New York Times verraten zu haben, wodurch das Sabotageprogramm überhaupt erst entdeckt wurde.[173]

Indes war schon zuvor klar, dass der Angriffscode von Stuxnet derart ausgeklügelt war, dass er unmöglich von einem Einzelnen programmiert worden sein konnte. Die Vermutung, dass ein staatlicher Geheimdienst dahintersteckte, lag von Anfang an auf der Hand.

Stuxnet, von Experten als „Hack des Jahrhunderts“ eingestuft, wurde als Beginn der Cyberkrieg-Ära angesehen. Erstmals in der Geschichte zielte ein Computerangriff nicht auf Schädigung, Manipulation oder Diebstahl von Daten ab, sondern auf die Übernahme der Kontrolle über zentrale strategische Schaltstellen eines Landes. In diesem Sinne war

Stuxnet tatsächlich der Vorbote des Cyber War, sozusagen die Öffnung der „Büchse der Pandora“.

Regierungen beschuldigen staatliche Hacker

Ungefähr mit dem Auffliegen der chinesischen Chipspionage im Oktober 2018 ging ein genereller Paradigmenwechsel beim Umgang mit staatlichen Hackern einher. Verhielten sich Regierungen lange Jahre diesbezüglich zurückhaltend, sich gegenseitig der Cyberspionage und Desinformation zu beschuldigen, so änderte sich dies mit den bekannt gewordenen vermeintlichen Manipulationen des US-Wahlkampfs 2016, zwar nicht durch China, aber durch Russland, die der Geheimdienstausschuss des US-Senats 2018 bestätigt sah.[174]

Die russischen Hackergruppen „Snake“, „Turla“, „Uboruros“ und „APT28“ hatten 2017 und 2018 gezielt Spionagesoftware in das Datennetz der Bundesverwaltung (Informationsverbund Berlin-Bonn, IVBB) eingeschleust. Über Monate hinweg war das nicht aufgefallen. An das IVBB sind das Bundeskanzleramt, die Bundesministerien, Sicherheitsbehörden, der Bundestag, der Bundesrat und der Bundesrechnungshof angeschlossen. Das IVBB ist von öffentlichen Netzen getrennt. Das sollte eigentlich ein sehr hohes Maß an Sicherheit gewährleisten.[175]

Im Herbst 2018 wurde die deutsche Bundesregierung deutlich und beschuldigte den russischen Militärgeheimdienst GRU (Glawnoje Raswedywatelnoje Uprawlenije) offiziell, für einige der größten Cyberangriffe der vergangenen Jahre verantwortlich zu sein. Deutschland folgte damit entsprechenden Vorwürfen Großbritanniens und der Niederlande. Der deutsche Regierungssprecher Steffen Seibert erklärte in Berlin, die Bundesregierung habe „volles Vertrauen" in die Einschätzung der britischen und niederländischen Behörden. Er sagte: „Auch die Bundesregierung geht mit an Sicherheit grenzender Wahrscheinlichkeit davon aus, dass hinter der Kampagne APT28 der russische Militärgeheimdienst GRU steckt."[176]

Bei APT28 soll es sich um eine russische Hackergruppe handeln, die hinter den Cyberattacken auf den Deutschen Bundestag und das Datennetzwerk des Bundes 2015, 2017 und 2018 vermutet wird. Seibert sagte weiter: „Diese Einschätzung beruht auf einer insgesamt sehr guten eigenen Fakten- und Quellenlage. Wir verurteilen derartige Angriffe auf internationale Organisationen und auf Einrichtungen unserer Verbündeten auf das Schärfste. Und wir fordern Russland auf, seiner Verantwortung gerecht zu werden und derartige Handlungen zu unterlassen." Eine ähnlich klare Ansage China gegenüber gab es bis zum Erscheinen des vorliegenden Buchs 2021 nicht. Wobei in vielen Fällen, in denen Nordkorea die Schuld zugewiesen wurde, tatsächlich eine unterstellte Cybercrime-Achse China-Nordkorea gemeint war.

Kein Hack ohne Nordkorea?

„Nordkorea trainiert Hacker wie Olympia-Sportler", sagte 2020 der weltweit bekannte Hackerjäger Jonas Walker.[177] Daher kann es wenig verwundern, dass einige der spektakulärsten Hackerangriffe in Nordkorea ihren Ausgang nahmen. Dazu gehört die oben beschriebene Cyberattacke WannaCry.

Die Hacker bekommen augenscheinlich zunächst ein Informatikstudium von der Regierung Nordkoreas spendiert. Anschließend haben sie die Möglichkeit, Hacking-Trainingslager in China zu besuchen. Die Möglichkeit auf diese Weise das Land verlassen zu dürfen, macht ein Teil ihrer Motivation aus[178]. So ist es dem nordkoreanischen Geheimdienst RGB in enger Abstimmung und mit Hilfe von China gelungen, eine der mächtigsten Cyberarmeen der Welt aufzustellen.

Neben dem Angriff auf Unternehmen und Behörden anderer Staaten nutzt Nordkorea die Hacker offenbar, um weltweit Privatpersonen, Unternehmen, Zentralbanken, Kryptobörsen und das internationale Bankennetzwerk des Vereins SWIFT zu bestehlen. Der Geheimdienst RGB hat eigens hierzu die Cyberangriffsgruppe „Bluenoroff“ ins Leben gerufen. Das Land hofft damit seine Staatsfinanzen aufzubessern. Nordkorea nimmt dadurch Dollarbeträge in Milliardenhöhe ein. Sie werden unter anderem zur Finanzierung der ehrgeizigen Raketenpläne des Landes eingesetzt[179].

Einen anderen Fokus hat die nordkoreanische Hackergruppe „Andariel“. Sie ist auf die Informationsbeschaffung spezialisiert. So soll es Andariel 2016 gelungen sein, den Computer des damaligen südkoreanischen Verteidigungsministers zu übernehmen und dadurch zahlreiche hochsensible Militärgeheimnisse über den verfeindeten Bruderstaat abzugreifen.[180] Eher nebenbei knackt Andariel zudem noch Bankautomaten auf der ganzen Welt. Das geschieht nicht, um Geld aus den Automaten zu holen, sondern um Kredit- und sonstige Bankkartendaten zu erbeuten. Die Daten werden anschließend auf dem Schwarzmarkt verkauft.

Ein besonders kurioser Fall geschah bereits 2014. Sony Pictures hatte unter dem Titel „The Interview" einen Film herausgebracht, in dem der nordkoreanische Autokrat verunglimpft und lächerlich gemacht wurde. In der Komödie wirbt das FBI zwei Journalisten an, um Nordkoreas Staatschef Kim Jong Un zu ermorden. Besonders die Darstellung des Diktators als Zigarre-rauchenden Lebemann mit Faible für weibliche Reize stieß offenbar auf wenig Gegenliebe. In einer Beschwerde gegenüber den Vereinten Nationen bezeichnete der nordkoreanische UNO-Botschafter den Film gar als Kriegshandlung. Als sich Sony Pictures weigerte, den Film zurückzuziehen, holte Kim Jong Un mit seinen Cybertruppen zum Gegenschlag aus. Die Filmgesellschaft wurde vollständig lahmgelegt. Sony Pictures schickte seine Angestellten nach Hause, weil ein Betrieb ohne funktionierende Computer unmöglich war. Doch die Hacker-Gruppe, die sich „Guardians of Peace" (GOP) nannte, also „Wächter des Friedens", schaltete zeitweise nicht nur sämtliche IT-Systeme aus, sondern bediente sich auch beim Filmmaterial. Fünf bis dahin unveröffentlichte Kinoproduktionen wurden gestohlen und für jedermann sichtbar in verschiedenen Tauschbörsen ins Netz gestellt. Das ist ein Albtraum für eine jede Filmfirma. Insgesamt wurden damals 11 Terabyte an Datenvolumen entwendet. Neben dem in den USA zu dieser Zeit bereits angelaufenen Zweiten-Weltkriegs-Drama „Fury" mit Brad Pitt handelte es sich vor allem um das Weihnachtsprogramm von Sony Pictures, das vorab und kostenfrei einsehbar wurde. Mit „To write love on her arms" tauchte 2014 ein Film auf, der sogar erst im März 2015 in die Kinos kommen sollte. Die Veröffentlichungen kamen bei Raubkopierern gut an: „Fury", der in Deutschland als „Herz aus Stahl" im Januar in die Kinos kommen sollte, gehörte bei der Tauschbörse Piratebay zeitweise zu den meistgeladenen Filmen.[181]

Es war ein weiterer Hinweis darauf, dass sich Nordkorea an die Weltspitze der Cyberkriminalität herangearbeitet hat. Hierbei wird stets von einer engen Verbindung zu China ausgegangen.

Größter Hackerangriff auf die USA in der Krise 2020

Wie weit die Risiken von Cyberkriminalität über „bloßes Geld" hinausgehen, wurde 2020 erneut deutlich. Mitten im Krisenjahr der Coronavirus-Pandemie wurde öffentlich, dass Cyberkriminelle mindestens ein halbes Jahr lang mehr oder minder freien Zugang zu zahlreichen US-amerikanischen Behördencomputern erlangt hatten. Es galt 2020 als der größte Cyberangriff auf die USA seit 2014.[182] Zwischen dem Frühjahr und Herbst 2020, also über mehrere Monate hinweg, hatten Hacker zentrale Behörden der Vereinigten Staaten von Amerika angegriffen und ausspioniert. Darunter waren die Ministerien für Heimatschutz, Handel und Finanzen sowie das US-Verteidigungsministerium und die Atomwaffenbehörde National Nuclear Security Administration (NNSA).[183] Sieht man davon ab, dass die Eindringlinge keinen Atomkrieg ausgelöst haben, kann man mit einer gewissen Berechtigung von dem GAU sprechen, dem „größten anzunehmenden Unfall".

Die kriminelle Cyberangriffstruppe hatte die Schadsoftware „Sunburst" auf Systeme von bis zu 18.000 Anwenderfirmen der Netzwerkmanagementplattform SolarWinds Orion installiert.[184] 400 der 500 größten Unternehmen der USA waren zu diesem

Zeitpunkt Kunden von SolarWinds; aber auch in Deutschland war die Netzwerkmanagementsoftware bei mehreren DAX-Unternehmen im Einsatz, darunter beispielsweise Siemens und die Deutsche Telekom. Auch im NATO-Hauptquartier in Belgien arbeitete man mit SolarWinds-Software, konnte jedoch keine Attacke feststellen oder wollte sie nicht eingestehen.

Die weite Verbreitung binnen weniger Monate war möglich geworden, weil die Angreifer clever vorgegangen waren. Sie hatten ihr Manipulationsprogramm bei der Herstellerfirma SolarWinds unbemerkt in die Installationssoftware eingeschleust, so dass das Unternehmen mit jeder neuen Installation seiner Netzwerksoftware das Schadprogramm ungewollt mit verteilte.

Mit anderen Worten: Die Cyberkriminellen mussten nur ein einziges Unternehmen, SolarWinds, knacken, um in zahlreiche andere Firmen einzudringen. Übrigens entdeckten weder der Hersteller noch einer seiner Kunden die fatale Sicherheitslücke. Es war die darauf spezialisierte IT-Sicherheitsfirma, FireEye, die selbst betroffen war und daraufhin den „Super-Hack" öffentlich machte. Die Computerhacker hatten FireEye nämlich öffentlich blamiert, indem sie die sogenannten Red-Team-Tools der Firma entwendet und missbraucht hatten. Als „Red Team" (rotes Team) werden in der IT-Sicherheitsbranche die Angreifer bezeichnet, die vom „Blue Team", dem blauen Team, abgewehrt werden.[185] Es ist üblich, dass Sicherheitsunternehmen über eigene Angriffsteams verfügen, die im Auftrag von Kunden durch simulierte Attacken die Sicherheitslücken in den IT-Systemen eben dieser Kunden aufspüren. Versteht sich, dass diese Teams nicht nur über hochspezialisierte Experten verfügen, sondern auch über Spezialwaffen, die Red-Team-Tools. Die Hacker hatten also sozusagen den Munitionsschrank von FireEye geknackt, die Waffen entwendet und diese dann für ihren eigenen Angriff verwendet. Wirksamer geht es kaum.

Bemerkenswert ist, dass niemand außer der Sicherheitsfirma FireEye 2020 den Angriff erkannt hatte. Also weder das Pentagon noch die NATO haben bemerkt, dass sich ein Eindringling bei ihnen eingenistet hatte. Insbesondere auch im Hinblick auf die in diesem Buch mehrfach in Frage gestellte Sorgfalt, mit der die Behörden auf die Daten ihrer Bürger aufpassen, ist das nicht gerade beruhigend. Wer seine eigenen IT-Systeme derart ungenügend schützt, hat im Grunde die Berechtigung verloren, seinen Bürgern etwa computerlesbare Porträtfotos abzuverlangen, wenn sie einen Personalausweis beantragen. Die gesetzliche Berechtigung kann er sich natürlich einräumen. Die moralische Berechtigung aber ist eher zu bezweifeln.

Der Einbruch und die Platzierung der Malware bei SolarWinds fand bereits im März 2020 statt. Aufgefallen war der Einbruch erst ein halbes Jahr später. Völlig unklar blieb, wie weit die Angreifer über ihre Sicherheitslücke bei den betroffenen Unternehmen möglicherweise weitere Spionage- oder sonstige Schadsoftware eingeschleust haben. Diese würde selbst dann noch funktionieren, wenn die ursprüngliche Lücke geschlossen wird. Denn wer einmal in einem fremden Computersystem drin ist, kann dort nicht nur unmittelbaren Schaden anrichten und Daten abziehen, sondern eben auch und möglicherweise an mehreren Stellen weitere Spionage- und sonstige Manipulationssoftware anbringen. Diese könnte dann über Monate oder gar Jahre hinweg unentdeckt bleiben. Es könnte bis zum Jahr 2030 oder darüber hinaus dauern, bis das ganze Ausmaß des Angriffs von 2020 bei allen betroffenen Firmen zutage tritt.[186]

Im Herbst 2020 wurde deutlich, dass sich eine zweite, von der ersten unabhängige Hackergruppe, genannt „Supernova" im US-Behördennetz eingenistet hatte.[187] Mit anderen Worten: Die US-Regierung war 2020 auf breiter Front von gleich zwei cyberkriminellen Gruppierungen gleichzeitig angegriffen worden. Der Angriff war so raffiniert durchgeführt worden, dass er über Monate hinweg nicht einmal auffiel. Die Zahl der gehackten Unternehmen und Ministerien wurde auf rund 300.000 geschätzt. Der Hack war ein nationaler Schock für die USA, die sich bis dahin selbst für die Cybernation Nummer eins hielten.

Das Weihnachtsfest 2020 war für viele IT-Sicherheitsexperten in den USA ein Albtraum. Das lag nicht an der damals grassierenden Coronavirus-Pandemie, sondern daran, dass sie auf der verzweifelten Suche nach Schadprogrammen auf ihren Firmencomputern waren. [188] In Millionen von Programmzeilen herauszufinden, was von außen manipuliert wurde, war tatsächlich wie die sprichwörtliche Suche nach der Nadel im Heuhaufen. Es gibt allerdings einem gewaltigen Unterschied. Im Heuhaufen ist in der Metapher per Definition nur eine einzige Nadel versteckt. Nach wie vielen Schädlinge man in der Software suchen sollte, wusste man nicht einmal. Wie viele „Nadeln" man auch fand, blieb stets die Frage offen, ob es nicht noch eine weitere „Nadel", Sicherheitslücke also, gab.

Die für die Sicherheit zuständige Cybersecurity and Security Agency (CISA) bescheinigte, die Hacker hätten „Raffinesse und komplexes Handwerk" demonstriert. Es sei „extrem schwierig", die Eindringlinge aus den Systemen zu entfernen.[189] Die CISA sah durch die Attacken Gefahren für die Bundesregierung in Washington, für Regierungen von Bundesstaaten und Kommunen und für die kritische Infrastruktur sowie für die Computer des US-Finanzministeriums.[190]

An der Cyberattacke waren schätzungsweise mehr als 1.000 Programmierer gemeinsam beteiligt gewesen. Die Angreifer hatten aus mehreren Millionen Zeilen Programmcode 4.032 Codezeilen zu ihren Gunsten umgeschrieben. Zudem war es ihnen gelungen, die sogenannte Zwei-Faktor-Authentifizierung zu überwinden.[191] Das Zwei-Faktor-Verfahren gilt „eigentlich" als sicher, deshalb wird es auch beim Onlinebanking und sonstigen besonders schützenswerten Vorgängen verwendet. Es bedeutet, dass bei jedem Zugangsversuch zu einem Onlineportal etwa am Rechner auf einem zweiten, davon völlig unabhängigen Weg, häufig einem Smartphone, verifiziert wird, ob es sich dabei um die richtige Person handelt. Man loggt sich zum Beispiel am PC in sein Konto ein, auf dem Smartphone erscheint per SMS eine Transaktionsnummer oder TAN. Nur wenn diese als Bestätigung am PC korrekt eingegeben wird, erlangt man tatsächlich Zugang zu diesem Konto. Den SolarWinds-Hackern war es gelungen, diese Sicherheitshürde, die zuvor als uneinnehmbar galt, zu überwinden. Damit müsste Onlinebanking seit 2020 eigentlich als grundsätzlich unsicher eingestuft werden.

Aufgrund der enormen Angriffsstärke war klar, dass ein staatlicher Auftraggeber bzw. Geheimdienst hinter dem SolarWinds-Hack gesteckt haben muss. China, Russland oder Nordkorea. Einen großen politischen Aufschrei hat die Angriffswelle des Jahres 2020 trotz ihrer geradezu ungeheuren Dimension in den USA nicht ausgelöst. Das dürfte damit zusammenhängen, dass sich die US-Regierung, Senat und Repräsentantenhaus gleichermaßen bewusst waren, dass das Ausmaß, in dem die US-Geheimdienste andere Länder angreifen, nicht geringer ist. Die jahrelange globale Bespitzelung durch den US-Auslandsgeheimdienst NSA, aufgedeckt vom Whistleblower Edward Snowden, war sicherlich nicht weniger ungeheuerlich als der Angriff der USA 2020. In jedem Fall dürfte dieser dazu führen, dass die USA und weitere Staaten ihre Schutzwälle gegen Cyberangriffe in den 2020er Jahren weiter hochziehen werden.

Benzinnotstand 2021

Im Frühjahr 2021 ging Tausenden von Tankstellen im Osten der USA das Benzin aus. Die größte Benzinpipeline der Vereinigten Staaten von Amerika war von Cyberkriminellen lahmgelegt worden. Rund ein Dutzend US-Bundesstaaten riefen den Notstand aus. Die US-Verbraucherschutzbehörde CPSC sah sich genötigt, die Bevölkerung dazu aufzurufen, kein Benzin in Plastiktüten abzufüllen. Entsprechende Bilder waren zuvor auf Onlineplattformen verbreitet worden. Die Behörde warnte vor potenziell „tödlichen Konsequenzen“. Der US-Verkehrsminister rief zur Ruhe auf, das Hamstern von Benzin sei unnötig, versicherte er. Zeitweise wurde die Benzinsteuer ausgesetzt, um die Bevölkerung zu unterstützen.

Der Hintergrund für das Szenario war ein Cyberangriff auf den Pipelinebetreiber Colonial. Nach der Attacke sah sich die Firma gezwungen, die Pipeline für einige Tage vollständig herunterzufahren, was den Benzinnotstand auslöste. Die dahinter steckende Hackergruppe DarkSide beeilte sich klarzustellen, dass es ihr „nur“ darum ging, Geld zu erpressen, dem Vernehmen nach fünf Millionen Dollar. Die Folgen waren nämlich derart weitreichend, dass die Cyberkriminellen Gewahr sein mussten, dass sich die US-Geheimdienste an ihre Fersen hefteten. Doch den Tätern kam es nur darauf an, Geld zu erpressen, das Lahmlegen weiter Teile der Benzinversorgung in den USA war dabei ein unerwünschter Nebeneffekt.[192] Colonial hat dem Vernehmen nach gezahlt und die Gruppe DarkSide kündigte an, sich aufgelöst zu haben, um den US-Geheimdiensten zu entgehen.[193]

Diese Beispiele verdeutlichen, dass sich ein Großteil der Auseinandersetzung zwischen Staaten mit seinen Auswirkungen auf die reale Welt in den Cyberspace verlagert hat. Dabei kommen zwar keine Waffen im herkömmlichen Sinne zum Einsatz, aber man kann wohl dennoch von einem Cyber War sprechen, bei dem IT-Experten und Programmierer statt Söldner und Soldaten miteinander ringen. Die Auseinandersetzung „China versus USA“ wird heute schon sehr stark von den Cyberkriegsfähigkeiten bestimmt. Dieser Trend wird sich künftig vermutlich verschärfen. Das Kapitel „Cyber War“ nimmt nicht nur im vorliegenden Buch einen breiten Raum ein, sondern auch im realen Wettbewerb der beiden Nationen um den Platz an der Spitze.

Chinas Rolle in der Pandemie

Untersuchungen britischer Wissenschaftler des Centre for Economics and Business Research (CEBR) kamen 2020 zu dem Schluss, dass China bereits fünf Jahre früher als zuvor erwartet, nämlich im Jahr 2028, die USA als weltgrößte Volkswirtschaft ablösen würde. Besonders interessant war der Grund dafür. Die Pandemie 2020/21 hatte China geholfen, sein Wirtschaftswachstum im Vergleich zu den westlichen Industrienationen zu beschleunigen. Während die chinesischen Maßnahmen gegen das Virus binnen weniger Monate wirksam waren, kämpfen die USA und Europa weit über ein Jahr lang mit dem Virus. Wörtlich hieß es in dem Bericht des CEBR: „Die Covid19-Pandemie und die einhergehenden wirtschaftlichen Auswirkungen begünstigen China in dieser Rivalität" (mit den USA).[194]

In konkreten Zahlen: China lag noch 2019 mit einem Bruttoinlandsprodukt von 14,4 Billionen Dollar deutlich hinter den USA mit 21,4 Billionen Dollar. Das CEBR sagte für die Volksrepublik aber für 2021 bis 2025 ein durchschnittliches jährliches Wachstum von 5,7 Prozent voraus, für die Jahre 2026 bis 2030 von 4,5 Prozent. Die USA werde indes zwischen 2022 und 2024 nur 1,9 Prozent jährlich wachsen, danach im Durchschnitt um 1,6 Prozent. Japan bleibt der Einschätzung zufolge vorerst die drittgrößte Volkswirtschaft der Welt, bis es in den frühen 2030er Jahren von Indien überholt wird. Deutschland rutscht demnach im Laufe der Dekade 2020 bis 2030 von Platz vier auf den fünften Platz unter den weltgrößten Volkswirtschaften ab.

Die Coronasituation galt dabei als eine wesentliche Weichenstellung für die Volkswirtschaften.

Neue Varianten des CoVid-19-Virus haben allerdings erwartungsgemäß in weniger Fällen schwerwiegende gesundheitliche Folgen, weisen dafür aber eine höhere Virulenz, also Infektionskraft, auf. Dagegen sind weite Teile der Bevölkerung der reichen westlichen Staaten durch eine hohe Impfquote inzwischen besser geschützt. Chinas Methoden zur Eindämmung der Pandemie durch frühzeitige, strenge Isolation von Verdachtspersonen, die sich 2022 weiter verstärkt hat, ist hier jedoch weniger wirksam. Denkbar also, dass sich das Blatt noch einmal wendet und die Wissenschaftler des CEBR schon aus diesem Grund ihre Prognose noch einmal anpassen müssen.

Eine Pandemie entsteht

Am 31. Dezember 2019 wurde die Weltgesundheitsorganisation über Fälle von Lungenentzündung mit unbekanntem Ursprung in der chinesischen Stadt Wuhan informiert. Daraufhin identifizierten die chinesischen Behörden am 7. Januar 2020 als Ursache ein neuartiges Coronavirus, das vorläufig als „2019-nCoV“ bezeichnet wurde. Die WHO gab dem neuartigen Coronavirus den Namen *Sars-CoV-2* („Severe Acute Respiratory Syndrome Coronavirus-2“). Dieser Name bezeichnete das Virus, unabhängig davon, ob es Symptome verursacht oder nicht. Die durch Sars-CoV-2 ausgelöste Atemwegskrankheit wurde *Covid-19* („Coronavirus-Disease-2019“) genannt. Zum Jahresbeginn 2020 gab es wohl 381 Infektionen. Über diese zum damaligen Zeitpunkt unklaren Fälle wurde die Öffentlichkeit jedoch noch nicht informiert[195].

Hätte man bereits zu dieser Zeit das neuartige Virus erkannt und es stoppen können, wäre der Welt eine Pandemie erspart geblieben. Im weiteren Verlauf des Jahres 2020 wurde China, ob seiner strikten Quarantänemaßnahmen zur Eindämmung des Virus, immer wieder gelobt. Dabei sollte man nicht vergessen., dass es die chinesischen Behörden waren, die am Anfang der Katastrophe die Pandemie vermutlich hätten verhindern können, wenn sie zügig eingegriffen hätten. Wenn die WHO später in einem Bericht konstatiert hat, China habe „die womöglich ambitionierteste, agilste und aggressivste Anstrengung zur Krankheitseindämmung in der Menschheitsgeschichte" unternommen, so trifft das möglicherweise auf die späteren Wochen zu, aber sicher noch nicht auf die Anfänge. Am 14. Januar 2020 sendete die WHO über Twitter noch eine beruhigende Nachricht in die Welt. „Vorläufige Untersuchungen der chinesischen Behörden haben keinen klaren Beweis dafür ergeben, dass sich das neue Coronavirus durch Mensch-zu-Mensch-Übertragung verbreitet." Doch zu diesem Zeitpunkt bekannte schon selbst China: „Die Möglichkeit einer begrenzten Mensch-zu-Mensch-Übertragung kann nicht ausgeschlossen werden"[196]. Es war der WHO offensichtlich wichtiger, China die Möglichkeit zu geben, das Gesicht zu wahren, statt die Weltgemeinschaft bestmöglich vor einem Gesundheitsrisiko zu schützen.

Die Zurückhaltung der WHO

Die Zurückhaltung der WHO, die eine frühzeitige Eindämmung 2020 verhinderte, hatte ihre Wurzeln möglicherweise bereits im Jahr 2006. Nachdem die Regierung Chinas schon 2003 wegen ihrer Informationspolitik bei SARS in die Kritik geraten war, gelang es ihr 2006, die chinesische Ärztin Margaret Chan Fung Fu-chun als WHO-Chefin zu etablieren. Sie wurde die erste Chinesin, die einer UNO-Sonderorganisation vorstand. Die Ernennung der von Wegbegleitern als „autoritäre, aber effiziente Persönlichkeit“ bezeichneten Medizinerin galt schon 2017 als ein Symbol für Chinas Machtzuwachs auf der internationalen Bühne. Vorausgegangen war eine intensive Kampagne für die Kandidatin. Hinter den Kulissen sollen die Unterhändler aus dem Reich der Mitte andere WHO-Mitglieder mit finanziellen Hilfen gelockt haben. Auch auf einem kurz zuvor abgehaltenen chinesisch-afrikanischen Gipfel hatte Peking intensiv für Chan geworben; im Vorstand der WHO sind mehrere afrikanische Länder vertreten. Da die Weltgesundheitsorganisation bis dato durch eher unwichtige Verordnungen wenig aufgefallen war, nickten die USA und Europa die Ernennung Chans ab.

Margaret Chan gelang es in ihrer zehnjährigen Amtszeit zahlreiche chinafreundliche Bürokraten bei der WHO einzustellen. Doch ihr größter Erfolg war die Übergabe des Amtes 2017 an den Äthiopier Tedros Adhanom Ghebreyesus, ausdrücklicher Wunschkandidat der chinesischen Regierung. Da Tedros, wie er sich der Einfachheit halber gerne nennen lässt, im Jahr 2020 eine Schlüsselrolle bei der Reaktion der WHO auf die neuartige Erkrankung spielte, lohnt es sich, die Hintergründe genauer zu analysieren, vor allem die Abhängigkeit von China.[197]

Krisenmanager Tedros

China ist einer der wichtigsten Handelspartner von Tedros Heimatland Äthiopien. Der WHO-Chef war dort Abgeordneter der marxistisch-sozialistischen Partei „Volksbefreiungsfront von

Tigray“. Seine Voraussetzungen für den WHO-Chefposten lasen sich gut. Er hatte in Großbritannien Biologie und Immunologie studiert und im Fach Öffentliches Gesundheitswesen promoviert. Er wurde 2017 zum ersten Nicht-Mediziner in der Rolle als WHO-Chef. Zwischen 2005 und 2012 erhielt er dennoch als Äthiopiens Gesundheitsminister die Gelegenheit, das Gesundheitssystem dort auszubauen. Während dieser sieben Jahre entstanden in Äthiopien 3.500 Gesundheitszentren. 38.000 Hilfskräfte wurden für die Versorgung in ländlichen Gegenden eingestellt. Die Zahl der Medizin-Hochschulen stieg von drei auf 33, die Zahl der Ärzte wuchs exponentiell. Die Sterblichkeitsraten durch Tuberkulose und Malaria sanken um 74 beziehungsweise 64 Prozent. Die Infektionen mit HIV sanken um 90 Prozent.

Tedros wird auch eine entscheidende Rolle bei der Verbesserung der Mutter-Kind-Gesundheit zugeschrieben, für die er sich seit 2009 als Co-Vorsitzender des WHO-Programms „Partnership for Maternal, Newborn and Child Health“ engagierte. In dem WHO-gestützten Netzwerk setzen sich rund 700 Organisationen in 77 Ländern für die Gesundheit von Müttern und Kindern ein. Von 2012 bis 2016 war Tedros Außenminister Äthiopiens. Weder die WHO noch die Welt der Diplomatie waren ihm also fremd, als es 2017 um die Besetzung der wichtigsten Position der Weltgesundheitsorganisation ging. Als er sich für den Posten des Generaldirektors der Weltgesundheitsorganisation bewarb, erzählte er wiederholt die Geschichte vom Tod seines zwei Jahre jüngeren Bruders. Als er, Tedros, sieben Jahre alt war, erlag sein kleiner Bruder einer Krankheit, die in einem Land mit funktionierendem Gesundheitssystem heilbar gewesen wäre, sagte er. Doch das habe es in seinem Heimatland

Äthiopien damals nicht gegeben. Seitdem treibe ihn der Tod seines Bruders an, für eine bessere Gesundheitsversorgung zu kämpfen. Er wolle nicht akzeptieren, dass jemand sterben muss, „nur weil er arm ist“, wie seine Familie es damals gewesen sei.[198]

Dennoch hatte es Tedros wohl nicht seiner anrührenden Erzählung, sondern seiner Vita und der Unterstützung Chinas zu verdanken, dass er an die Spitze der WHO aufstieg. Die chinesische Führung konnte sich sicher sein, dass er sich als WHO-Chef für China einsetzen würde. So war China der mit Abstand wichtigste Gläubiger des hoch verschuldeten Äthiopiens. Die Schulden an die Chinesen betrugen zum Zeitpunkt von Tedros WHO-Ernennung rund 30 Prozent des Bruttoinlandsproduktes. In der Not hatte Äthiopien mit China darüber verhandelt, die Rückzahlungen von zehn auf 30 Jahre zu strecken.

Damals widersprachen 2017 weder die USA noch Europa, weil man die Strategie verfolgte, China mehr Verantwortung zu übertragen. Dadurch sollte das Land besser in die internationale Staatengemeinschaft integriert werden. China hat diese „Integration“ über Jahre hinweg gut genutzt, um sich in zahlreichen Organisationen der Vereinten Nationen zu etablieren. Bei Ausbruch der Pandemie 2020 saßen Chinesen an der Spitze der UNO-Organe für Ernährung und Landwirtschaft, internationale Zivilluftfahrt, internationale Fernmeldeunion sowie wirtschaftliche und soziale Angelegenheiten. Der Machttransfer manifestierte sich 2020 deutlich, als die US-Regierung demonstrativ verkündete, nicht mehr mit der WHO zusammenzuarbeiten und die Zahlungen an die WHO einfror, während China der WHO gleichzeitig großzügig Gelder im Kampf gegen die Pandemie zusagte. Der Anfang 2021 neu ins Amt des US-Präsidenten gewählte Joe Biden hat die von seinem Vorgänger Donald Trump aufgekündigte Zusammenarbeit mit der WHO wieder verstärkt.

Die Schuldfrage

2020 war der Konflikt zwischen den USA und China an der Frage eskaliert, wer die Schuld am Ausbruch der Pandemie trägt. Die USA und bald auch weitere Länder deuteten mit dem Finger auf China, weil sich im ersten Epizentrum der Pandemie, in der chinesischen Stadt Wuhan, ein Institut für Virologie befindet. Das Institut und die chinesische Regierung widersprachen vehement.[199] Das Coronavirus war Ende 2019, ebenso wie zuvor schon 2002 das Sars-Virus von einem Tiermarkt in Wuhan ausgegangen. Die Frage war, ob das Virus aus dem Labor auf den Markt gekommen ist. Das Wuhan Institut für Virologie beheimatet in seinem „Bio Lab 4“ die größte Virusbank Asiens, das chinesische Zentrum für die Sammlung von Viruskulturen. Mehr als 1.500 verschiedene Erregerstämme sind laut der Website des Instituts dort vorhanden. Das Zentrum ist das erste Bioforschungslabor der höchsten Sicherheitsstufe in ganz Asien. In solchen Laboren dürfen hochansteckende Krankheitserreger der Klasse vier, wie etwa Ebola-Viren, aufbewahrt werden. Das Institut erhielt eigenen Angaben zufolge am 30. Dezember 2019 erstmals Proben des damals noch unbekannten Virus und entschlüsselte sein Genom am 2. Januar 2020. Die Informationen über den Krankheitserreger wurden am 11. Januar 2020 der Weltgesundheitsorganisation WHO übergeben.[200]

Doch unabhängig davon, ob das Virus aus diesem Labor entwichen war oder von Tieren abstammte, stellte sich die Frage nach der Verantwortung Chinas für die Ausbreitung. Tatsächlich hatten die chinesischen Behörden wochenlang probiert, die Ausbreitung des Virus zu verheimlichen. Bei frühzeitigem Eingreifen wäre die globale Pandemie vielleicht vermeidbar gewesen. Doch China wies nicht nur die Laborvariante von sich. Es drehte den Spieß gewissermaßen um und beschuldigte das US-Militär, das Virus nach Wuhan eingeschleppt zu haben.

Nach der Darstellung von Zhao Lijian, des damaligen Sprechers des chinesischen Außenministeriums, stand der Ausbruch des Coronavirus mit der Teilnahme der US-Armee an den 7. Militärweltspielen (Military World Games) des Internationalen Weltsport-Verbands International Military Sports Council (CISM), die im Oktober 2019 in Wuhan stattfanden, im Zusammenhang. Zu der Veranstaltung kamen fast 10.000 Militärangehörige aus über 100 Ländern, darunter aus den USA, Russland und übrigens auch Deutschland, in Wuhan zusammen, um „die Ehre des Militärs hochzuhalten und für den Weltfrieden einzustehen.“ [201] Demnach trafen rund 300 US-Militärangehörige am 19. Oktober 2019 in Wuhan zu den militärischen Weltspielen ein. Der erste Coronavirus-Fall trat zwei Wochen später auf, am 2. November. Die Inkubationszeit des Coronavirus beträgt 14 Tage.

Zuvor, im August 2019 hatte die US-Behörde CDC (Centers of Disease Control and Prevention) das Biowaffenlabor auf dem US-Militärstützpunkt in Fort Detrick aufgrund von Mängeln geschlossen. Damit wollte die CDC verhindern, dass aus dem Labor experimentelle Krankheitserreger entweichen. Nach chinesischer Darstellung stammte das Coronavirus aus eben diesem US-Labor. Kurz nach dessen Schließung hatte demnach ein taiwanesischer Arzt bemerkt, dass die USA im August 2019 eine Häufung von Lungenpneumonien und ähnlichen Krankheiten hatten. Das führten die Amerikaner auf das „Vaping“ von E-Zigaretten zurück, deren Symptome aber nach Ansicht chinesischer Wissenschaftler nicht durch E-Zigaretten erklärt werden konnten. Laut einem ominösen Artikel, der in den chinesischen Sozialen Netzwerken während der Militärübungen 2019 kursierte, sollen fünf ausländische Athleten wegen einer unbestimmten Infektion ins Krankenhaus eingeliefert worden sein. Der Artikel erklärt zudem, dass die Wuhan-Version des Virus nur aus den USA stammen konnte, weil es sich um einen „Strang“ handele, der bis dato nur in den USA existierte.

Damit sollte die Vermutung nahegelegt werden, dass sich einige Mitglieder des US-Teams durch einen Ausbruch in Fort Detrick mit dem Virus infiziert haben, aber ihre Symptome während der langen Inkubationszeit unmerklich waren. Diese Personen hätten danach während ihres Aufenthalts bei den Militärübungen in Wuhan möglicherweise Tausende von Anwohnern an verschiedenen Orten infiziert. Von denen wären viele später auf den Seafood-Markt gegangen, von wo aus sich das Virus wie ein Lauffeuer verbreitet hatte.[202] In einem Ende Januar 2020 in der renommierten Zeitschrift *Science* veröffentlichten Artikel hieß es dazu: „Mehrere Forschungsgruppen haben berechnet, dass sich das Virus etwa Mitte November 2019 auszubreiten begann“ – was die These unterstützt, dass die Ausbreitung vor den mit dem Markt verbundenen Fällen stattgefunden haben könnte. Eine Gruppe gab den Ursprung des Ausbruchs mit 18. September 2019 an. Das Krankenhaus in

Wuhan, in das während der Militärspiele im Oktober 2019 fünf Teilnehmer eingeliefert worden waren, stellte allerdings klar, dass diese an Malaria, nicht Covid-19, erkrankt seien.[203] In dem *Science*-Artikel wird indes ein Arzt namens Bin Cao mit den Worten zitiert: „Es scheint klar, dass der Seafood-Markt nicht der einzige Ursprung des Virus ist, aber um ehrlich zu sein, wissen wir immer noch nicht, woher das Virus kam."[204]

Die These des Virus aus dem Labor

Anders sah das der Medizinnobelpreisträger Prof. Dr. Luc Montagnier. Er kam 2020 zu der Überzeugung, dass Sars-CoV-2, also das Coronavirus nicht natürlichen Ursprungs, also ein genetisch manipuliertes Virus sei. Montagnier, der als Entdecker des HIV-Virus 1983 gilt, entdeckte im neuen Coronavirus HIV-artige Einschlüsse in der Genomstruktur. Aus diesen HIV-ähnlichen Mutationen schloss er auf Verbindungen zum Wuhan Institute of Virology. Denn die dortigen Forscher waren schon länger damit befasst, einen Impfstoff gegen AIDS zu entwickeln, das bekanntlich durch das HIV-Virus verursacht wird.

Wörtlich führte Prof. Dr. Montagnier 2020 aus: „Um eine HIV-Sequenz in dieses (Coronavirus-)Genom zu injizieren, werden molekulare Instrumente benötigt, was sich einzig und allein in einem Labor durchführen lässt." Dieser Erklärung folgend ist im Rahmen der Bemühungen der chinesischen Virologen in Wuhan, einen Impfstoff gegen HIV/Aids zu entwickeln, das todbringende Coronavirus im vierten Quartal 2019 versehentlich aus dem Labor entwichen. Der Umstand, dass ausländischen Experten Anfang 2020 über lange Zeit hinweg eine Inspektion der Provinz Hubei, in der die Stadt Wuhan liegt, verwehrt wurde, hat nicht gerade dazu beigetragen, diesen Anwurf zu entkräften.[205]

Noch während der Pandemie 2020 wurde von mehreren Seiten der Ruf nach Reparationszahlungen von Seiten Chinas laut. Die *Bild Zeitung* preschte vor mit einer Rechnungsaufstellung, nach der China Deutschland für die Corona-Folgen rund 160 Billionen Euro schuldete. Soweit eine *Bild*-Ente, bis der damalige US-Präsident Donald Trump sie aufgriff und mit Bezug dazu verkündete: „Wir reden über viel mehr Geld als Deutschland", viel mehr als 160 Billionen Dollar.[206] Zugleich drohte US-Trump China mit „Konsequenzen", sollte das Land „wissentlich verantwortlich" für die weltweite Ausbreitung des neuartigen Coronavirus sein.[207] Großbritannien stand wie immer auch in dieser Forderung fest hinter den USA.[208] Die ebenfalls zur unbedingten US-Gefolgschaft zählende australische Regierung forderte eine unabhängige internationale Untersuchung zur Schuldfrage.

Prompt drohte China mit einem Boykott australischer Güter wie Wein und Rindfleisch. Für beides war China der größte Exportmarkt Australiens. Außerdem würden chinesische Studenten die australischen Universitäten verlassen und chinesische Touristen Australien meiden, baute Peking eine bemerkenswerte Drohkulisse auf.[209] Doch die sogenannten Five Eyes, eine Geheimdienstallianz, zu der sich die USA, Kanada, Großbritannien, Australien und Neuseeland seit Jahrzehnten zusammengefunden haben, kamen in einem gemeinsamen Dossier nicht sehr überraschend zu dem Schluss, dass China in jeden Fall die Schuld an der Ausbreitung des Virus trage.[210] Die deutsche Bundesregierung forderte, China müsse „vollkommene

Offenheit in dieser Weltkrise zeigen – gerade was den Ursprung des Virus angeht“ und warf der Führung in Peking vor, sie habe „schneller in den internationalen Austausch über die Ausbreitung des Virus in Wuhan treten müssen“.

Möglicherweise wird die Schuldfrage, wenn das bei einer derart komplexen Problematik überhaupt möglich ist, zumindest für die Öffentlichkeit niemals eindeutig geklärt werden. Doch die Schlüsselrolle Chinas, ob nun beim Ausbruch oder der Verbreitung, wird wohl weiterhin im Raum stehen bleiben. Darüber hinaus steht die Auseinandersetzung um die Verantwortung für die Pandemie 2020/21 exemplarisch dafür, wie schnell ein einziger wesentlicher Streitpunkt die beiden Supermächte USA und China zum Kochen bringen kann. Diese Spannung wird sich in den nächsten Jahren nicht lösen, sondern ganz im Gegenteil verstärken.

Das Desaster in Afghanistan

Mit dem Ende des August 2021 endete auch der amerikanische Militäreinsatz in Afghanistan. Nach 20 Jahren, 176.000 Todesopfern[211], 80.000 Bomben und anderen Geschossen und 133 Milliarden Dollar für Wiederaufbau, Hilfsprogramme und die afghanischen Sicherheitskräfte (Whitlock) ging der jüngste Versuch zu Ende, die widerspenstigen Völker am Hindukusch nach dem eigenen Willen zu formen. Insgesamt haben die USA im Zusammenhang mit dem Einsatz in Afghanistan über 2.000 Milliarden Dollar eingesetzt, von denen drei Viertel allerdings unmittelbar der amerikanischen Rüstungsindustrie zugutekamen.

Bei der afghanischen Bevölkerung ist davon indes nicht viel angekommen. Sie kann großenteils ihre Grundbedürfnisse noch immer nicht erfüllen. So leidet am Ende der Regierungszeit von Hamid Karzai und nach 20 Jahren US-Besatzung jeder Dritte an Hunger, 72 Prozent der Bevölkerung leben unterhalb der Armutsgrenze und 65 Prozent der Menschen haben keinen Zugang zu elektrischem Strom. Kein noch so großes Getöse aus den westlichen Hauptstädten kann über die schlichte Tatsache hinwegtäuschen, dass die Unterstützung durch die "internationale Gemeinschaft" praktisch zu keiner wirtschaftlichen und sozialen Entwicklung des Landes geführt hat. Es wird im Gegenteil erwartet, dass noch im kommenden Winter 97% der Afghanischen Bevölkerung unter die Armutsgrenze sinken werden.

Trotz unbestreitbarer Fortschritte bei der Bildung von Mädchen, besuchte 2019 nur ein Drittel der afghanischen Mädchen die Grundschule, und nur 37 % der heranwachsenden afghanischen Mädchen konnten lesen und schreiben.

Ein Grund dafür, dass so wenige Kinder in Afghanistan zur Schule gehen, liegt darin, dass mehr als zwei Millionen Kinder im Alter zwischen sechs und 14 Jahren arbeiten müssen, um ihre um ihre von Armut geplagten Familien zu unterstützen.

Die erste Reaktion auf den lange überfälligen, sich für Kundige längst ankündigenden, aber dennoch als plötzlich empfundenem Abzug der US-Truppen, befasste sich aber mit einem anderen Thema: China.

Typisch dafür ist ein Beitrag, den Ryan Hass, unter anderem Senior Fellow Foreign Policy, Center for East Asia Policy Studies, John L. Thornton China Center, am 18. August 2021 für die renommierte Brookings Institution schrieb:[212]

„In den letzten Tagen haben sich viele Analysten dazu geäußert, wie sich der Rückzug der USA aus Afghanistan auf Chinas regionale und globale Position auswirken wird.

Einige argumentieren, dass der Rückzug amerikanische Ressourcen freisetzen wird, um sich auf China und den indopazifischen Raum zu konzentrieren.

Andere meinen, der Rückzug eröffne ein Vakuum, das China ausnutzen könne.

Wieder andere behaupten, dass Taiwan nun verwundbarer sei, weil Peking die Entschlossenheit und Kompetenz der Amerikaner messen und für unzureichend befinden werde.“

Damit sind bereits die aktuellen Fragestellungen skizziert, die die westliche und vor allem die US-amerikanische politische Presse bewegen.

Während Hass zum ersten Argument nicht direkt Stellung bezieht und den dritten Punkt ausweichend behandelt, hat er einen sehr klaren Blick auf den zweiten Punkt, der nachfolgend zusammengefasst dargestellt wird.

China sorgt sich, ebenso wie alle anderen Anrainerstaaten, um die eigene Sicherheit. Wie der Empfang des Taliban-Führers Mullah Abdul Ghani Baradar durch den chinesischen Außenminister Wang Yi in Tianjin im Juli 2021 gezeigt hat, hat sich China allerdings vorausschauend auf die neue Situation in Kabul vorbereitet. Peking wird die Taliban vermutlich bald anerkennen. Im Gegenzug wird es die Taliban ermutigen, auf Chinas Sicherheitsbelange Rücksicht zu nehmen. Insbesondere ist China daran interessiert, dass Afghanistan den Kämpfern der Uigurischen ETIM (East Turkestan Independence Movement) keinen Unterschlupf bietet.

Im Laufe der Zeit würde China die Möglichkeit begrüßen, von den reichen Bodenschätzen Afghanistans zu profitieren und Afghanistan in seine „Belt and Road“-Initiative einzubeziehen. Seine Führung hat aber wahrscheinlich aus den amerikanischen Erfahrungen gelernt, dass selbst bescheidene Erwartungen in Afghanistan nochmals gedämpft werden müssen.

Soweit Ryan Hass, stellvertretend für den Blick der westlichen Presse. Ein weniger enger Blick auf dieses kleine Land am Kreuzweg der Völker und Kulturen lehrt uns aber, dass damit vermutlich noch nicht alles gesagt ist. Nicht umsonst hat sich dieses Land den Ruf des "Friedhofs der Großmächte" (Graveyard of Empires) erworben. Damit wird zweierlei ausgedrückt: Zum einen hat es über die Jahrhunderte ein starkes Interesse gegeben, dieses karge Land rund um den Hindukusch um jeden Preis zu beherrschen. Zum anderen, scheint es nicht leicht zu sein, dieses Vorhaben umzusetzen. Warum sonst ist noch jeder dieser Versuche langfristig und teilweise dramatisch gescheitert?

Das ist die große Frage. Aber es ist die Frage Nr. 2. Zunächst mag man sich fragen: Warum nur, wurden immer wieder Mensch und Material eingesetzt, dieses kleine, karge Land, das selber im Konzert der Weltmächte nicht mitspielt, zu beherrschen?

Lassen Sie uns damit beginnen.

Eroberungsversuche und ihre Gründe

Ein Blick auf die Landkarte mag helfen, die geostrategische Bedeutung dieses Landes zu verstehen, die den meisten Menschen nicht bewusst sein mag.

In Afghanistan kreuzen sich die Verbindungsrouten von Europa nach Indien und nach China. Heere, die nach Indien ziehen wollten, mussten durch dieses Gebiet. Uralte Karawanenwege zwischen China, Persien und Indien, unter dem Namen Seidenstraße zusammengefasst, kreuzten dieses Land. Für das kaiserliche Russland führt der Weg zu den warmen Wassern des Indischen Ozeanes über Afghanistan. Für China, so wird nun spekuliert, führt er zur Straße von Hormoz, dem kritischen Nadelöhr, das den Fluss des Rohöls aus dem Nahen Osten in die Welt kontrolliert.

Heute gehen wichtige Flugrouten über Afghanistan, die es dem kommerziellen Verkehr aus Europa und dem Westen ermöglichen, Orte im Osten anzufliegen wie Singapur, Thailand, Hongkong, Malaysia und bis hinunter nach Australien und Neuseeland.

Mit der Industrialisierung der Welt ist Afghanistans an Mineralienreichtum in den Blick geraten. Schätzungen zufolge verfügt das Land über Ressourcen im aktuellen Marktwert von über 3 Billionen US-Dollar. Darunter sind Vorkommen von Kupfer, Gold, Öl, Erdgas, Uran, Bauxit, Kohle und Eisenerz.

Zusätzlich lagern Rohstoffe wie Lithium, Chrom, Blei, Zink sowie Edelsteine, Schwefel und Marmor in den Bergen und Wüsten des Landes. Einige, wie Lithium, sind aktuell stark nachgefragte, knappe Ressourcen. Allein die Kupfer-Ressourcen sollen sich auf rund 60 Millionen Tonnen belaufen.

Bisher blieben diese Bodenschätze im Wesentlichen ungehoben. Lediglich die Metallurgical Corporation of China und Jiangxi Copper haben 2008 im bisher größten Kupferprojekt Afghanistans einen 30-jährigen Pachtvertrag abgeschlossen. Damit wurde vielleicht ein starker Anspruch angemeldet, aber auch nicht mehr.

Dabei sind noch nicht einmal alle Lagerstätten mit hinreichender Genauigkeit kartiert. Im Jahr 2019 wurde immerhin geschätzt, dass Afghanistan über 1,4 Millionen Tonnen Seltene Erden verfügt, eine Gruppe von 17 Elementen, die für Anwendungen in der Mikroelektronik benötigt werden.

Tatsächlich aber stand wirtschaftlich in den letzten Jahrzehnten der Anbau von Mohnpflanzen im Fokus. Das daraus gewonnene Rohopium kann zu Drogen wie Heroin weiterverarbeitet werden. Die Opiumernte des Landes macht 80 % des weltweiten Angebots aus und trug nach Angaben aus dem Jahr 2018 bis zu 11 % zur Wirtschaft des Landes bei.

Zuvor schon hatten andere Großmächte mehr oder weniger erfolgreich versucht, Afghanistan zu erobern, ohne eine stabile, dauerhafte Herrschaft zu errichten. Zu den modernen Beispielen gehören das British Empire während des Ersten[213] und dritten Anglo-Afghanischen Krieges[214] (1839-1842, 1919), die Sowjetunion im Sowjetisch-Afghanischen Krieg[215] (1979-1989) und eben schließlich die Vereinigten Staaten im Afghanistankrieg[216] (2001-2021)[217], [218]. Die vorangegangenen Eroberungen durch antike Reiche, darunter die der Perser, Griechen, Araber, Türken und Mongolen[219] waren ebenfalls nicht von Dauer, ihre Reiche selber allerdings auch nicht.

Auch wenn der Kampfgeist der afghanischen Stämme, die raue und zerklüftete Bergwelt, die Entlegenheit des Gebiets und die klimatischen Bedingungen eine wichtige Rolle bei der Abwehr der Eroberer gespielt haben, so war der letzte erfolgreiche Widerstand gegen die sowjetischen Besatzer nur durch die massive US-Amerikanische, Pakistanische, Britische, und Saudi-arabische Unterstützung möglich[220].

Im Westen ist weniger bekannt, dass auch China bereits seine eigenen historischen Erfahrungen mit diesem strategisch wichtigen Gebiet gemacht hat.

Während der Ära der Tang-Dynastie (618 bis 907), im Westen im wesentlichen als Blütezeit der Chinesischen Poesie bekannt, hatte China vermutlich das größte weltpolitische Gewicht. Während ihrer Blütezeit im 7. Jahrhundert kontrollierten die Tang fast alle großen zentralasiatischen Oasen bis Buchara in Usbekistan im Westen.

Im Norden Afghanistans lebten nomadische Hirtenvölker türkischer Herkunft. Nach deren Unterwerfung im Jahr 659 wurde der türkische König von Tocharistan Vasall der Tang und damit dieser Teil des heutigen Afghanistans Teil des Territoriums des Tang-China.

Mit ihrer Niederlage gegen das Abbasiden-Kalifat in der Schlacht am Talas[221] im heutigen Kirgisistan (Kyrgyzstan) im Jahr 751 verlor die Tang-Dynastie jedoch wieder die Kontrolle über diese afghanische Region. Mit dem Verlust Afghanistans verlor die Tang-Dynastie ihren dominanten Einfluss in der Region. Mitte des 8. Jahrhunderts brach der An-Lushan-Aufstand aus, und die Tang-Dynastie war damit mehr als beschäftigt und konnte anschließend ihre Kontrolle über die Region nie wieder herstellen. Mit der Ausweitung des Einflusses des Abbasiden-Kalifats in Zentralasien wurde die damals vom Buddhismus geprägte Region allmählich islamisiert.

Auch für die heutige Vision Chinas der Wiederbelebung der alten Seidenstraße - d.h. die Belt and Road Initiative (BRI) - könnte Afghanistan ein wichtiges Bindeglied sein. Frühe Überlegungen in der Entstehungsphase der BRI legten nahe, dass das Herz der „Weltinsel“ Afghanistan sein müsste und nicht die umliegenden Mächte wie Russland, China oder Indien. In der Logik Halford Mackinders bedeutet das, dass wer Afghanistan kontrolliert, dominierenden Einfluss auf die kontinentale „Weltinsel“ haben wird. Als traditionelle Landmacht müsste sich China seinen Einfluss in Afghanistan sichern, sollte es eine Dominanz über Zentralasien anstreben.

Durch die Brille des historischen Realismus betrachtet sollte danach der Abzug der US-Truppen aus Afghanistan, nicht wie der Abzug der chinesischen Tang-Truppen im 8. Jahrhundert, nur das Ende einer alten Ära bedeuten, sondern den Beginn einer neuen.

Die Beherrschung des Gebiets des heutigen Afghanistans war bisher allerdings den wenigsten Mächten das eigentliche Ziel. In den meisten Fällen wurde Afghanistan oder dessen Vorgänger als lästiger Sperrigel angesehen, den es zu überwinden galt oder doch bestenfalls als „Missing Link“, den es in den eigenen Machtbereich einzugliedern galt – das Land am Hindukusch als Schachfigur in einem globalen Spiel, dem „Great Game“.

War on Terror

Eher neu hingegen war die Motivation der USA nach den Ereignissen des 11. September 2001, umgehend einen Schuldigen für die Anschläge auf die Twin Towers in New York und das Pentagon in Washington DC zu finden und zu bestrafen. Der wurde bald in dem „Mastermind“ der Anschläge, Osama bin Laden, gefunden.

Für die USA war Osama bin Laden so etwas wie ein „idealer Erzfeind"; schließlich hatte er 1998, nach dem Zweiten Golfkrieg, in einer Fatwa (einer Art Rechtsauskunft einer muslimischen Autorität) das Töten von Zivilisten und Soldaten der Vereinigten Staaten und deren Verbündete überall auf der Welt zur Pflicht jedes Muslims erklärt[222]. Doch 2001 bekannte sich der Terrorführer nicht zu den Anschlägen (dies holte er erst 2004 nach) und überdies war Osama bin Laden selbst für die mächtigen Staaten von Amerika mit ihrer globalen militärischen Reichweite nicht so einfach aufzufinden und zur Rechenschaft zu ziehen. Die Täter selber kamen als Selbstmordattentäter für eine Bestrafung nicht mehr in Frage.

Als US-Präsident George W. Bush unmittelbar nach den Nine-Eleven-Anschlägen einen „War on Terror" proklamierte, konnte er unmöglich eine vermutlich jahrelange Suche nach einem einzigen Terroristen zum Inhalt des „Kriegs gegen den Terror" erklären. Daher gerieten die seit 1996 in Afghanistan herrschenden sogenannten Taliban ins Visier der US-Regierung. Diese hatten das Islamische Emirat Afghanistan errichtet, das allerdings nur von Pakistan, Saudi-Arabien und den Vereinigten Arabischen Emiraten anerkannt wurde.[223]

Dem Wunsch der USA nach Rache nach den Anschlägen vom 11. September 2001 folgend hatten sich praktisch alle westlichen Nationen auf ein tödliches Abenteuer in Afghanistan eingelassen. Dabei hätten sie es besser wissen können. Schließlich war bereits die sowjetische Intervention in Afghanistan zwischen 1979 und 1989 kläglich gescheitert. Diese begann mit der militärischen Unterstützung der, durch einen Putsch an die Regierung gekommenen, afghanischen Machthaber durch die

Sowjetunion gegen die zahlreichen Gruppierungen der Gotteskrieger, der Mudschahedin, die sich vor allem als Reaktion auf die Säkularisierung Afghanistans bildeten.[224]

Doch statt die liberalen Tendenzen in dem Land zu unterstützen, wurden „aus Prinzip", nämlich dem Prinzip, die Sowjetunion zu bekämpfen, die islamistische Rebellengruppen politisch und materiell von den USA sowie einigen NATO-Staaten und Teilen der islamischen Welt unterstützt.[225] Mit anderen Worten: Die USA und zahlreiche westliche Staaten haben über Jahre hinweg selbst extremistische Gruppierungen gefördert, die ihnen später als Feinde gegenüberstanden.

Sicherlich nicht nur, aber eben auch durch diese Politik, gab sich die damalige Sowjetunion geschlagen. Der Abzug der sowjetischen Truppen hinterließ Afghanistan politisch und militärisch ohne Ordnung.[226] In diesem Vergleich war der Abzug der USA 2021 anders: Die Vereinigten Staaten hinterließen, zumindest offiziell unbeabsichtigt, einen Staat, den die Taliban konsequenterweise in „Islamisches Emirat" umbenannten.[227]

Eine interessante Nebeninformation ist in diesem Kontext, dass wie der ehemalige Direktor der CIA, Robert Gates, in seinen Memoiren[228] erklärt, die amerikanischen Geheimdienste sechs Monate vor der sowjetischen Intervention begannen, die Mudschaheddin in Afghanistan zu unterstützen. In dieser Zeit war Zbigniew Brzezinski der nationale Sicherheitsberater von Präsident Carter. Brzezinski war der Meinung, dass diese Hilfe eine sowjetische Militärintervention auslösen würde. Als sie später nicht ganz grundlos ihre Intervention mit der Behauptung rechtfertigten, sie wollten gegen eine geheime Beteiligung der Vereinigten Staaten in Afghanistan kämpfen, glaubte ihnen niemand.

Brzezinski hielt diese geheime Operation auch später noch, als sich die Taliban bereits zum Gegner der USA gewandelt hatten, für eine ausgezeichnete Idee. Sie hatte den Effekt, die Russen in die „afghanische Falle“ zu locken. An dem Tag, an dem die Sowjets offiziell die Grenze überschritten, schrieb er an Präsident Carter: Wir haben jetzt die Möglichkeit, der UdSSR ihren Vietnamkrieg zu schenken. In der Tat musste Moskau fast zehn Jahre lang einen Krieg führen, der zur Demoralisierung und schließlich zum Zusammenbruch des Sowjetreichs führte.[229]

Brzezinski hielt es auch im Nachhinein für das kleinere Übel, den zukünftigen „Terroristen“ Waffen und Ratschläge gegeben zu haben: *„Was ist wichtiger für die Geschichte der Welt? Die Taliban oder der Zusammenbruch des Sowjetimperiums? Ein paar aufgewiegelte Moslems oder die Befreiung Mitteleuropas und das Ende des Kalten Krieges?“*

The Great Game

Als „The Great Game“[230] wird gerne eine politische und diplomatische Konfrontation bezeichnet, die während des größten Teils des 19. und zu Beginn des 20. Jahrhunderts zwischen dem Britischen und dem Russischen Reich um Afghanistan und benachbarte Gebiete in Zentral- und Südasien ausgetragen wurde. Sie hatte auch direkte Auswirkungen auf Persien und Britisch-Indien. Dabei befürchtete Großbritannien, dass Russland eine Invasion in Indien plante und dies das Ziel der russischen Expansion in Zentralasien wäre. Russland hingegen fürchtete die Expansion des britischen Einflussbereichs nach Zentralasien. Übrigens hatte auch Frankreich unter Napoleon versucht, Russland und auch Persien für seine Zwecke zu instrumentalisieren und via Afghanistan die Britischen Besitzungen in Indien anzugreifen.

Populär wurde der Begriff „The Great Game“ durch den Roman *Kim*[231] (1901)[232] von Rudyard Kipling[233] aus dem Jahr 1901. Darin lenkte er den Blick auf die entstehende Großmachtrivalität. Noch einmal in Erinnerung gerufen wurde der Begriff nach dem Beginn des sowjetisch-afghanischen Krieges 1979.[234]

In dieser, für die Tragik der Großmachpolitik typischen, Situation herrschte ein tiefes Misstrauen vor. Es wurde gar vom Krieg zwischen zwei der größten europäischen Reiche gesprochen[235],[236],[237]. Großbritannien machte es sich fortan zur obersten Priorität, alle Zugänge nach Indien zu schützen, während Russland seine Eroberung Zentralasiens fortsetzte.[238]

Das „große Spiel“ begann 1830, als Lord Ellenborough, der Präsident des Board of Control for India, den Generalgouverneur Lord William Bentinck, damit beauftragte, eine neue Handelsroute zum Emirat Buchara einzurichten. Großbritannien wollte die Kontrolle über das Emirat Afghanistan erlangen, es zu einem Protektorat machen und das Osmanische Reich, das Persische Reich, das Khanat Chiwa und das Emirat Buchara als Pufferstaaten gegen die russische Expansion nutzen. Auf diese Weise sollte Russland daran gehindert werden, Zugang zu einem Hafen am Persischen Golf oder am Indischen Ozean zu erlangen. Russland hingegen schlug Afghanistan als neutrale Zone vor.[239] Die Folgen waren der erste und der zweite Anglo-

Afghanische Krieg und der erste und zweite Anglo-Sikh-Krieg sowie die Annexion von Kokand durch Russland.

Mit der Unterzeichnung der Protokolle der Pamir Boundary Commission am 10. September 1895,[240] als die Grenze zwischen Afghanistan und dem Russischen Reich festgelegt wurde,[241],[242],[243],[244] ging *The Great Game* seinem Ende entgegen, endete offiziell aber erst mit der Unterzeichnung der Anglo-Russischen Konvention am 31. August 1907.

Afghanistan als Teil der „Weltinsel"

Zbigniew Brzezinskis "The Grand Chessboard"[245] kommt in seinem letzten Kapitel zu folgendem Schluss: "Für die Vereinigten Staaten ist die Zeit gekommen, eine integrierte, umfassende und langfristige Geostrategie für ganz Eurasien zu formulieren und zu verfolgen. Diese Notwendigkeit ergibt sich aus der Wechselwirkung zwischen zwei grundlegenden Realitäten: Amerika ist jetzt die einzige globale Supermacht, und Eurasien ist der zentrale Schauplatz des Globus. Daher wird das, was mit der Machtverteilung auf dem eurasischen Kontinent geschieht, von entscheidender Bedeutung für Amerikas globale Vormachtstellung und für Amerikas historisches Erbe sein'.

In den Sinn kommen mag einem dabei auch die inzwischen wieder gerne zitierte aber etwas eigenwillige Theorie Halford John Mackinders von der Bedeutung der Beherrschung der Weltinsel (World Island), die er in dem Artikel "The Geographical Pivot of History"[246] (Der geografische Dreh- und Angelpunkt der Geschichte) 1904 der Royal Geographical Society vorlegte. Danach besteht die Weltinsel aus den miteinander verbundenen

Kontinenten Europa, Asien und Afrika (Afro-Eurasien). Dies war die größte, bevölkerungsreichste und reichste aller möglichen Landkombinationen. Es folgten die vorgelagerten Inseln, darunter die Britischen Inseln und die Inseln Japans und schließlich die vorgelagerten Inseln, darunter die Kontinente Nordamerika, Südamerika und Ozeanien.

Das Kernland lag im Zentrum der Weltinsel und erstreckte sich von der Wolga bis zum Jangtse und vom Himalaya bis zur Arktis. Was Strategen und Politiker daran immer wieder fasziniert und geängstigt hat war die letztlich nicht beweisbare Behauptung Mackinders, dass wer das Kernland beherrscht, die Welt-Insel beherrscht und wer die Welt-Insel beherrscht, die Welt beherrscht.

Wird es nach dieser Theorie für die neue aufstrebende Weltmacht China nicht verlockend sein, den Hebel in die Hand zu nehmen, mit dem sich die Weltpolitik in Bewegung setzen ließe?

Vielleicht – vielleicht aber auch nicht. China ist ein sehr geschichtsbewusstes Land. Damit steht es im krassen Gegensatz zur vorherrschen Weltsicht in den USA. China wäre nicht China, wenn es aus der Geschichte nicht seine Lehren zöge. Seine Führung wird vermutlich nicht einfach in dieselbe Falle tappen, die schon anderen Weltreichen zum Verhängnis wurde.

Erhellend mag in diesem Zusammenhang auch sein, was Brzezinski an anderer Stelle in seinem Schlusswort schreibt: „Auf lange Sicht wird die Weltpolitik zunehmend ungünstigere Bedingungen für die Konzentration von hegemonialer Macht in den Händen eines einzigen Staates bieten. Daher ist Amerika nicht nur die erste und einzige wirklich globale Supermacht, sondern wird wahrscheinlich auch die letzte sein.“ Das sind immerhin die Worte eine ex-US-Sicherheitsberaters.

Ist Afghanistan überhaupt regierbar?

Ein „Nation Building“, also das afghanische Volk nach dem Willen der Besatzer zu formen, ist offensichtlich gescheitert[247]. Zu dieser Einschätzung war inzwischen auch der ehemalige US-Verteidigungsminister Chuck Hagel gekommen, wenn er mit Blick auf Afghanistan sagte: *„Wir haben die Kultur nie verstanden, wir haben die Religion nie verstanden, das Stammesdenken, die Geschichte.“* Sein Resümee gegenüber dem Sender CNN fiel eindeutig aus: *„Man ist zum Scheitern verurteilt, wenn man das nicht versteht.“* (“*The history of Afghanistan we didn’t understand at all,*” says former US Secretary of Defense Chuck Hagel. “*We never understood the culture. We never understood the religion. We never understood the tribalism.*“)

Gerne wird aber auch darauf hingewiesen, dass Afghanistan per se nicht regierbar sei. Das heißt also, auch ohne die Einmischung fremder Mächte gäbe es ausreichend Konfliktpotential, um das Land im permanenten inneren Streit zu halten.

Darüber hinaus, so wird behauptet, seien die konservativen Kräfte derart tief in den Bevölkerungsgruppen verankert, dass auf dieser Basis ohnehin kein moderner demokratischer Staat zu errichten sei.

So schrieb beispielsweise Dinesh Mathur am 23. August 2021[248] im *South Asia Monitor*: *„Auch traditionell war es nie ein stabiles Land mit einer einheitlichen Verwaltung unter einer einzigen Regierung*“.

Afghanistan ist traditionell und auch heute noch im Wesentlichen Stammesland. Unter den zeitweise 14 anerkannten Ethnien im Lande sind es vor allem vier große Gruppierungen, die permanent bestenfalls eine gespannte Waffenruhe eingehalten, oft aber kleinere oder größere Scharmützel ausgetragen haben. Das sind mit je fast 40 Prozent der Bevölkerung die Patschtunen und die Tadschiken. Nennenswert sind neben den kleinen Ethnien noch die Usbeken und die Hazara.

Die **Paschtunen** bevölkern die Gebiete um Kabul im Nordosten, die Provinz Badhakhshan und Teile des Südens. Sie betrachten sich als das beherrschende Volk. Ihnen entstammten auch Hamid Karzai und Gulbuddin Hekmatyar, der zweimalige Premierminister. Die von den Paschtunen bewohnten Gebiete zwischen Jalalabad und Kandahar sind der reiche landwirtschaftliche Gürtel, in dem auch der größte Teil des Opiums produziert wird. Die insgesamt fünf paschtunischen Fraktionen verfügten jeweils über starke Milizen, die sich allerdings nie im Kampf gegen die Taliban engagierten.

Die **Tadschiken** im Norden waren für eine kurze Zeit über die sogenannte Nordallianz führend. Als Kernregion wurde insbesondere das Panshir Tal berühmt.

Die **Usbeken** sind vor allem durch den ehemaligen Vize Vizepräsidenten General Abdul Rashid Dostum bekannt geworden, einer umstrittenen prokommunistischen Figur, dessen Miliz von Mazar-i-Sharif an der Grenze zu Usbekistan aus fünf Provinzen kontrollierte.

Die **Hazara** in der Provinz Bamiyan hatten unter ihrem Führer Mohammad Karim Khalili ihre eigene pro-iranische schiitische Miliz unterhalten, die einen Teil des afghanischen Hinterlandes kontrollierte. Die Hazara lagen im steten Konflikt mit den Usbeken und den Tadschiken. Von ihren Glaubensbrüdern im Iran nur wenig unterstützt, hatten sie dem Vernichtungsfeldzug der Taliban wenig entgegen zu setzen.

Stammesrivalitäten haben das Land also seit je her schwer regierbar gemacht. Friedliche Zeiten waren oft das Ergebnis geschickten Austarierens der gesellschaftlichen Gruppierungen und eines ausgewogenen Stammes-Proporzes in Regierung und Verwaltung. Hinzu kam, dass Afghanistan für seine Nachbarn wie auch die Weltmächte nicht selten als Arena gesehen wurde, ihre eigenen Rivalitäten auszutragen.

Ein weiterer Grund, warum Afghanistan sich nicht, wie von vielen westlichen Beobachtern und Akteuren wie selbstverständlich erwartet, zu einem „modernen“ demokratischen Staat entwickeln wollte, wird in der enormen Bindekraft des Paschtunwali, des uralten Stammesgesetzeskodex der Paschtunen gesehen.

Die Rolle des Paschtunwali

„Die Taliban sind keine rein paschtunische Bewegung. Sie haben durch ihren Appell an den religiösen Konservatismus viel Unterstützung bei anderen Ethnien gewonnen. Aber ihre Führung ist immer noch überwiegend paschtunisch und wird von den meisten anderen Völkern auch so gesehen.“ schreibt Anatol Lieven.[249]

Für die in den traditionellen Stammesgebieten lebenden Paschtunen aber ist das **Paschtunwali** (paschtunisch [250]

(پښتونولي), der Rechts- und Ehrenkodex[251] der Paschtunen[252] die prägende Kraft.

Das Paschtunwali, ins Deutsche etwa mit „Paschtunentum“ übersetzbar, ist ein Kanon an Gesetzen und Verhaltensregeln, der wesentlich zu dem starken Zusammenhalt der Paschtunen beiträgt. Viele Elemente des Paschtunwali, wie die Dschirgas (Loya Dschirga, Wolesi Dschirga), wurden vom afghanischen Staat übernommen. So war es die Loja Dschirga, die der Regierung Karzai ihre Legitimität gab, als die Amerikaner nach dem 11. September 2001 nach einer Neustrukturierung Afghanistans suchten.

Geregelt werden Tugenden wie die verpflichtende Gastfreundschaft gegenüber Reisenden ebenso wie Vergeltung im Fall von Regelübertretungen aber auch auf den Schutz der weiblichen Ehre, von Familie, Grund und Boden und im weitesten Sinne der Heimat.

Die meisten Streitigkeiten entstanden offenbar in dem Bereich, der mit der persischen Alliteration zan, zar und zamin (زن, زر und زمین; Frau, Gold und Boden) beschrieben wird. In den Regelungen dafür ist auch eine der Quellen der Stellung der Frau in der von den Taliban propagierten Gesellschaftsordnung als Besitz des Mannes zu sehen.

Die gleichzeitige Orientierung an Paschtunwali und einer strengen Auslegung des Islam hat offenbar keine Konflikte bereitet. Eher erscheinen Regelungen aus beiden Quellen, zumindest was die Stellung der Frau in der Gesellschaft betrifft, kompatibel zueinander zu sein. So lässt sich aus der Sure 4 Vers

34[253] des Koran herauslesen, dass „die Männer über den Frauen stehen, weil Gott sie von Natur vor diesen ausgezeichnet hat ...“

Wegen der unerbittlichen Konsequenz des ethischen Handelns aber auch der Elemente einer archaischen Ritterlichkeit hat sich das Paschtunwali eine gewisse Anerkennung unter den Nachbarvölkern erworben. Ihm werden Attribute wie Mut, Selbstachtung, Unabhängigkeit, Gerechtigkeit, Gastfreundschaft, Liebe, Vergebung, Rache und Toleranz gegenüber allen, insbesondere gegenüber Fremden zugeschrieben.

Diese fragen sich nun[254], warum die Taliban diese, als positiv empfundenen, Wirkungen des Paschtunwali aufgegeben haben. Als mögliche Antwort wird gehandelt, dass die meisten der als Taliban bezeichneten Kämpfer gar nicht unter dem Einfluss des Paschtunwali, sondern als Nachkommen afghanischer Flüchtlinge in den Koranschulen und Lagern in Pakistan mit dem Ziel aufgezogen wurden, die jeweiligen ausländischen Invasoren zu bekämpfen.

Die international und ausdrücklich auch von China geforderte[255] Bildung einer offenen, inklusiven und weitgehend repräsentativen Regierung erscheint vor diesem Hintergrund jedenfalls in weiter Ferne.

Wer sind die Taliban?

Taliban ist das arabische Wort für Schüler oder Studenten (طالبان, wörtlich Suchende). Tatsächlich ist die Mehrzahl der Widerstandskämpfer, die für die Weltöffentlichkeit 1994 unvermittelt die Bühne der mittelöstlichen Kriegsszenerie betraten, aus den Koranschulen des North-West Frontier Province

(NWFP) und anderen Gebieten Pakistans entlang der Afghanischen Grenze rekrutiert worden.

Dass die Taliban sich zum Deobandi-Fundamentalismus bekennen, erscheint zunächst nicht unmittelbar folgerichtig. Denn Deoband ist eine Stadt und Gemeinde im indischen Bundesstaat Uttar Pradesh, etwa 150 km nördlich von Delhi gelegen. Kaum ein Mitglied der heutigen Taliban Bewegung dürfte jemals die 1866 gegründete islamische Hochschule „Dar ul-'Ulum Deoband" („Haus der Gelehrsamkeit"), den Ursprungsort der Bewegung in Deoband besucht haben.

Als religiöse Lehranstalt gegründet, konzentrierte die Deobandi-Bewegung weiterhin ihre wohltätigen Aktivitäten auf die Gründung und Unterhaltung von Koranschulen. Da die dort unterrichteten Jungen freie Kost und Logis erhielten, waren die *madrasas* oder Koranschulen für viele Afghanische Waisenkinder eine logische Anlaufstelle. Ab den 1980er Jahren stieg die Zahl dieser Seminare in Pakistan sprunghaft an. Der pakistanische Militärdiktator Ziaul Haq, der in den Jahren 1977 bis 1988 an der Macht war, stand dem Deobandi-Ansatz nämlich besonders wohlwollend gegenüber. Er benutzte sie als Instrument der Einflussnahme im Rahmen seiner konservativen Innenpolitik und in einer Art Wettbewerb mit Saudi-Arabien und Iran um die islamische Deutungshoheit, die jeder eigene religiöse Einrichtungen förderten.

Am Ende konnten sich auch die von den Deobandis gegründeten Koranschulen nicht den überwältigenden finanziellen Ressourcen der Saudis verschließen. In dieser Atmosphäre von Politik und religiöser Bildung ist der Ursprung der Taliban zu suchen. So geriet deren für eine islamische Erneuerungsbewegung aufgrund ihrer Sufi-Elemente zunächst vergleichsweise tolerante Deobandi-Lehre unter dem totalitären Einfluss des Saudi-arabischen Wahhabismus. Entsprechend sehen die Vertreter der ursprünglichen Dar ul-'Ulum Deoband die hohe Sichtbarkeit, die ihre Bewegung durch die militärischen Erfolge der Taliban erhalten hat, mit eher gemischten Gefühlen.

Der Rest ist Geschichte, und zwar diesmal eine weithin bekannte: Nach ihrer Entstehung im Jahre 1994 stiegen die Taliban dank massiver Unterstützung durch Saudi-Arabien, Pakistan und die USA zu einer der führenden Fraktionen im afghanischen Bürgerkrieg auf. Unter der Führung von Mohammed Omar breitete sich die Bewegung über den größten Teil Afghanistans aus und nahm den übrigen rivalisierenden Mudschaheddin-Kriegsherren die Macht ab. Von 1996 bis 2001 beherrschten die Taliban etwa drei Viertel Afghanistans, gründeten 1996 das Islamische Emirat Afghanistan und setzten eine strenge Auslegung der Scharia, des islamischen Rechts, durch.

Im Dezember 2001 nach den Anschlägen vom 11. September, als Berichten zufolge 2.500 Araber unter dem Kommando des Al-Qaida-Führers Osama bin Laden für die Taliban kämpften, wurde deren Herrschaft von der amerikanisch geführten Invasion Afghanistans gestürzt. Nach dem Fall von Kabul am 15. August 2021 erlangten die Taliban jedoch die Kontrolle über Afghanistan wieder zurück.

Die Taliban wurden international für die brutale Durchsetzung ihrer Auslegung der Scharia verurteilt. Während ihrer Herrschaft von 1996 bis 2001 verübten die Taliban und ihre Verbündeten Massaker an der afghanischen Zivilbevölkerung, wie den schiitischen Hazara, verweigerten UN-Lebensmittellieferungen für hungernde Zivilisten und betrieben eine Politik der verbrannten Erde, indem sie weite Gebiete fruchtbaren Landes niederbrannten und Zehntausende von Häusern zerstörten. Während ihrer Herrschaft verboten sie Gemälde, Fotografien und Filme, die Menschen darstellten. Sie verboten mit wenigen Ausnahmen alle mit Instrumenten erzeugte Musik. Die Taliban hinderten Mädchen und junge Frauen daran, die Schule zu besuchen, verboten Frauen, Berufe außerhalb des Gesundheitswesens auszuüben, verboten männlichen Ärzten Frauen zu behandeln und verlangten, dass Frauen in der Öffentlichkeit stets von einem männlichen Verwandten begleitet wurden sowie eine Burka trugen. Wenn diese gegen bestimmte Regeln verstießen, wurden sie öffentlich ausgepeitscht oder hingerichtet. Religiöse und ethnische Minderheiten wurden während der Taliban-Herrschaft stark diskriminiert. Die Taliban verübten einen kulturellen Völkermord, indem sie zahlreiche Denkmäler zerstörten, darunter die berühmten 1500 Jahre alten Buddhas von Bamiyan.

China hatte den Kontakt zu den Taliban in einer Art diplomatischen Balanceakts immer aufrechterhalten. Ideologisch könnten die Positionen dieser ungleichen Parteien nicht gegensätzlicher sein. Einige der von früheren mongolischen Eroberern abstammenden Hazara fanden sogar Zuflucht in China. Für China war es jedoch wichtiger, mit allen politischen Kräften im Dialog zu stehen, frühzeitig bereit zu stehen, falls sich einmal eine Gelegenheit für eine fruchtbare Zusammenarbeit ergeben sollte. So ist wohl auch der Empfang des Taliban-Führers Mullah Abdul Ghani Baradar durch den chinesischen Außenminister Wang Yi in Tianjin im Sommer 2021 zu verstehen. Auch in dem für lange Zeit aus chinesischer Sicht hoffnungslos wirkenden

Fall Afghanistan hat die chinesische Führung über alle Wechsel der Spitzen in der politischen Führung des Landes hinweg einen langen Atem bewiesen und das große geopolitische Bild im Kontext der langfristigen Entwicklung im Blick gehabt.

Die Lage in Afghanistan

Zwischenzeitlich sind die Ereignisse in Afghanistan unter dem Eindruck schwerwiegender geopolitischer Krisen direkt vor der Haustür aus dem Blick geraten. Nach der Russischen Invasion in die Ukraine nach dem 24. Februar 2022 ist dieser eine Welle der Hilfsbereitschaft entgegengeschlagen. Hier zeigte die Europäische Zivilgesellschaft bisher überwiegend ein sehr menschliches Gesicht.

Im Fall des völlig ausgepowerten Afghanistans war das jedoch nicht der Fall. Während die UN-Organisationen vor einer drohenden humanitären Krise in Afghanistan warnen, hat das US-Finanzministerium fast die gesamten Devisenreserven der afghanischen Zentralbank in Höhe von 9,4 Milliarden Dollar eingefroren und damit der neuen Regierung Mittel vorenthalten, die sie in den kommenden Monaten dringend benötigen wird, um ihre Bevölkerung zu ernähren und die Grundversorgung sicherzustellen.

Auf Druck der Regierung Biden beschloss der Internationale Währungsfonds, 450 Millionen Dollar nicht freizugeben, die nach Afghanistan geschickt werden sollten, um dem Land bei der Bewältigung der Coronavirus-Pandemie zu helfen.

Die USA und andere westliche Länder haben die humanitäre Hilfe für Afghanistan ebenfalls eingestellt. Auf einem G7-Gipfel zu Afghanistan am 24. August sagte der britische Premierminister Boris Johnson, dass die Verweigerung von Hilfe und Anerkennung ein "sehr starkes wirtschaftliches, diplomatisches und politisches Druckmittel" gegenüber den Taliban seien.

Nach 100 Tagen Taliban-geführter Regierung[256] (2021-11-26), gab es noch keinerlei Anzeichen, dass das Land in irgendeiner Weise wirksam regiert würde. Nach Berichten in den Medien und Dokumenten der Zentralbank waren die Reserven der Zentral- und Privatbanken praktisch erschöpft.

Das Entwicklungsprogramm der Vereinten Nationen (UNDP) hatte vor einem „kolossalen" Zusammenbruch des afghanischen Finanzsystems gewarnt und erklärt, dass es Jahrzehnte dauern würde, bis das Bankensystem wiederhergestellt sei (*Reuters*). Entgegen dieser Warnung, erklärte die von den Taliban geführte Regierung, sie habe die notwendigen Schritte unternommen, um das Problem anzugehen.

Tatsächlich waren bereits praktisch alle staatlichen und nichtstaatlichen Organisationen geschlossen oder arbeitsunfähig. Die begrenzte Anzahl von Regierungsangestellten, die noch immer an drei Tagen pro Woche für vier Stunden arbeitete, hatte noch immer nicht ihre ausstehenden drei bis vier Monatsgehälter erhalten.

Während die Wirtschaft des kriegsgebeutelten Landes nach der Machtübernahme der Taliban um ihr Überleben kämpfte, war die afghanische Währung auf den niedrigsten Stand seit zwei Jahrzehnten gefallen (1 US-Dollar = 94 Afghani). Die Kosten für Kraftstoff und Lebensmittel waren um 75 Prozent gestiegen, da der Wert der Währung gegenüber dem Dollar gesunken war (*Guardian Newspaper*).

Am 11. Januar 2022 haben die Vereinten Nationen einen Spendenaufruf in Höhe von mehr als 5 Milliarden Dollar für Afghanistan veröffentlicht, in der Hoffnung, die zusammengebrochene Grundversorgung im Land zu sichern. 22 Millionen Menschen sind innerhalb des Landes auf Hilfe angewiesen, und 5,7 Millionen Menschen benötigen Hilfe außerhalb der Landesgrenzen.

Am 17. März 2022, also sieben Monate nach dem Sturz der Regierung Afghanistans durch die Taliban, erneuerte der Sicherheitsrat am Donnerstag das Mandat der politischen Sondermission der Vereinten Nationen in dem Land und beauftragte sie mit einer Reihe von Aufgaben, die von der Koordinierung der humanitären Hilfe über die Überwachung der Menschenrechte bis zur Förderung des Dialogs reichen.

Bei der darbenden Bevölkerung ist von diesen sich zäh dahinziehenden Anstrengungen noch nicht sehr viel angekommen. Nach der Machtübernahme der Taliban war China immerhin das erste ausländische Land, das Afghanistan noch im Dezember 2021 humanitäre Soforthilfe (im Wert von 200 Millionen Yuan) zusagte. Die Hilfsgüter, im Wesentlichen Basis-Lebensmittel und warme Winterkleidung, wurden per Bahn über Tadschikistan bis an die afghanische Grenze transportiert und von dort aus von lokalen Lkw-Fahrern im Land verteilt.

Die Taliban, die vor einer humanitären Katastrophe und einem wirtschaftlichen Zusammenbruch standen, begrüßten die prompte Lieferung von Lebensmitteln und medizinischen Hilfsgütern durch Peking. Darüber hinaus hat China vor kurzem ein Bauprojekt auf dem Gelände des Justizministeriums finanziert, und es gibt Berichte, wonach chinesische Firmen Afghanistan besucht haben, um Bergbaumöglichkeiten zu erkunden.

Ausblick in Afghanistan

Der dominierende Narrativ der westlichen Medien und Publikationen, aber auch von Personen des politischen Lebens wie etwa Wolfgang Ischinger, ehemaliger Botschafter Deutschlands in London und Washington und seit 2008 Leiter der Münchner Sicherheitskonferenz, lautet unisono „In Afghanistan ist der Westen gescheitert“, „Die Weltgemeinschaft hat versagt“, Die Supermacht USA hat sich vor ein paar Gotteskriegern gebeugt“.

Es ist schwer so viel Zynismus aufzubringen, wie es die Logik einer machtpolitischen Betrachtung der Vorgänge im historischen Kontext nahelegt. Aber vielleicht sind die Vereinigten Staaten von Amerika in Afghanistan gar nicht gescheitert. Vielleicht haben sie ihre Ziele erreicht. Vielleicht darf das nur nicht öffentlich kundgetan werden.

Denn nach dem schnellen und unkomplizierten Abzug der Amerikaner unter Zurücklassung von modernem Militärgut im Wert von mindestens 7 Milliarden[257] Dollar ist Afghanistan wieder das, wofür die Taliban einst geschaffen wurden: ein Stachel im Fleisch der Anrainerstaaten. Zumindest Iran, China und hinter Turkmenistan, Usbekistan und Tadschikistan auch Russland, sowie das in letzter Zeit aus Sicht der USA unbotmäßige Pakistan haben seitdem einen unkontrollierbaren und hochgerüsteten Unruheherd in ihrer direkten Nachbarschaft.

Staatenbildung war offensichtlich nie das Ziel für den kargen Landstrich am Hindukusch und seine Bewohner gewesen. Stattdessen sind in einem genialen Schachzug gleich mehreren gegnerischen Staaten Kopfschmerzen bereitet worden: *„Die sind also vorerst beschäftigt“*. Diese Mindermeinung, wie sie auch von Gerard Boyce[258] vertreten wird, hat jedenfalls viel mehr für sich, als die von einer naiven Mainstreampresse kolportierte Saga von einem „zweiten Saigon“ – ist aber deutlich schwerer zu ertragen.

Vor diesem Hintergrund ist das hohe Interesse Chinas an einer frühen Einflussnahme auf die weitere Entwicklung in diesem neuen Brennpunkt zu erklären. Doch weder die Lockungen durch die formidable geo-politische Positionierung des Landes für seine „Road & Belt“-Initiative noch die Aussicht auf den Zugriff auf strategisch bedeutsame Rohstoffressourcen sind der eigentliche Antrieb für die bemerkenswerten Anstrengungen, einen fruchtbaren Dialog mit den neuen Herrschern in Kabul zu treten, sondern handfeste, akute Sicherheitsbedenken.

Wir werden wohl nicht so schnell in einen High-Speed-Zug *made in China* steigen können, um mit bis zu 350 Stundenkilometern die 820 Kilometer Luftlinie von Kabul nach Kashgar zu überwinden. Stattdessen wird China all seine diplomatischen Künste und sein wirtschaftliches Gewicht einsetzen müssen, die verschiedenen Fraktionen der Taliban, die sich die Regierungsmacht teilen, davon abzuhalten, der *East Turkestan Independence Movement* (ETIM) ein Hinterland für ihre Operationen gegen China zu bieten. Garantiert ist der Erfolg keineswegs angesichts der Aussicht, dass es den Taliban auf absehbare Zeit nicht gelingen wird, das Land effektiv unter Kontrolle zu halten, wirksame Verwaltungsstrukturen aufzubauen, alle heutigen Ausbildungscamps konkurrierender Aufständischer und anderer Extremisten im Exil auszuschalten.

Krieg um die Ukraine – und Europa

Russlands Invasion der Ukraine am 24. Februar 2022 hat die Weltöffentlichkeit großenteils überrascht. Für politische Beobachter, die sich mit der Situation mittelfristig befasst haben, war jedoch bestenfalls das Ausmaß der Militäraktion überraschend[259].

Ein klares Bild von der Situation ergibt eine Betrachtung aus realpolitischer Sicht, wie sie etwa von dem US-amerikanischen Gelehrten und Buchautor John J. Mearsheimer[260] vertreten wird.

Danach handelt es sich um eine Episode eines Ringens der Großmächte USA und Russland, das allerdings auf dem Rücken der Bevölkerung der Ukraine und zum nachhaltigen Schaden für die Wirtschaft und die politische Unabhängigkeit anderer europäischer Nationen ausgetragen wird.

Die USA stemmen sich gegen den weithin prognostizierten Niedergang ihres Status als einzige globale Supermacht[261] indem sie, entgegen früheren Zusicherungen[262], die von ihr dominierte NATO bis an die Grenzen Russlands ausdehnen. Im Falle der Ukraine, wo bei diesem Vorgehen unmittelbar ein globaler militärischer Konflikt zu erwarten war, wurde hier eine Strategie verdeckter Aktionen[263] und testender Schritte gewählt. Die Ukraine wurde dadurch ermutigt, sich dem westlichen Militärbündnis anzuschließen, ohne dafür entsprechende Sicherheitsgarantien zu erhalten. Zugespitzt formuliert ist die Ukraine damit in eine Falle gelockt worden.

Die Gefahr war seit Jahren absehbar

An Warnungen hat es dabei in dem Vierteljahrhundert vor der russischen Invasion keineswegs gefehlt. Hier sei aus der knappen, aber lesenswerten Analyse des Experten für Risiko Management, Frank Romeike[1] vom 15. März 2022 zitiert[264]: Doch die fundierte Risikoanalyse hätte bereits vor vielen Jahren stattfinden müssen.

So warnte beispielsweise bereits im Jahr 1997, das heißt vor rund 25 Jahren, Jack F. Matlock Jr., der US-Botschafter in der UdSSR von 1987 bis 1991, dass die NATO-Osterweiterung eine „fundamentale strategische Fehlleistung“ sei. Sie werde eine „Ereigniskette starten, die das größte Sicherheitsrisiko seit dem Ende der UdSSR“ hervorbringen könne.

Auch der emeritierte MIT-Professor Avram Noam Chomsky stellte bereits im Jahr 2015 die Ampel auf Rot: "[...] die Idee, dass sich die Ukraine einem westlichen Militärbündnis anschließt, wäre für jeden russischen Präsidenten inakzeptabel". Die Bestrebungen der Ukraine würden sie nicht schützen, sondern vielmehr gefährden. Gab es hierzu politische Diskussionen über die Konsistenz und Relevanz des skizzierten Szenarios?

Auch der US-amerikanische Diplomat, Vizeaußenminister und ehemalige CIA-Direktor William Joseph Burns warnte bereits im Jahr 2008 vor einer Eskalation eines potenziellen

---

[1] Frank Romeike zählt international zu den führenden Experten für Risiko- und Chancenmanagement. Romeike ist Geschäftsführer und Eigentümer der RiskNET sowie Mitglied des Vorstands der Gesellschaft für Risikomanagement und Regulierung e.V.

NATO-Beitritts der Ukraine: "Ein NATO-Beitritt der Ukraine ist die schrillste aller roten Linien für Russland. Ich kenne niemanden, der darin etwas anderes sieht als eine unmittelbare Bedrohung russischer Interessen."

Auch der ehemalige US-Verteidigungsminister Robert Michael Gates wies bereits früh auf eine Eskalation hin. Der parteilose Politiker arbeitete 26 Jahre lang beim US-Geheimdienst CIA und warnte im Jahr 2015, dass in der Schnelligkeit der NATO-Erweiterung ein Fehler läge: „[...] Der Versuch, Georgien und die Ukraine in die NATO zu bringen, ging zu weit – eine kolossale Provokation."

Und auch im vergangenen Jahr warnte Sir Roderic Lyne, der ehemalige britische Botschafter in Russland, davor, dass „es in jeder Hinsicht dumm sei, die Ukraine in die NATO [zu drängen]. Wenn man einen Krieg mit Russland vom Zaun brechen will, ist dies der beste Weg."

Frank Blackaby, der ehemalige Leiter des Stockholm International Peace Research Institute (SIPRI) schrieb bereits im Jahr 1996, dass „jede russische Regierung militärisch wie auch politisch [auf eine NATO-Erweiterung] reagieren würde", und dass „Europa [...] auf den Zweiten Kalten Krieg" zusteuert.

Und Henry Alfred Kissinger, ein deutsch-US-amerikanischer Politikwissenschaftler und ehemaliger US-Außenminister, warnte im Jahr 2019, die USA und China befänden sich in den „Vorgebirgen eines neuen kalten Krieges".

Und bereits vor einem Vierteljahrhundert warnten 50 renommierte Geopolitik-Experten in einem offenen Brief, den sie an den damaligen US-Präsidenten Bill Clinton schickten, vor den Risiken einer NATO-Erweiterung und wiesen darauf hin, dass dies ein "politischer Fehler historischen Ausmaßes" sei.

Ähnlich äußert sich Richard Miller[2] im April 2022[265].

Neben großmachtpolitischen Erwägungen spielt vermutlich auch der tief verwurzelte großrussische Ethnonationalismus eine Rolle in diesem vielschichten Konflikt. „Ukraine“ ist auch das russische Wort für „Rand“. Traditionell wurde die Ukraine als der Rand Russlands betrachtet. Das russische Selbstverständnis hat den Zerfall der russisch dominierten Sowjetunion niemals verwunden. Der russische Literaturnobelpreisträger Alexander Solschenizyn hatte bereits 1990 in einem Essay mit dem Titel „Wiederaufbau Russlands“[266] die „Sammlung der russischen Länder“ und die „Schaffung einer Russischen Union, die die Ukraine, Belarus, Russland und die ethnisch russischen Teile Kasachstans[267] umfasst“ zur politischen Mission erklärt. Tatsächlich sind in allen drei Staaten Aktivitäten unterschiedlicher Natur mit dem Ziel einer engeren Bindung an Russland zu beobachten. Zusammen mit der von Großmächten als Notwendigkeit erachteten Existenz einer Pufferzone zum Einflussbereich jeder anderen Großmacht hat Russland also aus einer machtpolitischen Logik heraus Gründe für eine Invasion.

Wie steht nun China zu diesem Konflikt?

---

[2] Richard Miller ist emeritierter Hutchinson-Professor für Ethik und öffentliches Leben an der Cornell University. Zu seinen Schriften zur US-Außenpolitik gehört „Globalizing Justice: The Ethics of Poverty and Power“ (Oxford University Press, 2010).

Am 24. Februar 2022, unmittelbar nach Ende der XXIV. Olympischen Winterspiele in Peking am 20. Februar marschierte Russland in die Ukraine ein[268]. 20 Tage zuvor, am 4. Februar, hatten sich der russische und der chinesische Präsident in Peking ihrer Freundschaft versichert. Ist China, damit Kriegspartei, Krisengewinnler oder ein neutraler Beobachter?

„Staaten haben keine Freunde, nur Interessen," hatte uns Charles de Gaulle einst belehrt. Das gilt sicher umso mehr für China und sein Verhältnis zu Russland.

Russland: Problempartner Chinas wie Nordkorea?

„Nordkoreas Diktator Kim Jong-un hat in diesem Jahr so viele Raketen getestet wie seit fünf Jahren nicht mehr. Und dabei ist erst März. Peking ist über die Zündeleien an seiner Grenze unglücklich. Trotzdem braucht China Nordkorea weiterhin als Puffer zwischen sich und dem US-Alliierten Südkorea. Erst Ende Februar hatte Chinas Staatschef Xi Jinping die Bedeutung der bilateralen Zusammenarbeit mit Pjöngjang betont. Das ist ein schwieriger diplomatischer Akt, schreibt Christiane Kühl[3] in ChinaTable[269].

Bei näherem Hinsehen sind die Ähnlichkeiten zu Russland verblüffend. Sowohl Nordkorea als auch Russland sind für China zwar wichtige Partner gegen die USA. Doch beide agieren unberechenbar. Und jetzt betrachtet die internationale Gemein-

---

[3] Christiane Kühl, freie China-Autorin und freiberufliche Redakteurin und Autorin für verschiedene deutsche Medien wie ippen Digital und ChinaTable, wohnhaft in Klütz, Mecklenburg-Vorpommern, Deutschland

schaft auch Russland wie Nordkorea als Aggressor. Daher ähnelt sich auch das Hin und Her der chinesischen Kommunikation zu den beiden schwierigen Verbündeten.“, schrieb Fabian Peltsch[4] in *ChinaTable*[270].

Tatsächlich sind die Ähnlichkeiten verblüffend und hängen sogar zusammen.

Unvergessen ist in China sicherlich auch die Tatsache, dass, wie aus freigegebenen russischen Archiven hervorgeht, es Stalin war, der Kim Il Sung Ende Januar 1950 "grünes Licht" für den Angriff auf den Süden gab und damit letztlich für den Ausbruch des Krieges verantwortlich war. Anfang Oktober war der nordkoreanische Widerstand zusammengebrochen. Die UN/US-Truppen hatten bereits den 38. Breitengrad erreicht. Ein Kriegseintritt Chinas hätte zu einer direkten Konfrontation mit den Vereinigten Staaten führen können. Daher hatten die meisten führenden Politiker in Peking Vorbehalte dagegen.

Mao betonte jedoch die Notwendigkeit, Chinas Grenzsicherheit zu garantieren. Außerdem verließ er sich auf die Zusage Moskaus, China mit Waffen und Luftunterstützung zu versorgen. Dass Stalin sein Versprechen der sowjetischen Luftunterstützung nicht einhielt, brachte Mao damals in eine unangenehme Lage.

Mit dem offensichtlich verunglückten Einmarsch Russlands in die Ukraine ist Peking erneut in eine unangenehme Lage gera-

---

[4] Fabian Peltsch, Sinologe, Redakteur und Journalist für Rolling Stone, Arte, China Table, besuchte die Zhejiang Universität, lebt im Dongcheng District, Peking, China

ten. Das gegen Russland errichtete westliche Sanktionsregime ist nur schwer zu umgehen. Andererseits läge auch ein russischer Sieg gar nicht im Interesse Chinas[271]. Durch die Einverleibung der Ukraine würde Russlands Bevölkerungszahl von 185 Millionen auf 226 Millionen ansteigen. Russlands strategische Position gegenüber der NATO und der EU würde durch den Wegfall eines Pufferlandes mit 41 Millionen Einwohnern gestärkt. Russland würde deutlich stärker werden als vor dem Krieg. Es wäre damit weniger bereit, mit China zusammenzuarbeiten. Stattdessen würde es seine eigene Großmachtagenda verfolgen, auch wenn das chinesischen Interessen schaden könnte.

Keineswegs will Russland der Juniorpartner in einem chinesisch-russischen Bündnis werden. Denn historisch war Russland eher ein dominanter Gegenspieler als ein Verbündeter Chinas. So hat Russland China in den Verträgen von Aigun und Peking 1858-1860 etwa eine Million Quadratkilometer abgenommen. Dieses Gebiet, die „Äußere Mandschurei", mit den von russischen Kolonisten gegründeten Städten Wladiwostok und Chabarowsk, ist heute als „Russisch-Ferner Osten" bekannt.

China betrachtet diese Verträge als "ungleiche Verträge", als Demütigung Chinas durch den Westen und damit zumindest als moralisch illegitim. Sowohl die Mongolei als auch die autonome russische Republik Tuwa waren bis zum Fall des Qing-Reiches im Jahr 1911 ein Teil Chinas. Russland etablierte die Mongolei zunächst als strategischen Pufferstaat gegen China. Nach dem Zweiten Weltkrieg annektierte die Sowjetunion Tuwa. Es ist daher nicht verwunderlich, dass die chinesisch-sowjetische Zusammenarbeit nach dem Sieg der Kommunisten in China 1949 nur ein Jahrzehnt abhielt. Nach dem chinesisch-sowjetischen Zerwürfnis in den späten 1950er Jahren lieferten sich die beiden Großmächte 1969 sogar einen kurzen Grenzkrieg an genau den Grenzabschnitten, die Russland in den ungleichen Verträgen von 1858-1860 erworben hatte.

Bei dieser Vorgeschichte kann eine grenzenlose Freundschaft nicht erwartet werden. Eher ist Russland ein Problempartner für China wie schon Nordkorea.

Prinzipien der internationalen Zusammenarbeit

China tritt bekanntlich für die territoriale Selbstbestimmung der Staaten ein – mit allen Vor- und Nachteilen.

Am Dienstag, dem 15. März 2022, veröffentlichte die *Washington Post*[272] einen Meinungsartikel des chinesischen Botschafters in den USA, Qin Gang, in dem er den Standpunkt seines Landes zur russischen Invasion in der Ukraine erläutert. In zwei Sätzen zusammengefasst lautet dieser: Die USA „beschmutzen China" trotz seiner „Außenpolitik des Friedens" und seiner globalen Rolle als „entschiedener Verfechter der Gerechtigkeit". Die Sanktionsdrohungen der USA sind inakzeptabel, Taiwan gehört uns, Friedensgespräche sind wünschenswert und humanitäre Hilfe unerlässlich.

China ist zwar an einer Abschwächung der Bedrohung durch den Westen interessiert, aber nicht an einer regionalen Katastrophe, die auch Unbeteiligte hart träfe. So wäre ein kleiner Ukraine-Konflikt China vermutlich nicht unwillkommen, ein großer aber sehr wohl. Von dem Ausmaß der russischen Invasion der Ukraine ist vermutlich auch China überrascht worden – wie viele andere auch.

Chinas Medien haben daher ihre Botschaft geändert und rufen zu Verhandlungen und Vermittlung auf. Denn die Regierung in Peking fürchtet die möglichen Kriegsfolgen und sorgt sich um die Versorgung seiner Bevölkerung durch einen möglichen Ausfall wichtiger Lieferanten für Nahrungsrohstoffe.

Chinas noch frische Zweckgemeinschaft mit Russland kann durch den Ukraine-Konflikt eher zur Bürde für die Volksrepublik werden.

Die neue Seidenstraße

Die chinesische BRI (Belt & Road Initiative), auch die Neue Seidenstraße genannt, ist derzeit Chinas größtes geoökonomisches Vorhaben, wie in diesem Buch an anderer Stelle ausführlich dargestellt. 140 Länder[273] sind daran beteiligt. Durch den Krieg in der Ukraine muss das Projekt wohl tiefgreifend umgestaltet werden. Für China bot die russische Landmasse die zuverlässigste Landroute zum attraktiven EU-Markt. Russland, die Ukraine[274], Polen und Weißrussland hatten gehofft, Teil der Neuen Eurasischen Landbrücke[275] zu werden, die hauptsächlich auf dem Schienenverkehr basiert. Diese Träume von Landverbindungen wurden durch Putins Krieg zunichte gemacht[276]. Das bereitet China naturgemäß großes Kopfzerbrechen.

Die 17+1[277], eine BRI-Kooperationsplattform zwischen China (der „1") und 17 (ursprünglich 16) mittel- und osteuropäischen Ländern, hatte bereits zuvor Rückschläge erlitten[278], unter anderem aufgrund der fortschreitenden chinesisch-amerikanischen Entkopplung. Die beschleunigte Entkopplung des Westens von Russland und Weißrussland und die Zerstörung der ukrainischen Infrastruktur machen jede kurz- bis mittelfristige Aussicht auf eine funktionsfähige 17+1-Plattform zunichte – ein weiteres Problem für China.

Kurzfristig muss China die Verbindungen zur EU wieder auf die guten alten Seewege verlegen. Sie haben sich bisher noch als widerstandsfähiger erwiesen als Straßen- oder Schienennetze. Es sei daran erinnert, dass mehr als 80 Prozent[279] des Welthandels nach wie vor über den Seeweg abgewickelt werden. Chinas Enthusiasmus für den Schienenverkehr scheint vorerst stark gebremst zu werden.

Fazit: China muss durch die Blockade eines wesentlichen Teils der neuen Seidenstraße mittelfristig mit klaren Nachteilen durch den Konflikt rechnen.

Ukraine: Rohstofflieferant und Technologiepartner

Die Handelsbeziehungen zwischen China und der Ukraine waren seit dem Staatsbesuch des damaligen Präsidenten Viktor Janukowitsch im Jahr 2013 in China bis zur Invasion Russlands 2022 erheblich gewachsen.

Nach Angaben des staatlichen Statistikamtes der Ukraine hat China Russland als Handelspartner überholt und ist schon 2019 zum größten Handelspartner der Ukraine aufgestiegen. Der Gesamthandel belief sich im Jahr 2021 auf 18,98 Milliarden Dollar. Das entspricht einem Anstieg gegenüber 2013 von fast 80 Prozent.

Die ukrainischen Exporte nach China, hauptsächlich Rohstoffe wie Eisenerz, Mais und Sonnenblumenöl, beliefen sich 2021 auf 8 Milliarden Dollar, während die Importe aus China, hauptsächlich Maschinen und Konsumgüter, knapp 11 Milliarden Dollar betrugen.

Im Wirtschaftsjahr 2020/21 war China der größte Importeur von ukrainischer Gerste. Etwa 30 Prozent der chinesischen Maiseinfuhren 2021, das heißt, mehr als 8 Millionen Tonnen, stammten aus der Ukraine, wie chinesische Zolldaten zeigen.

Der zunehmende bilaterale Handel erleichterte auch die Aufnahme eines direkten Schienengüterverkehrs zwischen den beiden Ländern, auch wenn die Frequenz nach wie vor gering war.[280]

China hatte in der Ukraine aber auch einen wichtigen Technologie-Partner. Erinnert sei daran, dass im Jahr 1998 ein chinesischer Geschäftsmann der Ukraine den unvollständigen Rumpf eines sowjetischen Flugzeugträgers abkaufte.[281] Vierzehn Jahre später wurde dieser Rumpf zur Liaoning, dem ersten Flugzeugträger der Volksbefreiungsarmee (People's Liberation Army Navy, PLAN). Auf diese Weise legte Chinas Marine den Grundstein für seine inzwischen beachtliche Seestreitmacht.

Zu den weiteren bilateralen Projekten in der Rüstungsindustrie gehören der Erwerb von UGT 25000-Gasturbinenmotoren samt vollständiger technischer Dokumentation, die die Grundlage für die QC 280-Gasturbinen bildeten, die an die neuen Zerstörer des Typs 055 geliefert wurden; amphibische Luftkissen-Landungsboote vom Typ Bison, die speziell für China gebaut wurden und die das Land für jede Landungsoperation auf den Inseln im Ost- und Südchinesischen Meer benötigt.

Für die Entwicklung der ukrainischen Verteidigungsindustrie war der chinesische Markt bedeutsam und attraktiv. Der Aufbau der Beziehungen zu China entsprach der so genannten Multivektorpolitik, bei der die Ukraine versuchte, pragmatische Beziehungen zu allen Akteuren aufzubauen. In diesem Sinne stellte China ein willkommenes Gegengewicht zum russischen Einfluss dar. Die Beziehungen begannen jedoch nach 2014 allmählich abzukühlen[282, 283], als die Ukraine als Reaktion auf die bewaffnete Aggression Russlands und zur Gewährleistung ihrer wirtschaftlichen und militärischen Sicherheit schließlich – mit den bekannt fatalen Folgen - einen einzigen Vektor wählte: die Integration in die EU und die NATO[284].

Russland als Rohstofflieferant und Markt für China

Im Jahr 2020 betrug der Anteil Russlands am globalen BIP bereinigt um die Kaufkraftparität (KKP) und bezogen auf US-Dollar mit ~ 1,5 Billionen USD etwa 3,1 %. Anders ausgedrückt ist das BIP Russlands nicht größer als das von Belgien und den Niederlanden zusammen. Zum Vergleich: China liegt bei 15 Billionen USD und die USA bei ~ 21 Billionen USD.

China hat laut Weltbank Statistik im Jahre 2019 Waren im Wert von ~ 49 Mrd. USD in die Russische Föderation geliefert, hauptsächlich sogenannte Konsumgüter, Maschinen und elektronische Artikel. Gleichzeitig hat China für ~ 60 Mrd. USD Waren von dort bezogen, überwiegend Rohstoffe, wie Holz, Erdgas, Öl und Metalle.

China kann Russland sicher einen Teil der Waren liefern, die dem Land aufgrund der westlichen Sanktionen verwehrt sind. So wird spekuliert, dass Russlands Automarkt bald in chinesischer Hand sein könnte. Chinesische Autos sind in den vergangenen Jahren in Russland beliebt geworden. Marken wie Chery und Haval können nun in die Lücke stoßen, die der Rückzug westlicher Anbieter hinterlässt. Möglich wird das durch Russlands Yuan-Reserven. Am Ende könnte das Land damit auch in der Kfz-Branche zu einem Anhängsel Chinas werden.

Für viele Artikel jedoch, wie Flugzeugersatzteile oder hochwertige Computer-Chips wird es keinen Ersatz aus China geben können.

Für viele Chinesische Unternehmen wird sich zudem, wie bereits der Fall des Iran gezeigt hat, die Frage stellen, ob der Zuwachs durch Russische Kunden den damit verbundenen Verlust an Geschäft mit westlichen Partnern lohnt – in den meisten Fällen wohl eher nicht.

China kann Russland ebenfalls nur einen Teil der Rohstoffe abnehmen, die das Land aufgrund der westlichen Sanktionen nicht mehr platzieren kann.

Im Vergleich zu Russland bezieht China von den USA Waren und Dienstleistungen etwa im doppelten Wert und liefert im fast 10-fachen Wert dorthin.

Schließlich könnte Russland nach dem weitgehenden Ausschluss aus dem Verein SWIFT (Society for Worldwide Interbank Financial Telecommunication, offiziell S.W.I.F.T. SC) einen Teil seiner Geldströme über China laufen lassen. Das könnte etwa mittels des Cross-Border Interbank Payment System (CIPS), einem Zahlungssystem ermöglicht werden, das seinen Teilnehmern Clearing- und Abwicklungsdienste für den grenzüberschreitenden RMB-Zahlungsverkehr und -Handel bietet. China führte das CIPS 2015 mit Unterstützung der People's Bank of China (PBOC) ein, um die Verwendung des RMB zu internationalisieren. Zu den Anteilseignern des CIPS gehören auch mehrere ausländische Banken, darunter HSBC, Standard Chartered, die Bank of East Asia, DBS Bank, Citi, Australia and New Zealand Banking Group und BNP Paribas.

Im Jahr 2021 verarbeitete das CIPS rund 80 Billionen Yuan (12,68 Billionen US-Dollar), wobei rund 1280 Finanzinstitute in 103 Ländern und Regionen an das System angeschlossen waren.[285], [286]

Allerdings hat die Bank von Russland mit dem FMS ein Finanznachrichtensystem, das einen alternativen elektronischen Finanznachrichtenkanal bildet, der oft als "SWIFT-Analogon" bezeichnet wird. Das FMS garantiert die ununterbrochene Übermittlung von Finanznachrichten innerhalb des Landes und könnte zukünftig verstärkt verwendet werden.

China als Gewinner oder als Verlierer?

„*Sagen Sie mir, wie das enden wird*“, fragte im Jahr 2003 US-General David Petraeus zu Beginn des Irakkrieges.

Die USA haben die Ukraine zu einer pro-westlichen Haltung ermutigt, ohne ihr die erforderliche Rückendeckung zu geben. Wieder einmal sind wir in einen Krieg des Schreckens und des Terrors verwickelt, ohne eine Vorstellung davon zu haben, wie er enden wird. Es ist sogar vom Dritten Weltkrieg und dem Einsatz von Atomwaffen die Rede. Die Essays der Verfasser von Meinungsbeiträgen dazu sind oft übertrieben, aber eines ist sicher: Der auf den heißen Krieg folgende, nächste Kalte Krieg wird destabilisierender sein als es der erste war. Er wird die nationalen Führungen vor Herausforderungen stellen, denen sie nicht gewachsen zu sein scheinen,

Dieser Einstieg[287] ist von Melvin A. Goodman, einem Senior Fellow am Center for International Policy und Professor für Regierungslehre an der Johns Hopkins University, ausgeliehen.

Als unbefangener Leser mag man an eine Neuauflage des sogenannten Kalten Krieges zwischen Russland und den USA denken.

Doch den USA geht es gar nicht um Russland. Eher sieht man in Washington mit einer gewissen Genugtuung, dass sich Russland in ein so nicht vorhergesehenes Abenteuer gestürzt hat. Inzwischen wird erwartet, dass das Land mittelfristig geschwächt und nicht etwa gestärkt aus diesem Konflikt hervorgehen wird.

Wird dann China Nutzen aus dieser Situation ziehen können? Das könnte man meinen. Und einige Kommentatoren haben auch genau das prophezeit. Nach den oben angestellten Überlegungen erscheint das eher fraglich.

Der eigentliche Gewinner in diesem Konflikt aber steht schon fest. Das sind die USA. Es gibt sogar die Mindermeinung, Russland sei, wie bereits im Fall Afghanistans, wieder einmal erfolgreich in eine Falle gelockt worden.[288] Der eigentliche Gegner der

USA in diesem Konflikt ist aber nicht das, von der Sammlung aller „Russischen Erde“ in einem Imperium träumende, Russland, sondern eindeutig und ganz allein China. Dafür ist die russische Invasion der Ukraine ein wertvolles Geschenk, bringt es doch die etwas zu selbständig handelnden Europäer wieder auf Linie. Jetzt müssen die gegen Russland nach einigem Zögern beschlossenen Maßnahmen nur noch gegen China umgelenkt werden.

In Europa mag man das noch nicht sehen wollen aber die Vorbereitungen für den großen Showdown laufen bereits. Seit ihrem Amtsantritt[289] hat die Regierung Biden Schritte zur Stärkung der amerikanischen Allianzen in Asien unternommen, die NATO neu auf die Konfrontation mit China ausgerichtet, Waffenverkäufe in Höhe von fast 1 Milliarde Dollar an Taiwan genehmigt, chinesische Beamte mit Sanktionen belegt und Chinas Menschenrechtspolitik und Handelspraktiken scharf kritisiert. Der Kongress ist mit der Fertigstellung des COMPETES-Acts[290] beschäftigt, eines umfangreichen Gesetzeswerks, das von beiden Parteien als entscheidend für den Kampf gegen China bezeichnet wird. Wenn die Republikaner im November die Kontrolle über den Kongress übernehmen, werden sie in der Lage sein, eine sogar noch härtere Linie[291] zu verfolgen.

China steht an der Seite Russlands, mögen die Stellungnahmen aus Peking nahelegen. Doch die Führung in Peking hat mittlerweile deutlich gemacht, dass sie alle weiteren Eroberungspläne ablehnt und in der Ukraine keine weitere Eskalation wünscht. Dafür sind die Interessen der Chinesen und Russen zu unterschiedlich: Die Volksrepublik China sucht Geschäftspartner, keine Waffenbrüder. Sie möchte nicht den militärischen Schlagabtausch mit dem Westen, sondern die ökonomische Dominanz über ihn.

Oder wie Sigmar Gabriel es formuliert: "Putins Versuch, mit den Ideen des 19. Jahrhunderts und den Mitteln des 20. Jahrhunderts die Geschicke des 21. Jahrhunderts zu bestimmen[292], ist bereits jetzt umfassend gescheitert."

Ein geschwächtes Russland als Juniorpartner an der Seite Chinas mag aus Sicht der Versorgungsicherheit mit Rohstoffen da hilfreich sein. Das BIP Russlands ist allerding nicht größer als das von Belgien und den Niederlanden zusammen. Als Ersatz für die in der westlichen Welt wegbrechenden Umsätze dürfte Russland nur von geringem Nutzen sein. China wird sich dadurch nicht in die Knie zwingen lassen, aber wohl eher auf der Verliererseite stehen. Eindeutig ein Verlierer wird Europa sein mit geradezu dramatischen Verlusten für die hier bisher wirtschaftlich führende Nation Deutschland[293].

Treffen wir uns 2049 wieder

Das dritte Jahrzehnt des dritten Jahrtausends und die Zeit darüber hinaus werden von dem Machtkampf zwischen China und den USA dominiert werden. Dabei wird die Frage, wo die Grenzlinie zwischen den Machblöcken im Kalten Krieg 2.0 verlaufen wird, von entscheidender Bedeutung sein. Sowohl China als auch die USA werden alles daransetzen, möglichst weite Teile der internationalen Staatengemeinschaft auf ihre Seite zu ziehen. US-Präsident Joe Biden fuhr seit 2021 anfänglich einen geradezu weichen Kurs gegenüber Europa, um dann später deutlich straffer aufzutreten[294]. Der russische Einmarsch in die Ukraine 2022 hat sich in Bezug auf dieses Ziel geradezu als ein Glücksfall erwiesen: Seit Russland als aggressiver Angreifer gilt, flüchtet sich Europa unisono in die schützenden Arme der USA.

China nutzte derweil die Corona-Pandemie geschickt, um sich als verständnisvoller Partner in der globalen Krise zu präsentieren. So hat China aus Anlass der Pandemie 77 der ärmsten Partnerländer ein Schuldenmoratorium beziehungsweise Schuldenerlass gewährt. Dabei wurde auf vertraglich vereinbarte Strafzinsen verzichtet, ebenso wie auf die im Westen üblichen Vermögensbeschlagnahmen wegen Zins- oder Tilgungsverzug.[295]

China will nicht nur seinen globalen Machtanspruch durchsetzen, sondern sich dabei auch in der Rolle des verständnisvollen und nachsichtigen Partners präsentieren. Diese Rolle beanspruchten bisher „eigentlich“ die Vereinigten Staaten von Amerika für sich.

Ziel: Quadratur des Kreises

Intern verfolgt die Volksrepublik China seit den Zeiten Mao Zedongs das „große Ziel des Wohlstands-Sozialismus“. Es klingt wie die Quadratur des Kreises. Wohlstand und Stabilität für alle, eine gerechte Verteilung der gemeinsam erarbeiteten Erfolge bei gleichzeitiger Sicherung der natürlichen Lebensgrundlagen. Man muss kein Kommunist sein, um in dieser Zielsetzung einen Sinn zu erkennen. Aber man muss sich vergegenwärtigen, dass es ein klarer und direkter Gegenentwurf zum kapitalistischen Gesellschaftsmodell nicht nur in den USA, sondern mehr oder minder in allen westlichen Industrienationen darstellt. Nachdem die Sowjetunion mit ihrem Modell geradezu implodiert war, steht China heute besser da als jemals zuvor. Der damalige Kalte Krieg war dadurch beendet. Unübersehbar droht dafür jetzt ein „Kalter Krieg 2.0“.

China ist nicht der „neue Ostblock“

Nichts deutet darauf hin, dass Chinas Modell ebenso zerfallen wird wie der damalige sowjetische Ostblock. Vielmehr muss sich die Welt darauf einrichten, dass die Volksrepublik China an ihrem Bestreben festhalten wird, den Vereinigten Staaten von Amerika die Stellung als globale Hegemonialmacht streitig zu machen. Da die USA nicht freiwillig ins zweite Glied zurück treten werden, ist die weitere Zuspitzung des Konflikts vorprogrammiert.

Die Staaten Europas und weitere Länder werden zusehends bedrängt werden, sich für eine der beiden Seiten zu entscheiden. Für Europa im aktuellen Zustand werden dies mangels eigenständiger politischer Positionen wahrscheinlich die Vereinigten Staaten von Amerika sein. Immerhin hat bei allem transatlantischen Zwist die US-amerikanische Kultur ihre Wurzeln in der Europäischen Aufklärung, während die chinesische Zivilisation als eigenständig zu betrachten ist. Zwar ist der Sozialismus marxistischer Prägung ebenfalls ein Kind europäischer gesellschaftlicher Entwicklungen. In China aber spielt er nur als ein Element unter genuin chinesischen Formen der Staatsführung eine Rolle.

Europa ist allerdings gut beraten, sich auf seine eigene Souveränität zu besinnen und eine eigene Position im globalen Wettlauf um die Gestaltung der Welt einzunehmen. Bei aller sicherlich gerechtfertigten Kritik an dem politischen Europa in seiner derzeitigen Ausgestaltung gilt es, auf die Stärken des „Alten Kontinents" zu setzen. Die Tatsache, dass in den Coronajahren 2020/21/22 einer der größten Hoffnungsbringer im globalen Impfwettrennen, das Unternehmen BioNTech, in der beschaulichen rheinland-pfälzischen Landeshauptstadt Mainz seinen Sitz hat, steht beispielhaft für das enorme Potenzial, das Europa innewohnt.

Bei allen Vergleichen, in denen je nach individueller Bewertung die Lage entweder in den USA oder in China besser zu sein scheint, dürfen wir das ausgewogene Gesamtbild nicht aus den Augen verlieren. Wer nach Westen oder nach Osten weist, wo er vermeintlich bessere Entwicklungen wahrnimmt, sollte sich selbst fragen, ob die jeweilige Gesamtsituation in den USA oder in China es rechtfertigen würden, dort leben zu wollen. Vor die Wahl gestellt würden sich die meisten von uns wohl für Europa entscheiden, schlicht weil wir „unseren Kontinent“ subjektiv für lebenswerter halten.

Man möchte salopp formulieren „Lassen wir also die Amerikaner und Chinesen ihren Konflikt allein ausfechten“. So einfach wird sich uns die Zukunft allerdings nicht darstellen. Sie wird aber auch nicht einfacher, wenn sich Europa als „Anhängsel“ oder Gruppe von „Vasallenstaaten“ der einen oder anderen Seite anbietet. In dem Konflikt „China versus USA“ ist eine souveräne eigenständige europäische Position vermutlich die einzige Möglichkeit, Europa so gut und so weit wie möglich aus der Auseinandersetzung herauszuhalten. Wird das gelingen? Das wird an uns liegen. Wir, die Völker Europas, haben es in der Hand.

Über den Autor

Horst Walther, geboren 1951 in Berlin, ist Autor und Weltbürger. Er hat Chemie, Orientalistik, Informatik und Volkswirtschaftslehre an der Universität Hamburg studiert. Als Schüler von Prof. Heindirk tom Dieck ist er mit einer Dissertation über ein Thema aus der Theoretischen Chemie an der Universität Hamburg mit Auszeichnung zum Doktor der Naturwissenschaften promoviert worden. Im Verlag des Diplomatic Council, in dem das vorliegende Buch erscheint, hat er an den Werken „Denken 5.0 – Was die klügsten Köpfe eines globalen Think Tank über unsere Zukunft denken“, „Europa am Scheideweg“ und „2045 – Das Jahr, in dem die Künstliche Intelligenz schlauer wird als der Mensch“ mitgewirkt.

Der Antrieb zu seinen umfangreichen Studien und Niederschriften war ihm weniger die Berufsausbildung, sondern der Wunsch zu verstehen und zu veröffentlichen, was diese Welt in ihrem Innersten zusammenhält. Ihm war klar, dass die Antworten auf diese Fragestellung nicht nur im Labor und in den Tiefen der Quantenmechanik zu finden waren. Als leidenschaftlicher physischer wie auch literarischer Globetrotter machte er sich auch die Weiten dieser Welt zu eigen.

Mit 18 Jahren und einem zehn Jahre alten VW Bus als Geschenk seiner Eltern zu seinem frischerworbenen Abitur machte er sich 1970 mit drei Freunden auf den Weg nach Kathmandu. Drei Monate und 25.000 km, die ihn formen sollten. An der Grenze zu China endete die damals befahrbare Welt. Nach seiner Rückkehr begann er zusätzlich das Studium der Orientalistik, das ihn als Schüler des weltweit renommierten Shahname-Gelehrten Prof. Dr. Dajalal Kaleghi-Motlagh zum Autor eines Deutsch-Persischen Wörterbuchs des Persischen Nationalepos *Shahname* machte. Auf einer späteren Unimog-Tour in den Iran entstand *„Die große Rödelei – Tagebuch einer missratenen Iran-Fahrt"*, die nur noch antiquarisch oder online verfügbar ist. Mit dem kurz darauf begonnenen Studium der Volkswirtschaftslehre eignete er sich das Rüstzeug zum Verständnis des wirtschaftlichen Zusammenwirkens der Staaten dieser Welt an.

Seine weiteren Reisen führten ihn unter Anderem zusammen mit dem inzwischen verstorbenen Abenteurer, Menschenrechtler und Träger des Bundesverdienstkreuzes Rüdiger Nehberg und dem Kameramann und Gründer der Outdoor-Ausrüstungskette „Globetrotter“ Klaus Denart in die Danakil-Wüste Äthiopiens, wo er Experimente zur Gewinnung von Trinkwasser aus der Umgebungsluft durchführte. Auf ihrem Weg durch eines der heißesten Gebiete der Erde legten die drei Hamburger, begleitet von einheimischen Führern und Lastkamelen, rund 1500 Kilometer zu Fuß zurück. Drei Mal wurden sie dabei überfallen, kamen nur knapp mit dem Leben davon und wurden schließlich von Eritreischen Rebellen außer Landes eskortiert.

Deutlich geordneter und weniger abenteuerlich ging es auf seinen Reisen als Mitglied der Crew der Krupp-Yacht „Germania VI“ zu, mit der er den Atlantik überquerte und die er als Navigator von den Kapverdischen Inseln nach Westafrika führte. Sprachen sind ihm der Schlüssel zum Verständnis der Menschen. So verschaffte er sich neben der vertieften Beschäftigung mit der persischen Sprache, Zugang zu Chinesisch, Russisch, Griechisch, Spanisch und Portugiesisch. Seine Fachartikel und zunehmend auch Essays mit gesellschaftlicher oder politischer Aussage verfasst er zumeist in englischer Sprache.

Auf der Suche nach Menschen mit ähnlich gelagerten Interessen hat er sich einer Reihe von Organisationen angeschlossen. So war er unter den ersten Mitgliedern (Nr. 0011) der „Deutschen Zentrale für Globetrotter", gründete 2006 GenericIAM.org, eine non-Profit Initiative für die Definition von generischen Prozessen für Identity- & Access und 2012 das Corporate Culture Institute in Wien. Heute ist er Mitglied der Düsseldorfer Grassroots-Bewegung „We are Europe" und Commissioner for UN Affairs des Diplomatic Council.

Bücher im DC Verlag

Denken 5.0 – Was die klügsten Köpfe eines globalen Think Tank über unsere Zukunft denken; Andreas Dripke, Claude Piel, Detlef Schmuck, Dr. Harald Schönfeld, Helmut von Siedmogrodzki, Stephanie Stoerk, Dr. Horst Walther;
292 Seiten, Paperback, ISBN 978-3-94-7818-36-5

Mein Atomknopf ist größer – America vs. North Korea. Jamal Qaiser, 184 Seiten, Paperback, ISBN 978-3-947818-01-3

Stasi 2.0 – Wie wir durch den staatlich-industriellen Digitalkomplex zu gläsernen Bürgern werden und was das für unsere Zukunft bedeutet. 2. aktualisierte Auflage, Andreas Dripke, Markus Miksch, 444 Seiten, ISBN 978-3-947818-05-1

Rechtsruck – Wie das Wiedererstarken des Nationalismus Deutschland in die Katastrophe führt. Anonyme Autoren, 660 Seiten, Paperback, ISBN 978-3-947818-06-8

Pandemie – Die Welt im Corona-Krieg, 2. aktualisierte Auflage. Andreas Dripke, Markus Miksch, 148 Seiten, Paperback, ISBN 978-3-947818-13-6

Covid-19 Falsche Pandemie – Die fatalen Fehler der WHO und ihre verhängnisvollen Folgen. Jamal Qaiser, Markus Miksch, 234 Seiten, Paperback, ISNB 978-3-947818-15-0

Die Dekade 2020-2030 – Das kommt auf uns zu!, Andreas Dripke, Hang Nguyen, 362 Seiten, ISBN 978-3-947818-17-4

75 Jahre UNO – Macht und Ohnmacht der Vereinten Nationen. Andreas Dripke, Hang Nguyen, 330 Seiten, Paperback, ISBN 978-3-947818-07-5

Corona und Impfen, Andreas Dripke et al., 188 Seiten, ISBN 978-3-947818-18-1

Hacker – Angriff auf unsere Computer-Zivilisation, Anonyme Autoren, 432 Seiten, ISBN 978-3-947818-23-5

2045 – Das Jahr, in dem die Künstliche Intelligenz schlauer wird als der Mensch, Dr. Horst Walther, Andreas Dripke, 104 Seiten, Paperback, ISBN 978-3-947818-57-0

Migration nach Europa – Wir schaffen das und die Folgen, Anonyme Autoren, 510 Seiten, Paperback, ISBN 978-3-947818-32-7

Auto – Vom Diesel-Desaster bis zum selbstfahrenden E-Auto, Autorengemeinschaft Diplomatic Council, 572 Seiten, Paperback, ISBN 978-3-947818-09-9

Digitale Disruption – Alles wird anders, Andreas Dripke et al., 216 Seiten, Paperback, ISBN 978-3-947818-34-1

Welt ohne Bargeld – Bitcoin und andere Kryptowährungen, Andreas Dripke, Stephanie Stoerk, 176 Seiten, Paperback, ISBN 978-3-947818-41-9

Die biometrische Vermessung der Menschheit, Andreas Dripke et al., 212 Seiten, Paperback, ISBN 978-3-947818-39-6

Apple Car – Wie der iKonzern das Auto neu erfindet, Andreas Dripke et al., 284 Seiten, Paperback, ISBN 978-3-94-7818-43-3

Der Wahn mit dem Datenschutz, Marc Ruberg et al., 136 Seiten, Paperback, ISBN 978-3-947818-51-8

Interim Manager berichten aus der Praxis: Automotive, Reihe „Von Interim Managern lernen“, Jürgen Becker, Ulf Camehn, Ludek Cermak, Hanno Goffin, Ralf-Peter Hanrieder, Dr. Dr. Stefan Hohberger, Andreas Kälber, Dr. Gerhard Müller-Spanka, Frank P. Neuhaus, Christine Pfisterer, Christian Ritzer, Dr. Harald Schönfeld, Jane Enny van Lambalgen, 404 Seiten, ISBN 978-3-947818-29-7

Die Apple Agenda – Welche Märkte der iKonzern künftig revolutionieren wird, Andreas Dripke et al., 260 Seiten, Paperback, ISBN 978-3-947818-47-1

Hilfe, wir werden gechippt! – Vom Mikrochip unter der Haut bis zum Hirnschrittmacher, Andreas Dripke et al., 176 Seiten, Paperback, ISBN 978-3-947818-55 -6

Cyber War – Die digitale Bedrohung, Marc Ruberg et al., 244 Seiten, Paperback, ISBN 978-3-947818-45-7

Hilfe, wir werden gechippt! – Vom Mikrochip unter der Haut bis zum Hirnschrittmacher, Andreas Dripke et al., 176 Seiten, Paperback, ISBN 978-3-947818-55 -6

Interim Manager berichten aus der Praxis: Maschinen- und Anlagenbau, Reihe „Von Interim Managern lernen“, Jürgen Becker, Eckhart Hilgenstock, Falk Janotta, Peter Lüthi,

Hans-Rolf Niehues, Manfred Richter, Dr. Harald Schönfeld, Dr. Uwe Seidel, Götz Stapelfeldt, Michael Weimar, 300 Seiten, Paperback, ISBN 978-3-947818-75-4

Digitale Identität – Unser Zwilling im Datennetz, Andreas Dripke et al. 164 Seiten, Paperback, ISBN 978-3-947818-53-2

Ewige Pandemie – Freiheit ade, Andreas Dripke, Markus Miksch, 204 Seiten, Paperback, ISBN 978-3-947818-59-4

Der digitale Euro – Computergeld statt Bares, Andreas Dripke, Stephanie Stoerk, 232 Seiten, Paperback, ISBN 978-3-947818-61-7

Europa am Scheideweg – Was Europa tun muss, um seine Zukunft zu retten, Andreas Dripke, Hang Nguyen, Dr. Horst Walther, Paperback, ISBN 978-3-947818-65-5

Der Dritte Weltkrieg – Das Undenkbare denken, Hang Nguyen, Jamal Qaiser, 268 Seiten, Paperback, ISBN 978-3-947818-67-9

Metaverse – Was es ist, wie es funktioniert, wann es kommt, Andreas Dripke, Marc Ruberg, Detlef Schmuck, 256 Seiten, Paperback, ISBN 978-3-947818-87-7

Klimakatastrophe – Wahn oder Wirklichkeit?, Hang Nguyen et al., 184 Seiten, Paperback, ISBN 978-3-947818-49-5

Alles über Krypto – NFT, Blockchain, Bitcoin & Co., Andreas Dripke, Dr. Freiherr Arne von Neuberg, Stephanie Stoerk, 160 Seiten, Paperback, ISBN 978-3-98674-007-8

Der Wahn mit der Bürokratie – Wie Bürokratismus unsere Gesellschaft zerstört, Andreas Dripke, Hubert Nowatzki, 260 Seiten, Paperback, ISBN 978-3-94-7818-89-1

Interim Manager berichten aus der Praxis: Business Transformation, Reihe „Von Interim Managern lernen“, Hrsg: Dr. Harald Schönfeld, Jürgen Becker, ca. 360 Seiten, ISBN 978-3-98674-009-2

Computer wie Götter – Die Rechenknechte übernehmen die Herrschaft, Andreas Dripke, Hang Nguyen, 148 Seiten, Paperback, ISBN 978-3-98674-005-4

Alles über Künstliche Intelligenz – Woher sie kommt, wie sie denkt, was sie kann, wohin sie führt, Andreas Dripke, Dr. Horst Walther, 208 Seiten, Paperback, ISBN 978-3-947818-25-9

Das Versagen des Westens in Afghanistan, Syrien und der Ukraine, Hang Nguyen, Jamal Qaiser, 148 Seiten, Paperback, ISBN 978-3-947818-97-6

Spion im Smartphone – Wie unser Alltags-Begleiter zur Falle wird, Marc Ruberg et al., 208 Seiten, Paperback, ISBN 978-3-947818-85-3

Krieg in Europa – Wie Europa seine Unabhängigkeit verlor und zum Schlachtfeld wurde, Andreas Dripke, Hang Nguyen, Jamal Qaiser, Dr. Horst Walther, 260 Seiten, Paperback, ISBN 978-3-98674-026-9

Quellenangaben und Anmerkungen

---

1 https://de.wikipedia.org/wiki/Liste_der_Staatspräsidenten_der_Volksrepublik_China

2 https://en.wikipedia.org/wiki/The_Tragedy_of_Great_Power_Politics

3 https://www.state.gov/a-foreign-policy-for-the-american-people/

4 Richard Nixon, Memoiren, Ullstein 1981. S. 594.

5 https://www.merkur.de/politik/china-feiert-mit-militaerparade-superlative-zr-13055811.html

6 https://www.spiegel.de/ausland/china-draengt-offenbar-us-zerstoerer-im-suedchinesischen-meer-ab-a-cfade81e-42cb-4cc8-9dbc-0a9f846a1a64

7 https://www.deutschlandfunk.de/schiedsgericht-in-den-haag-china-hat-keine.2852.de.html

8 https://www.spiegel.de/ausland/folge-von-cyberangriff-us-praesident-joe-biden-warnt-vor-echtem-krieg-a-66f2acff-7baa-4af5-85b4-0a4c8d30de6b

9 https://www.tagesschau.de/ausland/usa-exportverbot-impfstoff-101.html

10 https://www.merkur.de/politik/impfdiplomatie-china-export-corona-impfstoff-welt-bedarf-sinopharm-ungarn-serbien-afrika-90214624.html

11 https://www.bundeskanzlerin.de/bkin-de/suche/rede-von-bundeskanzlerin-merkel-zur-49-jahrestagung-des-weltwirtschaftsforums-am-23-januar-2019-in-davos-1572920

[12] https://www.vorwaerts.de/artikel/neuer-us-praesident-europa-joe-biden-erwartet
[13] https://www.welt.de/geschichte/zweiter-weltkrieg/article140814551/Pro-Stunde-starben-100-deutsche-Soldaten.html
[14] https://www.un.org/es/node/44721
[15] https://magazin-forum.de/de/node/19193
[16] https://www.diplomatic-council.org/de/node/848
[17] https://www.bpb.de/politik/hintergrund-aktuell/208696/un-charta
[18] https://www.spiegel.de/politik/ausland/corona-krise-usa-stoppen-uno-resolution-zur-pandemie-a-675b25c8-4912-487f-8c14-3f5ab89bf686
[19] https://www.deutschlandfunk.de/teilung-koreas-1945-grundstein-eines-konflikts-der-bis.724.de.html?dram:article_id=483761
[20] https://www1.wdr.de/stichtag/stichtag-sowjetunion-erste-atombombe-100.html
[21] https://www.manager-magazin.de/politik/weltwirtschaft/deutschland-tritt-aiib-bei-china-spaltet-westen-mit-bank-a-1024354.html
[22] https://www.welt.de/geschichte/zweiter-weltkrieg/gallery114766339/General-Douglas-MacArthur-1880-1964-Stationen.html
[23] https://www.fordlibrarymuseum.gov/library/document/0337/24468967.pdf
[24] Matray, Dictionary 1991, S. 496, Matray, James L. (Hrsg.): Historical Dictionary of the Korean War, Greenwood Publishing Group Inc, New York, Westport, London. 1991, Tag, Myong-Sig: Die US-Außenpolitik gegenüber 1942 – 1955 – unter besonderer

Berücksichtigung der Teilung Koreas, des Koreakrieges und der Rolle der UNO, Dissertation, Heinrich-Heine-Universität Düsseldorf 1995

[25] Loth, Wilfried: Die Teilung der Welt – Geschichte des Kalten Krieges 1941 – 1955, S. 380, Deutscher Taschenbuch Verlag GmbH & Co. KG, München 2000

[26] https://www.un.org/en/sc/repertoire/otherdocs/GAres377A(v).pdf

[27] https://www.spiegel.de/spiegel/print/d-29193879.html

[28] https://digitallibrary.un.org/record/669433

[29] https://www.un.org/disarmament/wp-content/uploads/2017/02/A-2361-Add2.pdf

[30] Artikel in der New York Times 1966 von Drew Middleton: „U Thant Denounces Vietnam War; Proposes Three Steps to Peace"

[31] https://www.nybooks.com/articles/1966/11/17/u-thant-and-vietnam-the-untold-story/

[32] Zhai Qiang: China and the Geneva Conference of 1954. In: The China Quarterly. Nr. 129. Cambridge University Press, März 1992

[33] https://www.census.gov/foreign-trade/balance/c0003.html

[34] https://ec.europa.eu/eurostat/statistics-explained/index.php?title=China-EU_-_international_trade_in_goods_statistics#EU_and_China_in_world_trade_in_goods

[35] https://www.welt.de/politik/ausland/article208063073/Stimmungsbild-USA-oder-China-Die-Deutschen-sind-tief-gespalten.html

[36] https://www.zeit.de/politik/ausland/2021-07/usa-angela-merkel-joe-biden-abschiedsbesuch-washington-nord-stream-2-corona

[37] Mark Leonard, „What Does China Think?“, PublicAffairs (April 29, 2008).
[38] https://www.wral.com/the-land-that-failed-to-fail/18005381/
[39] https://www.spiegel.de/ausland/china-so-feiert-das-land-den-100-jahrestag-der-kommunistischen-partei-a-36ca1892-c846-4145-9c89-26777393a216
[40] https://www.ebrd.com/what-we-do/belt-and-road/overview.html
[41] https://www.deutschlandfunk.de/us-strategie-gegen-china-biden-sucht-verbuendete-aber-er.694.de.html
[42] https://www.focus.de/politik/deutschland/was-spricht-dagegen-schroeder-erklaert-in-bizarrem-interview-warum-deutschland-sich-mit-china-verbuenden-muss_id_9929681.html
[43] https://www.sino-shipping.com/rail-freight-china/
[44] https://www.bild.de/regional/bremen/bremen-aktuell/neue-seidenstrasse-erster-gueterzug-aus-china-rollt-an-77076222.bild.html
[45] https://www.britannica.com/place/Strait-of-Malacca
[46] https://en.wikipedia.org/wiki/2021_Suez_Canal_obstruction
[47] https://www.britannica.com/place/Strait-of-Malacca
[48] https://de.wikipedia.org/wiki/Bekenntnisse_eines_Economic_Hit_Man
[49] https://en.wikipedia.org/wiki/Quadrilateral_Security_Dialogue
[50] https://en.wikipedia.org/wiki/Political_status_of_Taiwan
[51] https://en.wikipedia.org/wiki/One_China
[52] https://www.nbr.org/publication/in-defense-of-strategic-ambiguity-in-the-taiwan-strait/

---

[53] https://www.spiegel.de/ausland/joe-bidens-erste-pressekonferenz-erst-euphorisch-dann-vage-dann-genervt-a-89c04f4b-7449-44af-b7eb-24d386295362
[54] https://www.swp-berlin.org/publikation/der-amerikanisch-chinesische-weltkonflikt
[55] https://www.swr.de/swr2/wissen/archivradio/aexavarticle-swr-42278.html
[56] https://www.un.org/en/genocideprevention/documents/atrocity-crimes/Doc.1_Convention%20on%20the%20Prevention%20and%20Punishment%20of%20the%20Crime%20of%20Genocide.pdf
[57] https://www.zeit.de/politik/ausland/2018-11/vereinte-nationen-carla-del-ponte-reform-uno-buerokratie
[58] https://www.zdnet.de/88356411/artikel-13-und-uploadfilter-un-sonderberichterstatter-sieht-meinungsfreiheit-in-gefahr/
[59] https://www.tagesspiegel.de/politik/soziale-menschenrechte-un-sozialrat-wirft-deutschland-defizite-vor/23782562.html
[60] https://www.economist.com/china/2021/03/31/china-is-betting-that-the-west-is-in-irreversible-decline
[61] https://de.statista.com/statistik/daten/studie/15722/umfrage/export-von-guetern-aus-china/
[62] https://de.statista.com/statistik/daten/studie/37013/umfrage/ranking-der-top-20-exportlaender-weltweit/
[63] https://de.statista.com/statistik/daten/studie/219312/umfrage/waehrungsreserven-von-china/
[64] https://www.treasury.gov/resource-center/data-chart-center/IR-Position/Pages/11182016.aspx
[65] https://www.census.gov/foreign-trade/balance/c5700.html

---

[66] https://en.wikipedia.org/wiki/Carl_Crow
[67] https://www.goodreads.com/book/show/3846294-400-million-customers
[68] https://journals.openedition.org/chinaperspectives/398
[69] https://www.goodreads.com/en/book/show/109705.Mr_China
[70] https://www.goodreads.com/book/show/16144575-how-asia-works
[71] https://www.deutschlandfunk.de/kanada-finanzchefin-von-huawei-festgenommen-100.html
[72] https://rcepsec.org/
[73] https://www.wirtschaftsdienst.eu/inhalt/jahr/2019/heft/8/beitrag/handelsbilanzstreit-zwischen-den-usa-und-china.html
[74] https://www.heise.de/tp/news/China-Eskalation-im-Handelskrieg-mit-den-USA-4110409.html
[75] https://www.bloomberg.com/features/2020-future-after-coronavirus/
[76] https://de.wikipedia.org/wiki/Gog_und_Magog
[77] https://www.google.de/books/edition/In_the_Shadows_of_the_American_Century/VFVeDgAAQBAJ
[78] https://www.spiegel.de/politik/ausland/uno-antonio-guterres-warnt-vor-kaltem-krieg-zwischen-den-usa-und-china-a-3b59429b-56d5-4a3a-9ae8-05f4a1d77968
[79] https://www.handelsblatt.com/politik/international/handelsstreit-trump-erwaegt-angeblich-chinesische-firmen-von-us-boersen-auszuschliessen/25065040.html
[80] https://www.faz.net/aktuell/wirtschaft/digitec/apple-feiert-ein-rekordquartal-dank-des-iphone-17457684.html

[81] https://www.derbund.ch/die-geschaefte-von-apple-und-alphabet-boomen-752866100118
[82] https://www.nytimes.com/2021/05/17/technology/apple-china-censorship-data.html
[83] https://www.wiwo.de/my/unternehmen/dienstleister/kuscht-biontech-vor-peking-die-spektakulaersten-kniefaelle-vor-china-/27237110.html?ticket=ST-518618-QEtraoVEoVC4WFrrfa6v-ap6
[84] https://www.freiheit.org/de/suedost-und-ostasien/das-biontech-drama-taiwan
[85] https://www.heise.de/news/LoongArch-China-hat-eigenen-CPU-Befehlssatz-fertig-entwickelt-6019624.html
[86] https://www.ionos.de/digitalguide/online-marketing/web-analyse/was-ist-das-social-credit-system/
[87] https://en.wikipedia.org/wiki/Black_Mirror
[88] https://en.wikipedia.org/wiki/Big_Brother_(Nineteen_Eighty-Four)
[89] https://www.change-magazin.de/de/china-social-credit-system-was-steckt-wirklich-dahinter
[90] https://chinacopyrightandmedia.wordpress.com/2014/06/14/planning-outline-for-the-construction-of-a-social-credit-system-2014-2020/
[91] https://www.scmp.com/economy/china-economy/article/3096090/what-chinas-social-credit-system-and-why-it-controversial
[92] https://news.ihk.digital/newsletter/ihk-muenchen/2020/01/Practical-Guide-to-Chinas-Corporate-Social-Credit-System.pdf
[93] https://www.amazon.de/Government-Next-Door-Neighborhood-Politics/dp/0801479355

[94] https://www.heise.de/newsticker/meldung/Kommentar-Social-Credit-System-koennte-China-weniger-repressiv-machen-4158782.html
[95] https://merics.org/en/opinion/chinas-social-credit-score-untangling-myth-reality
[96] https://www.wired.co.uk/article/china-social-credit-system-explained
[97] https://www.spiegel.de/wirtschaft/service/schufa-so-funktioniert-deutschlands-einflussreichste-auskunftei-a-1239214.html
[98] https://algorithmwatch.org/de/was-wir-tun/
[99] https://algorithmwatch.org/de/automating-society-talk-rp19/
[100] https://algorithmwatch.org/de/personen-scoring-in-der-eu-vorerst-kein-black-mirror-szenario-zumindest-nicht-fuer-alle/
[101] https://www.ft.com/content/a88fb591-72d5-4b6b-bb5d-223adfb893f3
[102] https://www.db.com/news/detail/20210714-digital-yuan-what-is-it-and-how-does-it-work
[103] https://www.swift.com/
[104] https://www.federalreservehistory.org/essays/asian-financial-crisis
[105] https://irishtechnews.ie/cashless-chinas-digital-currency-revolution/
[106] https://www.china-briefing.com/news/china-launches-digital-yuan-app-what-you-need-to-know/
[107] https://www.ifw-kiel.de/de/publikationen/medieninformationen/2019/china-vergibt-viel-mehr-auslandskredite-als-bislang-bekannt/
[108] https://www.ifw-kiel.de/fileadmin/Dateiverwaltung/IfW-Publications/Christoph_Trebesch/KWP_2132.pdf

---

109 https://www.google.de/books/edition/China_s_Superbank/nmfZiS5M0YsC?hl=en&gbpv=1&dq=China_s_Superbank&printsec=frontcover

110 https://www.ifw-kiel.de/de/publikationen/medieninformationen/2019/china-vergibt-viel-mehr-auslandskredite-als-bislang-bekannt/

111 https://docs.aiddata.org/reports/how-china-lends.html

112 Brautigam, Deborah. 2019. A critical look at Chinese 'debt trap diplomacy': the rise of a meme. Area Development and Policy, 5(3), 1-14.

113 Brautigam, Deborah, and Won Kidane. 2020. China, Africa, and Debt Distress: Fact and Fiction about Asset Seizures. China Africa Research Initiative Policy Brief No. 47/2020.

114 https://www.theatlantic.com/international/archive/2021/02/china-debt-trap-diplomacy/617953/

115 https://www.buecher.de/shop/geschichte--politik/the-new-confessions-of-an-economic-hit-man/perkins-john/products_products/detail/prod_id/51045664/

116 https://www.nbcnews.com/politics/white-house/trump-referred-haiti-african-countries-shithole-nations-n836946

117 https://www.youtube.com/watch?v=_-QDEWwSkP0&t=976s

118 Der Spiegel 27/2019

119 https://www.goodreads.com/en/book/show/23014837

120 http://german.china.org.cn/txt/2017-04/21/content_40665090.htm

121 https://www.dw.com/de/wie-die-seidenstraße-zu-ihrem-namen-kam/a-16693163

122 https://www.deutschlandfunk.de/memorandum-portugal-wird-teil-chinas-neuer-seidenstrasse.795.de.html

[123] https://www.zeit.de/wirtschaft/2018-04/neue-seidenstrasse-china-griechenland-europa-containerhafen-piraeus
[124] https://www.zeit.de/2017/39/china-investitionen-einfluss-europa
[125] https://www.welt.de/wirtschaft/article190779455/Neue-Seidenstrasse-Italien-schert-aus-und-einigt-sich-mit-China.html
[126] https://www.ft.com/content/4d7bf8ad-f585-44b2-9250-790ec430de4b
[127] https://uwidata.com/19405-does-the-atlanticist-draghi-take-italy-off-the-chinese-silk-road/
[128] https://www.nzz.ch/schweiz/seidenstrasse-bundesrat-wollte-vereinbarung-zu-menschenrechten-ld.1479438
[129] https://www.handelsblatt.com/politik/international/welthandel-chinas-marsch-nach-westen-wie-gefaehrlich-die-neue-seidenstrasse-wirklich-ist/24155726.html
[130] https://www.businessinsider.de/wirtschaft/finanzen/in-peking-leben-zum-ersten-mal-mehr-milliardaere-als-in-new-york-city/
[131] https://www.spiegel.de/wirtschaft/unternehmen/russland-wladimir-putins-wirtschaftsbilanz-nach-18-jahren-a-1198313.html
[132] https://www.welt.de/politik/ausland/plus232458737/Schleppende-EU-Initiative-Ueber-Europas-Anti-Seidenstrasse-kann-Peking-nur-laecheln.html
[133] https://www.consilium.europa.eu/de/press/press-releases/2021/07/12/a-globally-connected-europe-council-approves-conclusions/

---

[134] https://www.stol.it/artikel/politik/eu-will-china-international-die-stirn-bieten
[135]
https://www.handelsblatt.com/politik/international/infrastrukturpolitik-spaete-gegenoffensive-aussenminister-der-eu-wollen-europaeische-antwort-auf-chinas-seidenstrasse-vorlegen/27404002.html?ticket=ST-256389-LDGlbobmCbuWYD2CNe4I-ap2
[136] https://www.welt.de/wirtschaft/article230514185/EU-Investitionsabkommen-Es-fehlt-die-Bazooka-gegen-Chinas-Willkuer.html
[137] https://www.roedl.de/themen/china-eu-investitionsabkommen-comprehensive-agreement-on-investment-cai-marktoeffnung
[138] https://dgap.org/de/node/34866
[139] https://www.zeit.de/politik/ausland/2018-08/idlib-baschar-al-assad-syrien-chemiewaffen-westmaechte-warnung
[140] https://www.heise.de/tp/features/Fast-die-Haelfte-der-US-Soldaten-erwartet-demnaechst-einen-groesseren-Krieg-4195444.html
[141] https://www.spiegel.de/ausland/folge-von-cyberangriff-us-praesident-joe-biden-warnt-vor-echtem-krieg-a-66f2acff-7baa-4af5-85b4-0a4c8d30de6b
[142] https://www.spiegel.de/politik/ausland/donald-trump-und-seine-militaerstrategie-vorsprung-des-us-militaers-schrumpft-a-1238449.html
[143] https://www.infobae.com/de/2022/03/29/in-ihrem-bericht-zur-verteidigungsstrategie-identifizierten-die-usa-china-als-ihren-wichtigsten-strategischen-konkurrenten/

[144] https://www.heise.de/tp/features/Chinas-Verteidigungsstrategie-ist-gegen-die-USA-ausgerichtet-4489383.html

[145] https://www.nytimes.com/2021/07/26/us/politics/china-nuclear-weapons.html

[146] https://www.washingtonpost.com/national-security/china-nuclear-missile-silos/2021/06/30/0fa8debc-d9c2-11eb-bb9e-70fda8c37057_story.html

[147] https://www.spiegel.de/ausland/china-so-feiert-das-land-den-100-jahrestag-der-kommunistischen-partei-a-36ca1892-c846-4145-9c89-26777393a216

[148] https://www.zeit.de/politik/ausland/2019-04/sipri-bericht-weltweite-militaerausgaben-neuer-hoechststand

[149] https://www.dw.com/de/studie-militärausgaben-steigen-weltweit/a-52382220

[150] https://de.statista.com/statistik/daten/studie/157935/umfrage/laender-mit-den-hoechsten-militaerausgaben/

[151] https://www.spiegel.de/politik/ausland/atomwaffen-sipri-forscher-warnen-vor-neuem-wettruesten-a-53280e50-8488-480b-a723-6509022097a6

[152] https://www.welt.de/politik/ausland/plus220132704/Kampfmaschinen-Flash-War-nennen-Experten-dieses-Szenario.html?

[153] https://www.auswaertiges-amt.de/de/aussenpolitik/themen/abruestung-ruestungskontrolle/autonome-waffen/2241938

[154] https://www.swissinfo.ch/ger/politik/autonome-waffensysteme_was-bringen-uno-gespraeche-ueber-killerroboter-/4403213

155 75 Jahre UNO – Macht und Ohnmacht der Vereinten Nationen, Andreas Dripke, Hang Nguyen, DC Publishing, ISBN 978-3-947818-07-5

156 https://www.zeit.de/gesellschaft/zeitgeschehen/2020-12/chang-e-5-china-mondmission-flagge-mond

157 https://www.history.com/news/china-plans-historic-landing-on-dark-side-of-the-moon

158 https://de.wikipedia.org/wiki/Blackout_–_Morgen_ist_es_zu_spät

159 https://www.theguardian.com/world/2013/jun/09/nsa-whistleblower-edward-snowden-why

160 https://web.archive.org/web/20131004113833/http://www.faz.net/aktuell/politik/ausland/amerika/weitere-snowden-dokumente-schwarzes-budget-entbloesst-amerikanische-geheimdienste-12553226.html

161 https://theintercept.com/2016/05/16/the-most-intriguing-spy-stories-from-166-internal-nsa-reports/

162 https://www.stern.de/digital/technik/sea-dragon--chinesische-hacker-erbeuten-streng-geheime-us-waffen-plaene-8186588.html

163 https://www.heise.de/news/US-Praesident-Biden-Cyberattacke-koennte-zu-richtigem-Krieg-fuehren-6149354.html

164 https://www.bloomberg.com/news/features/2018-10-04/the-big-hack-how-china-used-a-tiny-chip-to-infiltrate-america-s-top-companies

165 https://www.basicthinking.de/blog/2021/02/18/huawei-ban-usa-update/

166 https://blog.avast.com/de/wannacry-auch-ein-jahr-danach-ist-es-noch-zum-heulen

[167] https://www.wiwo.de/technologie/weltweite-attacke-auf-computersysteme-microsoft-gibt-regierungen-mitschuld-an-hackerangriff/19801106.html
[168] https://m.bild.de/digital/internet/internet/walker-jagt-wannacry-hacker-nordkorea-trainiert-sie-wie-olympia-sportler-73307782.bildMobile.html
[169] https://web.archive.org/web/20101004002621/http://kurier.at/techno/2037523.php
[170] http://www.golem.de/news/cyberwar-kaspersky-identifiziert-die-ersten-fuenf-stuxnet-opfer-1411-110474.html
[171] https://www.nytimes.com/2012/06/01/world/middleeast/obama-ordered-wave-of-cyberattacks-against-iran.html?_r=1
[172] https://www.spiegel.de/politik/ausland/us-general-james-cartwright-soll-stuxnet-virus-verraten-haben-a-908298.html
[173] https://www.heise.de/newsticker/meldung/Stuxnet-Berichte-ueber-weiteren-Geheimnisverrats-Fall-in-den-USA-1902235.html
[174] https://www.sueddeutsche.de/digital/propaganda-im-us-wahlkampf-manipuliert-mit-gruessen-aus-st-petersburg-1.3732249
[175] https://www.psw-group.de/blog/hackerangriffe-2018/6673
[176] https://www.zeit.de/news/2018-10/05/auch-die-bundesregierung-sieht-russland-hinter-cyberattacken-181005-99-245098
[177] https://www.bild.de/digital/internet/internet/walker-jagt-wannacry-hacker-nordkorea-trainiert-sie-wie-olympia-sportler-73307782.bild.html

---

[178] https://www.bild.de/digital/internet/internet/walker-jagt-wannacry-hacker-nordkorea-trainiert-sie-wie-olympia-sportler-73307782.bild.html
[179] https://www.stern.de/digital/online/nordkorea--diese-drei-hacker-gruppen-bringen-kim-jong-un-milliarden-ein-8906512.html
[180] https://www.futurezone.de/digital-life/article211395299/Studie-Nordkorea-hat-vermutlich-Devisen-aus-Suedkorea-im-Blick.html
[181] https://www.stern.de/digital/online/steckt-nordkorea-hinter-dem-angriff-auf-sony--3231666.html
[182] https://www.wmn.de/business/innovation/donald-trump-wurde-von-russen-gehackt-schon-wieder-id20938
[183] https://www.zeit.de/digital/internet/2020-12/cyberangriff-usa-hacker-daten-diskussion-russland?utm_referrer=https%3A%2F%2Fwww.google.com
[184] https://t3n.de/news/trojaner-orion-hack-1345406/
[185] https://www.sueddeutsche.de/digital/it-sicherheit-cyberspionage-usa-russland-joe-biden-hacker-1.5201146
[186] https://www.spektrum.de/news/solarwinds-ein-hackerangriff-der-um-die-welt-geht/1819187
[187] https://securityaffairs.co/wordpress/112512/malware/supernova-backdoor-solarwinds-hack.html
[188] https://www.sueddeutsche.de/digital/it-sicherheit-cyberspionage-usa-russland-joe-biden-hacker-1.5201146
[189] https://www.msn.com/de-de/nachrichten/other/cyberangriff-hacker-haben-offenbar-auch-us-atomwaffenbehörde-attackiert/ar-BB1c1fyb
[190] https://www.tagesschau.de/ausland/usa-cyberangriff-101.html

[191] https://www.silicon.de/41682739/microsoft-mehr-als-1000-entwickler-an-solarwinds-hack-beteiligt
[192] https://www.zeit.de/wirtschaft/2021-05/usa-tankstellen-engpaesse-hackerangriff-pipeline
[193] https://www.spiegel.de/netzwelt/usa-pipeline-betreiber-soll-hackern-fuenf-millionen-dollar-loesegeld-gezahlt-haben-a-bfe40b73-e519-4fee-97c8-3b54714e6145
[194] https://de.investing.com/news/economic-indicators/experten--china-wird-usa-2028-als-groste-volkswirtschaft-uberholen-2089184
[195] https://www.euro.who.int/de/health-topics/health-emergencies/coronavirus-covid-19/novel-coronavirus-2019-ncov
[196] https://www.spiegel.de/politik/die-who-china-und-die-attacke-von-donald-trump-a-5bd22fff-ddff-4677-9904-563967a20dad
[197] Pandemie – Die Welt im Corona-Krieg, Andreas Dripke, Markus Miksch, ISBN 978-3-947818-13-6
[198] https://www.spiegel.de/gesundheit/diagnose/weltgesundheitsorganisation-tedros-ghebreyesus-ist-neuer-generaldirektor-a-1148996.html
[199] https://www.msn.com/de-de/nachrichten/coronavirus/ursprung-der-corona-pandemie-virologe-aus-wuhan-es-ist-unmöglich-dass-das-virus-aus-unserem-labor-kommt/ar-BB12RZYZ
[200] Pandemie – Die Welt im Corona-Krieg, Andreas Dripke, Markus Miksch, DC Publishing, ISBN 978-3-947818-13-6
[201] https://www.presseportal.de/pm/137281/4407808
[202] https://www.military.com/daily-news/2020/03/12/chinese-official-says-us-army-may-have-brought-epidemic-wuhan.html
[203] https://www.globaltimes.cn/content/1180549.shtml

---

[204] https://www.heise.de/tp/features/Coronavirus-Made-in-China-oder-Made-in-the-USA-4682880.html
[205] https://www.cashkurs.com/beitrag/hiv-entdecker-sars-cov-2-ist-menschengemacht-us-ermittlungen-gegen-wuhan-labor-eingeleitet/
[206] https://www.dailymail.co.uk/news/article-8263729/Trump-says-bill-China-substantial-money-coronavirus-damage.html
[207] https://www.tagesschau.de/inland/china-corona-117.html
[208] https://www.businessinsider.com/coronavirus-uk-ambassador-to-us-backs-investigation-into-origin-2020-4
[209] https://www.tagesschau.de/ausland/corona-australien-china-101.html
[210] https://www.dailytelegraph.com.au/coronavirus/bombshell-dossier-lays-out-case-against-chinese-bat-virus-program/news-story/55add857058731c9c71c0e96ad17da60
[211] https://watson.brown.edu/costsofwar/figures/2021/WarDeathToll
[212] https://www.brookings.edu/about-us/
[213] https://en.wikipedia.org/wiki/First_Anglo-Afghan_War
[214] https://en.wikipedia.org/wiki/Third_Anglo-Afghan_War
[215] https://en.wikipedia.org/wiki/Soviet%E2%80%93Afghan_War
[216] https://en.wikipedia.org/wiki/War_in_Afghanistan_(2001%E2%80%93present)
[217] https://en.wikipedia.org/wiki/Graveyard_of_empires#cite_note-Statista-3
[218] https://en.wikipedia.org/wiki/Graveyard_of_empires#cite_note-FA-4

[219] https://en.wikipedia.org/wiki/Graveyard_of_Empires#cite_note-Cato-5

[220] https://en.wikipedia.org/wiki/Graveyard_of_Empires#cite_note-Caryl-11

[221] https://thediplomat.com/2016/01/the-battle-that-kept-the-chinese-out-of-central-asia/

[222] Garang Akok, Thomas Lado, Melha Rout Biel: Terrorismus im Namen des Islam und das Horn von Afrika. Der vergessene Konflikt im Sudan und die Rolle Osama bin Ladens. Tectum, Marburg 2002, ISBN 3-8288-8434-2

[223] Neamatollah Nojumi: The Rise of the Taliban in Afghanistan: Mass Mobilization, Civil War, and the Future of the Region. 1st Auflage. Palgrave, New York 2002

[224] https://www.heise.de/tp/features/Anhaltender-Krieg-in-Afghanistan-verursacht-schwere-Umweltschaeden-3414967.html

[225] Joseph J. Collins: Understanding War in Afghanistan. National Defense University Press, Washington, D.C. 2011. ISBN 978-1-78039-924-9

[226] https://de.wikipedia.org/wiki/Sowjetische_Intervention_in_Afghanistan#cite_note-18

[227] https://www.tagesschau.de/ausland/asien/afghanistan-taliban-behoerden-101.html

[228] https://www.google.de/books/edition/From_the_Shadows/N_hfPrIMYuEC?hl=en&gbpv=1&printsec=frontcover

[229] https://www.counterpunch.org/1998/01/15/how-jimmy-carter-and-i-started-the-mujahideen/

[230] https://www.amazon.de/-/en/Peter-Hopkirk/dp/0719564476

[231] https://en.wikipedia.org/wiki/Kim_(novel)
[232] Morgan, Gerald (1973), "Myth and Reality in the Great Game", Asian Affairs, 4 (1): 55–65, doi:10.1080/03068377308729652
[233] https://en.wikipedia.org/wiki/Rudyard_Kipling
[234] Seymour Becker, "The 'great game': The history of an evocative phrase." Asian Affairs 43.1 (2012): 61-80.
[235] The International History Review. Taylor & Francis, Ltd. 2 (2): 160–171. ISSN 0707-5332.
[236] In Defence of British India: Great Britain in the Middle East, 1775-1842 By Edward Ingram. Frank Cass & Co, London, 1984. ISBN 0714632465. p7-19
[237] Secret committee to governor-general in council, 12 Jan. 1830, India Office Records, Ltes/5/543
[238] "The Great Game, 1856-1907: Russo-British Relations in Central and East Asia | Reviews in History". reviews.history.ac.uk. Retrieved 9 August 2021.
[239] Becker, Seymour (2005), Russia's Protectorates in Central Asia: Bukhara and Khiva, 1865–1924 (PDF), Routledge Curzon, London, ISBN 978-0415328036, archived from the original (PDF) on 10 October 2016, retrieved 18 August 2016
[240] Dean, Riaz (2019). Mapping The Great Game: Explorers, Spies & Maps in Nineteenth-century Asia. Oxford: Casemate (UK). pp. 270–71. ISBN 978-1-61200-814-1.
[241] William C. Rowe (2010). "Chapter 4: The Wakhan Corridor – The endgame of The Great Game". In Alexander C. Diener; Joshua Hagen (eds.). Borderlines and Borderlands: Political Oddities at the Edge of the Nation-state. Rowman & Littlefield. p. 64. In setting these boundaries, the final act of the tense game played out by the British and Russian governments came to a close.

[242] Gebb, Michael (1983). "Review:Anglo-Russian Rivalry in Central Asia, 1810–1895". UCLA Historical Journal. 4: 130–132. (..) "The final balance was formalized by the Joint Pamirs Boundary Commission in 1895."
[243] Morgan, Gerald (1981), Anglo-Russian Rivalry in Central Asia: 1810–1895, Epilogue by Lt. Col. (retd) Geoffrey Wheeler, Routledge, London, ISBN 978-0714631790
[244] Middleton, Robert (2005). "The Earl of Dunmore 1892–93" (PDF). Pamirs Org. a commentary on "The Pamirs; being a Narrative of a Year's Expedition on Horseback and Foot through Kashmir, Western Tibet, Chinese Tartary and Russian Central Asia" by Charles Adolphus Murray, the Eighth Earl of Dunmore.
[245] https://www.thalia.de/shop/home/artikeldetails/A1039441309
[246] https://www.amazon.com/Geographical-Pivot-History-Halford-Mackinder/dp/1945934816
[247] https://www.risknet.de/themen/risknews/afghanistan-und-das-wohlfeile-geschwaetz
[248] https://www.eurasiareview.com/23082021-afghanistan-sectarian-divisions-and-international-stakeholders-analysis/
[249] https://www.iiss.org/blogs/survival-blog/2021/06/afghanistan-taliban
[250] https://de.wikipedia.org/wiki/Paschtunische_Sprache
[251] https://de.wikipedia.org/wiki/Ehrenkodex
[252] https://de.wikipedia.org/wiki/Paschtunen
[253] https://www.dw.com/de/ist-die-stellung-der-frau-im-islam-ein-gro%C3%9Fes-missverst%C3%A4ndnis/a-2064422
[254] https://www.eurasiareview.com/29122021-talibans-little-known-pashtunwali-code-of-ethics-oped/
[255] https://www.globaltimes.cn/page/202109/1233500.shtml

---

256 https://www.eurasiareview.com/26112021-the-100-days-of-taliban-led-government-oped/ 4/5

257 https://edition.cnn.com/2022/04/27/politics/afghan-weapons-left-behind/index.html

258 https://iges.ba/en/geopolitics/why-the-talibans-victory-represents-a-victory-for-long-term-us-geopolitical-interests/

259 https://www.project-syndicate.org/commentary/european-ambivalence-enabled-war-in-ukraine-by-max-krahe-2022-03

260 https://www.mearsheimer.com/wp-content/uploads/2019/06/Why-the-Ukraine-Crisis-Is.pdf

261 https://books.google.de/books/about/In_the_Shadows_of_the_American_Century.html?id=VFVeDgAAQBAJ&source=kp_book_description&redir_esc=y

262 https://www.theguardian.com/world/2022/jan/12/russias-belief-in-nato-betrayal-and-why-it-matters-today

263 http://www.bbc.com/news/world-europe-26079957?print=true

264 https://www.risknet.de/themen/risknews/ich-mach-mir-die-welt-widdewidde-wie-sie-mir-gefaellt/

265 https://www.counterpunch.org/2022/04/28/the-backstory-of-nato-ukraine-and-putins-fears/

266 https://www.amazon.com/Rebuilding-Russia-Reflections-Tentative-Proposals/dp/0374173427

267 https://www.eurasiareview.com/24032022-will-kazakhstan-become-russias-next-ukraine-analysis/

268 https://www.washingtonpost.com/world/2022/02/23/key-terms-russia-ukraine/

269 https://www.fr.de/politik/china-nordkorea-kim-jong-un-interkontinentalrakete-ukraine-krieg-usa-suedkorea-biden-raketen-tests-zr-91438188.html

---

[270] Fabian Peltsch in China.Table # 298 / 23. März 2022
[271] https://www.eurasiareview.com/15032022-was-china-betting-on-russian-defeat-all-along-analysis/
[272] https://www.washingtonpost.com/opinions/2022/03/15/china-ambassador-us-where-we-stand-in-ukraine/
[273] https://asiasociety.org/policy-institute/weaponizing-belt-and-road-initiative
[274] https://thediplomat.com/2022/02/ukraine-chinas-burning-bridge-to-europe/
[275]
https://transportgeography.org/contents/chapter7/transborder-crossborder-transportation/aurasian-landbridge/
[276] https://foreignpolicy.com/2022/03/01/belt-road-initiative-new-eurasian-land-bridge-china-russia-poland/
[277] https://thediplomat.com/2018/07/whats-next-for-the-china-cee-161-platform/
[278] https://foreignpolicy.com/2019/04/11/how-china-blew-its-chance-in-eastern-europe/
[279] https://unctad.org/webflyer/review-maritime-transport-2021#:~:text=Maritime%20transport%20is%20the%20backbone,higher%20for%20most%20developing%20countries.
[280] https://www.reuters.com/business/autos-transportation/chinas-business-economic-interests-ukraine-2022-02-23/
[281] https://nationalinterest.org/print/blog/reboot/imagine-if-china-never-bought-ukraines-aircraft-carrier-and-rebuilt-it-180471
[282] https://rusi.org/explore-our-research/publications/commentary/china-ukraine-us-and-tug-war-ukrainian-crown-jewel

[283] https://chinaobservers.eu/why-ukraine-is-reassessing-its-defense-cooperation-with-china/
[284] https://www.institutmontaigne.org/en/blog/china-ukraine-partnership-surviving-deteriorating-strategic-environment
[285] https://www.reuters.com/markets/europe/what-is-chinas-onshore-yuan-clearing-settlement-system-cips-2022-02-28/
[286] https://www.scmp.com/economy/china-economy/article/3168684/what-chinas-swift-equivalent-and-could-it-help-Peking-reduce
[287] https://www.counterpunch.org/2022/03/23/cold-war-2-0-much-worse-than-the-original-cold-war/
[288] https://consortiumnews.com/2022/03/27/can-russia-escape-the-us-trap/
[289] https://www.china-briefing.com/news/us-china-relations-in-the-biden-era-a-timeline/
[290] https://www.nytimes.com/2022/02/04/us/politics/house-china-competitive-bill.html
[291] https://www.nytimes.com/2022/03/28/us/politics/marco-rubio-china-republicans.html
[292] https://www.thepioneer.de/originals/thepioneer-briefing-economy-edition/briefings/sein-krieg-ein-irrtum
[293]https://mronline.org/2022/02/28/america-defeats-germany-for-the-third-time-in-a-century/
[294] https://www.zeit.de/politik/ausland/2022-02/usa-olaf-scholz-joe-biden-pk-ukraine-krise
[295] https://www.heise.de/tp/features/China-lernt-schnell-und-radikal-6133964.html